北京大学经济学院（系）100周年纪念文库

通往经世济民之路
——北京大学经济学科发展史
（1898—1949）

孙家红 著

北京大学出版社
PEKING UNIVERSITY PRESS

图书在版编目(CIP)数据

通往经世济民之路：北京大学经济学科发展史：1898—1949/孙家红著. —北京：北京大学出版社，2012.4

（北京大学经济学院（系）100周年纪念文库）

ISBN 978-7-301-20085-8

Ⅰ.①通… Ⅱ.①孙… Ⅲ.①北京大学经济学院－校史－1898－1949 Ⅳ.①G649.281

中国版本图书馆CIP数据核字(2012)第007008号

书　　　名：	通往经世济民之路——北京大学经济学科发展史（1898—1949）
著作责任者：	孙家红　著
责 任 编 辑：	郝小楠　冯天骄
标 准 书 号：	ISBN 978-7-301-20085-8/F·3026
出　版　者：	北京大学出版社
地　　　址：	北京市海淀区成府路205号　100871
网　　　址：	http://www.pup.cn
电　　　话：	邮购部 62752015　发行部 62750672　编辑部 62752926　出版部 62754962
电 子 邮 箱：	em@pup.cn
印　刷　者：	北京汇林印务有限公司
发　行　者：	北京大学出版社
经　销　者：	新华书店
	730mm×1020mm　　16开本　　14.5印张　　243千字
	2012年4月第1版　2018年4月第3次印刷
定　　　价：	49.00元

未经许可，不得以任何方式复制或抄袭本书之部分或全部内容。

版权所有，侵权必究　　举报电话：010-62752024

　　　　　　　　　　　　电子邮箱：fd@pup.pku.edu.cn

谨以此书献给
全体北大经济学人

北京大学经济学院（系）100周年纪念文库编委会

名誉主编：刘　伟

主　　编：孙祁祥　章　政

编　　委：（按照姓氏拼音顺序排列）

崔建华　董志勇　何小锋　林双林　平新乔

宋　敏　王曙光　王跃生　肖治合　叶静怡

张　辉　张洪峰　郑　伟

总　序

作为中国最重要的经济学教育和科研基地，北京大学经济学院是我国综合大学中最早建立的经济系科，也是西方现代经济学和马克思主义经济学在中国最早的传播基地。北京大学经济学科的历史最早可追溯到1902年建立的京师大学堂商学科，1912年严复担任北京大学校长之后始建经济学门（系），1985年又在北京大学经济学系的基础上组建了北京大学经济学院，成为北京大学在改革开放之后建立的第一个学院。

1901年严复翻译亚当·斯密《国富论》（一名《原富》），标志着西方现代经济学在中国的正式引入，此后北京大学一直是中国传播西方现代经济学的重镇。中国最早的马克思主义传播者李大钊也是北京大学经济学系的教授；至1931年，北京大学经济学系陈启修教授首次翻译出版《资本论》第一卷第一册，在传播马克思主义经济学方面功不可没。因此，不论是西方现代经济学的引入还是马克思主义经济学的传播，北大经济系都是领时代潮流之先，在中国现代史中占据独特的地位。

拥有深远历史渊源和悠久学术传统的北京大学经济学院，在一个多世纪中涌现出马寅初、陈岱孙、赵迺抟、樊弘、陈振汉、胡代光、赵靖、厉以宁等在学界享有崇高声誉、学养深厚、影响深远的大师级人物，为我国经济科学发展作出了卓越贡献。

2012年是一个对中国经济学科发展有着特殊重要意义的年份，北京大学经济学科已走过了110周年历程，北京大学经济学门（系）也迎来100周年的隆重庆典。为了庆祝北京大学经济学院（系）创建100周年暨北京大学经济学科建立110周年，我院编写了这套"北京大学经济学院（系）100周年纪念文库"，旨在深入梳理北京大学乃至中国经济学科发展的历史脉络，展现北京大学经济学科的历史底蕴和历史成就，同时也希望从一个世纪的经济学科发展历程中反思我们的学术走向，为中国经济学科未来的发展提供一种更为广远和辽阔的历史视角。北京大学经济学院作为中国综合性大学中最早的经济学科，它所取得的历史成就以及所走过的道路，必然对整个中国的经济学科发展有着深远的借鉴意义。

1917年，著名教育家蔡元培出任北京大学校长，他"循思想自由原则，取兼容并包主义"，对北京大学进行了卓有成效的改革，促进了思想解放和学术繁荣，奠定了百年北大的精神基调。今天，我们庆祝北京大学经济学院（系）创建100周年，也要秉承兼容并包的创新精神，在继承北京大学经济学科优良传统的基础上，以积极的姿态吸纳世界前沿的经济学成果，为中国的经济腾飞和中华民族的伟大复兴作出我们经济学人应有的贡献。

孙祁祥

2012年1月15日

序言一

孙家红同志先后毕业于北京大学历史系和法学院，获得历史学硕士和法学博士学位。北大的学术熏陶和他自身的不断努力，使他具有扎实的学术功底和良好的学风，并已在相关专业领域崭露头角。2005年前后，我读到他撰写的一篇周炳琳教授的传记（《书生意气 赤子情怀——周炳琳先生传略》），感觉文笔生动，资料翔实，在周炳琳教授的生平研究和思想评论方面有很大突破。从此，这个年轻人给我留下深刻印象。近几年，他又对周炳琳教授相关资料广泛搜罗，不时会有一些新的收获。我也经常会将手中掌握的资料或者新写的文章送给他，供他研究参考。

2008年夏，孙家红同志在北大法学院博士毕业后，到北大经济学院做博士后研究。起初，他来和我商量，计划为周炳琳教授撰写一部完整的学术评传，想通过周炳琳教授的生平际遇、思想历程，透视五四以后成长起来的经济学人对于现代中国社会、经济、政治等方面的贡献。后来，院里希望能够借此机会撰写一本经济学院的院史，孙家红同志因为此前进行过相关研究，便以这个新题目做他的博士后论文。当然，这里面也包括关于周炳琳教授的研究。

现在摆在读者面前的，就是孙家红同志的博士后论文。在这篇论文中，他不仅开宗明义，指出了经济学科史的学术价值，并与以往一些专业史撰写者单纯叙事的方式有所不同，他还从方法论的角度提出，"教员、学生和课程设置"应是我们科学认识和评价经济学科史发展阶段的重要依据，堪为将来其他专业研究撰写学科史时参考借鉴。

正如他在"导论"中所言，由于种种原因，在此之前尚无一本关于中国经济学科发展史的专著。而在这本博士后论文中，孙家红同志以较为宏观的历史视角，从中国近代商学和"经世致用"之学的兴起，到京师同文馆、京师大学堂的经济学教育规划，从五四前后的北京大学经济学科，再到抗战前后的北京大学经济学科，进行了全面细致的梳理考察。因此，可以说，这本书不仅是第一部北京大学经济学科的发展史，更因为北京大学经济学科发展史的连续性、典型性，使本书也成为第一部中国近代经济学科史方面的专著，具有较高的学术价值。

本书对于北大经济学科发展史的叙述和讨论，建立在大量原始材料基础上，涉及人物、史事众多，显示了孙家红同志较强的史料驾驭能力。尤为难得的是，全书

序言一

采用文字和图片相结合的方式，不仅文字颇为精彩，而且所附图片多属难得一见，可以使读者在阅读文字时，顺便浏览历史的风景。其中一些文字和老照片，与我还有直接的关联：有的载有我的名字，有的包含我本人的影像，有的更是我亲自拍摄而成（如1949年3月18日马寅初老师和北大法学院院长周炳琳教授、北大经济系主任赵逎抟教授三人在北大北楼的合影）。每当阅读到这些地方，总使我产生不少联想，想念那些曾经逝去的岁月、昔日的师友，以及生活中的点滴故事。虽然过去的人和事距离我们越来越远，但越是久远，越能显示出历史的魅力。

孙家红同志的博士后论文即将出版，他希望我给他写一篇序言，我作为合作导师，自然不容推却。对于本书的学术质量，相信读者会有自己的评判。在此，我对他表示祝贺，祝贺他在学术的道路上又多了一份收获。同时，希望他能戒骄戒躁，不断进取，争取学术上有长足的进步，也希望他能将周炳琳的研究继续下去，使撰写周炳琳评传的计划早日实现。

张友渔

2011年12月27日

序言二

《通往经世济民之路——北京大学经济学科发展史（1898—1949）》是孙家红作为博士后的研究报告，即将由北京大学出版社出版，付梓之际邀我作序。很高兴能为家红的这一著述作序，也非常感谢家红为我提供这样一个机会来谈谈我对北大经济学科史研究的态度。

我是七七级考入北大经济系的，入大学前，不知道大学里设有经济系科，或者是我本人知识匮乏的原因，"文化大革命"中成长起来的一代青年人的确没有受到很专门的中学教育，至少于我是支离破碎地读完所谓的中学的；或者也还由于那个年代历史的原因，以所谓阶级斗争为中心的中国社会忽视经济和蔑视经济学是不难理解的。因此，虽然我知道有"政治经济学"这样的课程，但并不知道大学设有经济系科，以至于我接到北大经济系录取通知书时，激动之余充满茫然，不知道我要进入的经济系要学些什么。1978年春进入北大经济系后至今，我就再未离开，北大经济系（1985年后改为经济学院）教给我太多，使我这个不知经济学要学什么的年轻人，先后在此获得了经济学学士、硕士、博士学位，直到今天一直在这里读书、写书、教书，我对北大经济系（学院）感情太深，特别是自1993年起至2002年近十年我任经济学院副院长，自2002年至2010年我任北大副校长之前，又任两届经济学院院长，我对北大经济学院更多了一份责任，我爱她，爱这里的师生；敬畏她，敬畏她的历史和庄严；我从心底为她祈祷，企盼她更强大、更美好。所以，很久以来，就有一个愿望，想组织力量把北大经济学科史作一系统科学的研究，展示给人们。当然，这种愿望的产生绝不仅仅是出于个人对经济学院的感情，更是经济学科史，尤其是北大经济学科史研究的需要。因而，在2008年年初经济学院制订博士后研究项目计划时，我作为时任院长便提出了"北京大学经济学科发展史研究"这样一个题目，恰好家红以他对这一问题的深厚兴趣和精心准备，以他对这一问题的独特理解和驾驭能力，赢得了大家的信任，在当年只有一个博士后国家拨款名额的情况下，通过了考核，并于2008年秋进站开始展开研究，历时两年多，完成了这项工作。说实话，以两年时间做一个学校中一个学科发展史的研究，说短可不短，特别是在学术空气开始浮躁的氛围中，花两年时间研究这一问题真的不算短，甚至可以称为"专注"了；但说长也不算长，以北大经济学科至今110年的历史（1902年开设），用两年时间研究她，真的不算长，甚至可以称为"浓缩"了。但无论时间上的长短怎样，这部著作展示给大家的是作者的认真和功力，这就值得尊重。

当然，既然是反映北大经济学科发展史，虽以经济学院的学科建设和发展为重要内容，事实上，北大经济学科的演进也是以经济学系及后来改为经济学院的发展为重要的，甚至可以说是基本的历史线索的。但是，这一研究不能限于经济学院的学科范围，在北大历史上很多重要的经济学学术思想、学科课程的提出及建设，并不限于经济系的老师，如著名的我国早期马克思主义理论（包括马克思主义经济理论）的传播者李大钊先生，又如在我国早期讲授《资本论》课程的陈启修先生等，都不是当时经济系的老师，但都对北大经济学科的建设和发展作出了重要贡献。至于现在的北大经济学科更是精彩纷呈，除经济学院外，光华管理学院、国家发展研究院、马克思主义学院、国际关系学院、政府管理学院等都有杰出的经济学学者和重要的经济学学科，这些或许今后再写新的跨度更大的北大经济学科发展史时，能够得到反映。家红的这部著作研究的时间是截止到1949年，而北大经济学科发展极具光彩的一段应是改革开放以来，无论是在教书育人上，还是在学术研究上，包括对国家发展的政策影响上，没有哪个30多年，能与北大改革开放30多年来的进展相比。可能是对1949年以后的北大经济学学科史的研究条件尚不具备？也可能是这其中存在的历史争议尚难断是非？留待以后吧。

其实，研究学科史，当然首先是检讨过去，我们不能忘却过去，更不能割断历史，相信无论北大哪个学科史的检讨过程，都会是一个令人激动的过程，因为北大的历史与国家近现代史的演变，北大的命运与民族近现代以来的命运，北大的学科与中国的科学发展，相互关系太密切，也太特殊，这在世界范围内都是少有的，这就使我们开展北大学科发展史研究有着特殊的意义。这种意义绝不仅仅是通过历史钩沉，以激励现在北大人的创造激情，北大是不缺激情的，正是所谓北大是常维新的，激情之下更需要的是尊重学科发展规律，尊重高校建设规律，对于这种规律的认识当然要面向世界、面向未来、面向文明，但探讨历史，会给我们认识这种规律别样的清醒、别样的帮助。不仅北大的哲学人文社科学科的学科史研究有着重要的价值，而且北大的数学自然科学等学科史的研究同样有着重要的价值。据我所知，这方面工作在北大已经开始，哲学人文社科各学科的学科史研究，学校社会科学部已经在相关院系领导会议上多次提出并倡导，相信会有各院系的反应并会有新的收获。家红的这部关于经济学科史的研究著作，尽管只写到1949年，但是一个重要的开启。在数学自然科学各学科史研究上，北大也已有很好的成果，曾任北大副校长的沈克琦先生多年潜心北大物理学科史的研究，2010年春节前我去看望他，获悉在北大物理学科设科90周年的纪念活动中，已出版了一部，后又不断充实、修正，准备在北大物理学科百周年时推出新的北大物理学科史。真是可敬！

北京大学从京师大学堂算起至今已有114年了，北京大学的经济学科自开设起已有整整110年了，北大的许多学科都已超过或接近百年历史了，有能力也需要进行科学而又系统的认真回顾，进而指导我们建设世界一流大学的工作。创建世界一流大学这个目标明确提出，是1998年5月北大百年校庆时，由时任国家主席的江泽民先生代表国家首次提出的，对北京大学来说现在已到了创建世界一流大学的关键时期，也是攻坚时期。据国际有关机构所作的学科比较分析，五大类学科中（包括自然科学学科、人文学科、社会科学学科、工学与信息学科、医学学科等）北大自然科学学科已到世界第17位，人文学科列第18位，医学学科列第21位，社会科学学科列第24位，工学与信息学科列第34位。有关机构更进一步对全部22个具体学科的比较分析中，截至2011年北大已有17个学科进入了世界前1%。这样看来，北大似乎距离世界一流大学目标不太遥远了，北大也的确有信心再过不太久，比如再用10年左右时间真正跻身世界一流大学的行列。但这些所谓数字反映的排序只是说明了些许，并不反映根本，北大人自己清楚或应当清楚，北大要真正成为世界一流大学，是要通过对我们中国现代文明进展的真正贡献来证明的，是要在中华民族伟大复兴的历史进程中实现的，是要在当代世界科学和民主发展中显示引领性创造力才能被真正承认的，不仅仅是简单的数字上的位置变化（包括国际和国内的种种排序）能证明的，不仅仅是物质条件上的丰富和规模的扩张能支撑的，更需要的是一种精神、一种创造、一种超越。这是北大发展的历史告诉我们的一个道理，这也是人们为什么总是忘不掉当年的西南联大的原因，这种历史传承，对我们今天来说是多宝贵啊！

这就是为什么我要特别强调北大学科史研究的初衷。我们敬重北大的过去，无论她曾经怎样；我们相信北大的未来，无论她面临什么。

感谢也祝贺孙家红博士做出的这项研究工作。

2012年2月24日

目 录

导　论　经济学科史的学术价值 1
　一、司马迁伟大？还是汉武帝伟大？ 1
　二、如何书写经济学科发展史？ 4

第一章　风生水起：京师大学堂及早期的中国经济学教育（1898—1911） 8
　一、"经世"、经济与"商学" 8
　二、富国策：京师同文馆的经济学课程 11
　三、京师大学堂的经济学教育规划 17
　　　1. 学科产生背景 17
　　　2. 商学（经济学）课程设计 21
　　　3. 译学馆、进士馆的经济学传习 30
　附：北洋大学堂的经济学科 33

第二章　吹皱春池：五四前后的北京大学经济学科（1912—1927） 37
　一、《国富论》的最早翻译者——严复长校 37
　二、蔡元培的经济学科规划 44
　　　1. 归并商科 46
　　　2. 学术分校 49
　　　3. 裁科设系 50
　　　4. 加强教学 53
　　　5. 学术研究 57
　三、新文化运动和五四运动的影响 63
　　　1. 马克思主义经济学说传播 64
　　　2. 学术组织和刊物 70

目录

第三章　水涨船高：抗战前的北京大学经济学科（1928—1936） 78
- 一、短暂的"京师大学校"与复校 78
- 二、北大"中兴"时期的经济学科发展 82
  1. 蒋梦麟长校 82
  2. 欧美化的经济学科模式 85
  3. 思想控制加强 96
- 三、周炳琳和赵迺抟的合作 99
- 四、危城中的坚守 116

第四章　滚滚东流：抗战时期及复校后的北京大学经济学科（1937—1949） 120
- 一、从长沙临时大学到西南联合大学 120
- 二、弦歌不辍——教育史的奇迹 126
  1. 教员与课程设置 126
  2. 学生培养 133
  3. 书生报国 137
- 附：伪国立北京大学的经济学科概况 146
  1. 课程设置 147
  2. 教员与研究 154
- 三、复校后的学科重整 158
  1. "复神京，还燕碣" 158
  2. 教学与学术研究 164
  3. 历史的抉择 178

附　录 188
- 北京大学经济学院（系）历届同学名录（1913—1949） 188
- 1910—1949年历任经济学系（经济门、商学门）监督、主任名录 203

主要征引文献 207

后　记 211

导　论
经济学科史的学术价值

一、司马迁伟大？还是汉武帝伟大？

试问：司马迁与汉武帝相比，谁更伟大？对于这样的问题，曾见网络上有一些人讨论过，讨论来讨论去，言人人殊，莫衷一是。但是，归结起来，无外乎三种观点。第一种观点坚持认为，司马迁更伟大。因为他撰写了被誉为"史家之绝唱，无韵之离骚"的史学名著《史记》，为当时以及后世留下了一部难得的"信史"。他是一位伟大的历史学家，他的影响，足以穿透几千年的中华历史，直到今天乃至未来，仍然熠熠生辉。相反，尽管汉武帝英明神武，宏谋远略，曾派人北击匈奴，"凿空"西域，不断地开疆拓土，奠定了西汉王朝的鼎盛局面；但其所为之事，无论在于制度还是文化创造上，皆难以超越其所处时代，多限于一朝一代，一时一世。尽管汉武帝作为中国古代难得的有作为的皇帝，但是，借用今天的话说，他的功绩局限于其所在的"现世"或"当下"——尽管他执政的时间很长，而且是中国古代寿命最长的几个著名皇帝之一，但他的事功业绩很难达到像司马迁的《史记》那样的历史穿透力。因而，在这个意义上，或可以说，汉武帝"功在当代"，而司马迁则是"功在千秋"。第二种观点则认为，汉武帝更伟大。因为，不管怎样，汉武帝毕竟是皇帝，而司马迁只不过是一介书生，虽操"董狐直笔"，却难逃"李陵狱案"之牵连，面对势力强大的皇帝，也只能忍受"腐刑"之辱。相反，汉武帝则倚仗其帝王之威，内兴盐铁之利，奖农抑商，发展国民经济，增强国家实力，保持社会稳定，外拒强敌，扫平漠北，构建起中国古代历史上空前的盛世大业，汉武帝本人也成为中国古代史上少有的有作为的帝王之一。比较而言，汉武帝所行之事更能直接地影响社会以及民众的福祉，司马迁撰写《史记》不管怎样成功，也只能是文化或学术行为，现实或当下的影响究属有限。这样一种观点，虽难免有过于强调身份和功利之嫌，但也并非完全没有道理。以一时一地观之，生当汉武之世，司马迁自然没有汉武帝之伟力。第三种观点，则近乎调和或者折中，认为司马迁和汉武

帝在各自的领域都做出了巨大成就，但他们的成就则不可同日而语，因为他们的身份、地位、事业毕竟不同，很难作出上下高低之类的价值判断。

其实，笔者对于上述的比较也持比较谨慎的态度，认为：一方面，司马迁和汉武帝之间很难作简单的比较，要想作出孰高孰低的判断也没什么意义。另一方面，在历史的传承和延续过程中，对于历史的整理和书写十分必要。历史学家孟森曾经说过，史家有"传疑传信"之责，但关键在于"传信"。也曾有人说过，"历史是任人打扮的小姑娘"。可是，不管历史这个"小姑娘"被人如何打扮，却总是先要有打扮的对象，才能被打扮出来。而后，历史学家的一个基本任务，就是在被打扮的表象下，尽可能地探求历史这位"小姑娘"的本来面貌。因此说，史家的"传信"之责固然无比重要，但同样重要的是，身为史家，有责任将历史书写记录下来，留供后人阅读和了解。

读者也许会问：为什么要在研究的开头，谈到司马迁和汉武帝？为什么又谈到史家的责任？原因在于，笔者发现在中国历史上——或者说近现代以来——有一个十分有趣的现象。那就是，似乎在中国近现代历史上，我们所熟知或耳闻的"大师"级人物，往往大多出自文史哲专业，而出自经济学、法学等社会科学专业的则比较少。就拿北大为例，文史哲专业可谓"大师辈出"，不胜枚举。而经济学呢？除了马寅初、赵迺抟、陈岱孙、李大钊、陈启修等人之外，诸如王建祖、朱锡龄、胡谦芝、顾孟余、秦瓒、周作仁、李浦、杨西孟、陈兆焜等等，对于今天的经济学人来说，不仅很少有人知道他们是"何方神圣"，他们曾经在经济学领域有过哪些作为，恐怕连人名都比较陌生吧。不仅如此，我们还发现，在经济学家中——即使像马寅初这样声名显赫的人物，也很少被冠以"大师"的称谓。之所以如此，是出于经济学者们自身的谦虚和谨慎？还是由于专业的领域太窄，难与"大师"的称号相匹配？答案恐怕不会这么简单。

远者且不讲，试看1949年后这六十多年，若以"事功"论，小到公司企业的经营运作，大到国家经济政策的制定调整，经济学家们所创造和占有的社会财富，可能比历史学家、文学家、哲学家们所创造和占有的总和还要多。即使在计划经济时代，恐怕也是如此。不可否认，与历史学家、文学家、哲学家们相比，经济学家对于国家、社会和民族的贡献不仅是巨大的，而且是更为直接的。这就产生一个与"司马迁和汉武帝相比，谁更伟大"类似的问题：经济学家与历史学家、文学家、哲学家相比，哪个更伟大？如果说经济学家也是伟大的，那为什么经济学界的人物很少被人记忆？为什么经济学界的"大师"会比较少？

对于第一问，与司马迁和汉武帝的问题很类似。其实，经济学家的贡献和历史学家、文学家、哲学家们的贡献相比，也是难分高下的。以创造和占有财富的数量为标准，来衡量他们的贡献高低，显然难以服人，甚至有点荒唐。社会不仅需要经济学家们贡献才智，追求福利的最大化（或"利润的最大化"），同时也更需要历史学家、文学家和哲学家们守护社会的良心。彼此之间，是不可截然割裂或者孤立存在的。第二问和第三问，其实关系到两个核心的问题。第一个核心问题是，现代意义上的中国的大学制度产生较晚，经济学科也是如此，至今不过百余年时间。相形之下，文、史、哲专业则在中国有着悠久的历史学术传承，远比经济学要早得多；而且文、史、哲专业即使在现代中国，其专业内容与中国传统的衔接远比经济学紧密。或者可以说，文、史、哲专业（尤其在关涉中国传统学术方面）承载了中华几千年的学术传统，而经济学作为一个新的学科门类，所承载的历史不过百余年。以百余年与几千年相较，淘沙见金，所能筛选出的杰出人物，多少之别自然明了。不仅如此，从"专业壁垒"（即专业的排他性）来看，从事经济学专业者，自可以同时爱好文、史、哲，阅读文、史、哲之类的作品，接受文、史、哲的专业熏陶，乃至进入文、史、哲领域，有所作为；但是，从事文、史、哲专业者，却由于专业限制，往往很难进入经济学领域——尤其核心和尖端领域。别说运用经济学的理论和模型来讨论问题，只是面对其中大量的数据，就已经令很多人头疼了。由此可见，经济学的"专业壁垒"是比较强的。但是，从事经济学专业者，也不必沾沾自喜。要知道：历史不仅是"人民"书写的，更多地是由历史学家们书写的！由于历史是历史学家们书写的，同时由于历史学家们往往难以跨越经济学的"专业壁垒"，因此，历史学家们在书写和记录历史时，往往对经济学的发展、经济学家的具体贡献知之甚少，也就难以下笔，有时竟"暂付阙如"了。那么，是不是可以由经济学者们来撰写本专业的历史？这就涉及了第二个核心问题，即：中国的经济学界历来缺乏对于本专业的学术清理。之所以造成这样的局面，原因或许在于：一方面，经济学的使命，用约定俗成的说法，就是经邦济世、经世济民。或者说，经济学就是"经世致用"之学，所关注的重点是当下经济和社会问题的解决，绝非历史的问题。即便涉及历史问题，也无非是为了解决当下问题的参考之用。对于"当下"的过分强调，则有可能陷入历史的虚无主义，缺乏历史的省思和观照，不仅会忽视所研究问题对象的历史，而且会忽视本学科的发展史。或可称之为"经世致用"思想的一种世俗化，由此导致很少有人关注经济学专业学术和学科的发展历史。另一方面，对于"经世致用"中"用"的过度强调，则很容易沦入一种功利主义，一切以经济效益、功利为标准，单纯地追求短期的利润最大化。不可否认，历史之学，尤其是严肃的历史之学——绝非那些世俗的戏说历史，其"变现能力"是很差的。如果不是这样，也就不会有人形容从事历史研究是"坐冷板凳"了。因此，从事经济学（尤其是应用经济学）研究者，往往不愿从事学科发展史的梳理工作。

但是，基于前面的论述，我们应该认识到，梳理和撰写经济学科的发展史并不是一件可有可无之事，而且显得有些迫切需要。如果始终没有一部关于中国近现代经济学科的发展史，长期处于"暂付阙如"的状态，从事经济学研究的人，很容易被人讽为"没有历史，只顾现实"。另外，从事经济学研究或者经济工作的人，如果能够了解近百年中国经济学科的发展历史，了解中国经济学的发展脉络，未尝不是一件好事。至少可以知道前辈经济学者们的理想和贡献，了解"祖上的荣光"，有助于认识目前经济学所处的历史阶段，以及把握将来的前进方向。何乐而不为呢？如果自第一次鸦片战争算起，至今已经一百七十多年；中国的经济学教育、经济学科建设，也已走过近百年的路程。对于个人来说，"百年之后"意味着该人去世以后，一了百了。但是，对于中国的经济学科来说，"百年"说来漫长，也不漫长，并不意味着该学科的结束，反倒意味着新的开始，潜藏着无限生机。在新世纪的第一个十年，就让我们总结和回顾一下百年中国经济学科的发展之路，撷取一些历史的印记，献给未来的中国经济学家们。

二、如何书写经济学科发展史？

一般来说，经济史可以分为经济思想史和经济制度史两大类别。① 经济思想史，"顾名思义，就是介绍、研究经济思想发展演化的历史"②；相应地，经济制度史，也就是介绍、研究经济制度发展演化的历史。为什么要研究经济学思想史？用布鲁和格兰特的话说，"首先，这样的研究可以增强人们对当代经济思想的理解"，"其次，多个世纪中经济学家所作的大量分析和证明能够给不可靠的概括性推论提供精密的检验"，"最后，也是最重要的，研究经济思想史可以理解和观察

---

① 据赵迺抟先生的分类，则将经济史与经济思想史相对而言。其在《欧美经济学说史》的"绪论"中言："经济思想史与经济史虽同属于史的叙述之学问，但研究之对象不同。经济思想史所研究者为人类思想之有关于经济生活者；而经济史则偏于经济事实之系统的记载。盖前者以人为主体，以事实为附庸；而后者则以事实为主，对于理论或思想，并无探讨之必要。"这样的分类，名实之间似乎难以完全对应，此不具论。
② 张旭昆：《西方经济思想史18讲》，第一讲"经济思想的演化"，世纪出版集团、上海人民出版社，2007年，页1。

我们的过去、正在变化的思想和问题,以及发展的方向",因而"这些努力将是值得的"。[①]由此,我们可作如下推断:关于经济制度史的研究也是"值得"的。

在中国,从研究内容上看,经济思想史研究又可分为关于中国的经济思想史研究,以及关于国外(西方)经济思想史的研究。前者包括中国古代和近现代以来的经济思想,后者则往往与西方经济学说史具有很大混同。因为现代意义上的中国经济学科出现较晚,而且经济学与法学一样,很大程度上属于近代以来的"舶来品",所以在中国的经济思想史研究格局中,作为研究国外(西方)经济思想史/经济学说史的部分,往往比研究本国的经济思想史(尤其关于古代)要占更大比重。这样一种格局,一方面由于中国近现代以来社会经济结构已然发生巨大而根本性的变化,不可逆转地走向一种现代化的轨道——就如"飞禽"进化成了"走兽",很难再与中国古代相提并论;另一方面,也深刻说明,我们的经济学与现当代的中国经济状况相对应,西方的经济学说、经济思想已经成为这种新学科的一种极为重要的(或者主要的)知识来源。因而,关于国外(西方)经济思想史的研究,不论是单纯的理论研究,还是实践应用研究,必然与中国的现实经济状况更具有融通性、关联性;不可避免地,关于中国古代(乃至近代)的思想史研究,则与中国社会的经济现实问题相形见远。相反,单纯地以发现历史真相、挖掘思想底蕴为目的的经济思想史研究——特别是关于中国历史这一部分,以及关于中国经济制度史的研究,往往与历史学研究具有较大的融通性。甚至可以说,如果撇开经济学的理论和模型,欲求历史人物的经济思想或经济制度的本来面目,史料的搜寻采集、考证辨析都是最基本的功夫;而所有的理论和模型,都只是工具而已。

在经济思想史和经济制度史两大类别之外,其实还应有经济学科史这样一个类别。经济学科史,顾名思义,就是研究经济学科的形成和演变发展的历史。对于一个经济专业的院系来说,梳理和研究其经济学科的形成和演变史,既可以让人们了解过去发生的一些事情,明白曾经走过的路,更好地认识现状,也可以为将来的发展提供一定的参考。推而广之,大到一个学校、一个国家,梳理和研究其经济学科的形成和演变史,则可以使人们了解这个学校、这个国家经济学科的历史演变,从而认识经济学科的发展对于这个学校、这个国家的发展产生的推动作用。尤其对于中国来说,作为一个新的学科门类,经济学产生较晚,在近代以来的这一百多年时间里,在中国经济学科的发展演变过程中,应该有很多内容值得记录下来,存诸史册,昭示来者。

---

① 斯坦利·L. 布鲁(Stanley L. Brue)、兰迪·R. 格兰特(Randy R. Grant):《经济思想史》,邸晓燕等译,第一章"导言和概览",北京大学出版社,2008年,页5—6。

那么，经济学科史应该包含哪些内容？它与经济思想史和经济制度史有着什么样的区别和联系？这两个问题，似可一并作答。作为一个学科，首先应是以"教书育人"为目的的教学单位。既如此，则除了一些基本的后勤保障外，教员、学生、课程设置属于一个学科的三大必备要素。所以，经济学科史的研究，也应重点关注经济学科教员聘任管理、学生的录取毕业，以及课程设置的变动等等。但是，学科专业的教学活动往往是表面的，大学并不单纯以教学为目的，更不以容纳单调刻板的教书匠人、培养唯利是图的富人和权贵政要为目的。正如蔡元培在就职国立北京大学校长的演讲中所云，"大学者，研究高深学问者也"①，在日常的教学活动之外，大学应以研究高深学问，从事学术研究为要务。本着"教学相长"的精神，研究高深之学问，从事学术研究，是相对机械刻板的教学活动的一种深入和升华，也属于学科发展史的基本内容。而在教员（往往也包括学生）的学术研究活动中，学术思潮的影响互动，学术思想的生成演变，自属题中应有之义。因此，从这个方面看，经济学科史的内容与经济思想史存在着部分交叉。围绕着教员聘任、日常的教学活动、学生的招生毕业、课程的设置变动，以及教员和学生们的学术研究活动，还有各种各样的规章和制度，对上述内容进行规范管理。这些又属于制度性的内容。因此，也可以说，经济学科史实际上也带有一些制度史研究的意味。但是，不管怎样，经济学科史还是有着相对独立的研究领域和研究框架，不可与以往的经济思想史或经济制度史混同。②本研究即是在相对限定的范围内进行的阶段性的经济学科史研究。

基于上述讨论，我们可以得到经济学科史研究的几个基点，或者说衡量和评价经济学科发展阶段、发展规模的几个基本参数，即：教员、学生和课程设置。我们在阅读以往一些关于学科发展史的著作和论文、一些学校院系的宣传材料时，发现有的时候，有些单位为了显示本学科的历史悠久、其来有自，刻意选取那些于己方"有利"的标准，因而造成了学科发展史参考标准的混乱，或者根本就没有过任何标准。③比如说，如何判断一个学科或专业的产生？有的以公布开设该学科或专业的书面文告为准，有的以该学科或专业开始招生为准，有的以该学科或专业有第一

---

① 蔡元培：《就任北京大学校长之演说》，载杨东平编《大学精神》，辽海出版社，2000年，页324—325。
② 胡寄窗先生在其所著《中国近代经济思想史大纲》（中国社会科学出版社，1984年）中，将经济学课程和经济学著作纳入到经济思想史的研究范围（第三部分"从五四运动到解放前夕的经济科学的发展"），可谓开了经济学科史研究的先河。不管怎样，从学术研究的专门性来看，经济学科史的研究仍然具有相当的独立的学术价值。
③ 尤其在上世纪末的那股"大学合并"浪潮中，有的大学竟然三年前还在庆祝建校四十周年，在合并了一个名不见经传的师专后，校史向前追溯，三年之内，校龄竟然增加四十年，变成了八十年！

届毕业生为准，有的以出现该学科或专业的课程（或类似课程）设置为准。以笔者观之，（1）若以公布开设该学科或专业的文告为准，则文告公布之后，未必就有实际行动跟进，这在中国是屡见不鲜的；（2）若以该学科或专业开始招生为准，则现实中亦有可能在开始招生之前，相应的教员已经聘任到岗，课程设置已经完成；（3）若以该学科或专业有第一届毕业生为准，则在毕业之前必然已经有了教员、学生、课程设置、教学活动等内容，未免太迟；（4）若以出现该学科或专业的课程（或类似课程）设置为准，则也有可能仅有课程设置，而没有教员讲习或者学生报考。因此，上述几个参考标准，皆存在一定的问题。相较而言，若同时具备教员、学生和课程设置这三个要素，由此判定该学科或专业的产生，应该是没问题的。或者说，教员、学生和课程设置同时具备，是判断一个学科或专业产生的"黄金标准"。但是，这只能用来判断一个学科的产生，并不意味着该学科的成熟和独立。教员可以聘任，也可以解聘；学生可以招收，也可以遣散；课程可以设置，也可以改换；包括学科或专业的名称，也都是可以人为进行调整。再从学科的发展规律来看，一个学科的形成发展必然要经历时间的考验，要有一个长时期的涵养滋濡过程。必须要待该学科的教员队伍具有一定规模，学生录取和毕业有一定数量，课程体系设置较为完备，才能说这个学科已经建立起来。甚至，在这些形式的要件已经具备之后，还要待该学科专业的学术研究水平在学界形成特色、占有一席之地，才能有百分之百的资格说，这个学科已经成形了。

最后，言归正传。本研究的主要对象是北京大学经济学科的阶段性历史，为什么选择这样的主题？一方面的原因已如上述，归结成一句话就是：我们有必要撰写一部关于中国经济学科的发展史。另一方面，北京大学在中国近现代教育史上占有特殊的地位，从京师同文馆、京师大学堂开始，百余年来，在诸多学科和专业领域，不仅开风气之先，而且成果卓著。具体而言，北京大学的经济学科无疑地是中国近现代史中历时最久而且从未有过间断的经济学科，她的经济学科发展史也无疑地成为中国百余年来经济学科发展史的一个缩影，因而具有研究的典型意义。在接下来的篇幅中，本书将围绕着教员、学生和课程这三个参照点进行叙述和讨论。但在这个"黄金标准"之外，还必须考虑到：在近代中国，经济学作为一种新的学科门类，其得以形成的基础在于中国现代大学制度的诞生。若论中国现代大学制度的诞生，必须要从鸦片战争以后的中国社会的思想、知识和制度转型说起，必须从京师同文馆、京师大学堂说起。

第一章
风生水起：京师大学堂及早期的中国经济学教育 （1898—1911）

一、"经世"、经济与"商学"

美国汉学家费正清教授在解释中国近代史的时候，曾提出一个著名的"刺激/反应"（或"冲击/回应"）理论。其大意为：假设西方新兴资本主义社会是一个动态的近代社会，而中国社会是一个处于停滞（或超稳定）状态的传统社会。对于中国来说，只有受到西方新兴势力的刺激或冲击，才有可能产生新的原动力，摆脱停滞不前的状态。这一理论或解释模式，是在"西方中心论"和简单机械的社会进化论交互影响下的产物，虽然未必符合中国近代史的真实情况，却长期被人接受，影响广众。后经刘广京教授关于中国早期现代化的研究，证明了很重要的一点——"中国买办和西方资本主义接触是有竞争力的，有能力争取中国的利权。中国近代史的动力也不尽然是由外力而来，内部因素包括满清乾隆以来的吏治破坏、人口急遽成长压力、传统士大夫经世致用的追求以及商人买办的反应都是不能忽略的背景"，从而对费正清的"刺激/反应"理论做出修正，"改变了西方学界早期对中国近代史的刻板认知"。①

在刘广京教授的权威分析和论证过程中，包含了两个重要的基点：其一为"传统士大夫经世致用的追求"，其二为"商人买办的反应"，此二者皆属"不能忽略的背景"。先言前者，刘广京教授指出："十九世纪二三十年代，中国就有所谓经世运动"，"自强变法运动不只是中国对西方的反应，而且是在原有的经世思想上发展"。②显然，这里面的"经世"，往往就是经世致用、经世济民、经邦济世等词语的简称。为求行文简便，在这里，权且以"经世济民"将类似的词语笼统代替——正如本书之名，在于今天，当我们探究"经济"一词语义本源的时候，也往往将"经济"视为"经世济民"的缩写。

---

① 麦金农、周启荣、黎志刚：《刘广京学术观点举要》，《近代史研究》，2000年6期。
② 黎志刚：《再访刘广京先生》，载《近世中国之传统与蜕变——刘广京教授七十五岁祝寿论文集》下册，中研院近代史研究所，1998年，页1324。

第一章　风生水起：京师大学堂及早期的中国经济学教育（1898—1911）

正如金观涛和刘青峰在他们的研究中所指出的，"'经济'作为'经世济民'的缩写，无论用于指涉人的活动还是人的才干，都包含如下细节：首先是'经世'，它的意思是落实儒家伦常所规定的道德规范，建立一种与之相符的、整合社会各层次的秩序；'济民'则指在社会整合过程中解决百姓生计。"[①]结合刘广京教授的观点，我们似可作如下描述：在中国近代上——或者说自1840年鸦片战争、中西进行第一次大规模的正面交锋开始，传统中国士大夫的"经世"思想、"经世济民"之学，作为一种原生的动力，在列强环伺的外来冲击和压力下，直面欧风美雨的侵袭，最终使古老的"经世"思想、"经世济民"之学浴火重生，不仅获得一种新的名称（经济学，Economics），更成为一种具有新式内涵的学科和专业。

众所周知，在中国历史上，经世济民的思想和传统由来已久。梁启超甚至认为，在中国传统的各门学问中，"经济学"（即经世济民之学）尤为发达，完全可以媲美乃至超越古代的希腊。[②]但是，不管"经世"、"经邦济世"，还是"经世济民"，到什么时候才超脱成今日的"经济"（Economy）一词来的？长期以来，有相当多的著作和论文从语义学和翻译学的角度，对"经济"（Economy）一词的语源问题进行了追踪探讨。[③]大致认为，自1905年开始，汉语的"经济"方成为英文"Economy"较为固定的对译之词。[④]但从词语的稳定性来看，这时"经济"（Economy）一词的稳定性是不够的。尽管"Economy"的对译词已经较普遍出现，但是并不可能将其他一些之前行用的对译词——如富国养民策、理财学、计学、资生学等——立即排除。这也说明，"经济"一词难以摆脱它在汉语语境下与生俱来的原本含义，要想纯然地成为一个完全独立的新词，几乎是不可能的——即便在一百多年后的今天，也是如此。因而，尽管"经济"和"Economy"之间的对译关系已经建立起来，我们仍然深切地感受到，或者坚持认为，与"Economy"对译的"经济"一词还是与传统的"经世"、"经邦济世"、"经世济民"等词语之

---

① 金观涛、刘青峰：《观念史研究——中国现代重要政治术语的形成》，法律出版社，2009年，页293。
② 梁启超：《论中国学术思想变迁之大势》，上海古籍出版社，2001年，页42—43。该篇作于1902年，其中梁启超将英文"Economy"译为"生计"。由此可见，当时中文"经济"与英文的"Economy"之间的对译关系并不稳定。
③ 比较代表性的成果，莫过于叶坦的《"中国经济学"寻根》（《中国社会科学》，1998年4期）一文，对"经济"一词从古到今进行溯源，同时进行中西方比较，甚见功力。另外，金观涛和刘青峰在《观念史研究——中国现代重要政治术语的形成》（法律出版社，2009年）的第八部分"从'富强'、'经世'到'经济'——社会组织原则变化的思想史研究"，借助统计学的方法，利用现代数据库等手段，对"经济"一词的历史演变也做了细致的分析和解读（页289—324）。有兴趣的读者可以参看，此不具述。
④ 参见金观涛、刘青峰的上述著作（页291），以及叶坦的论文。

间有很大的融通性；不能说现代的"经济"之学（Economics）就不再是"经世济民"（经邦济世、经世）之学了。

另外，刘广京教授谈到，鸦片战争以来，在中国现代化的过程中，"商人买办的反应"也是一个"不能忽略的背景"。这与前面所谈的"经济"之间其实存在一定的吊诡。我们知道，中国古代的基本社会格局是"四民社会"——士、农、工、商，各司其职，各有所务。其中：（1）士居四民之首。依照传统儒家的经典理论，"修身、齐家、治国、平天下"是士或士大夫的天赋职责，"穷则独善其身，达则兼济天下"更是他们的理想，因而，所谓的"经邦济世"、"经世之学"、"经世济民"也都是士大夫们所极力追求的。（2）商居最末。司马迁云，"天下熙熙皆为利来，天下攘攘皆为利往"①，主要就是指商贸之人；"无商不奸，无奸不商"，"重利轻义"，更道出了一般民众对于商人复杂的反感，抑或嫉妒之情。二者相较，"士"自然是"等而上之"，"商"则是"等而下之"。在这样的社会格局和社会心理作用下，经世济民、"解民于倒悬"的重任也就落在"士"的肩上，不可能寄希望于"商"。或者说，经世济民、经邦济世之类的"经济"之事，非士大夫们莫属，而与"商"没多大关系。但是，我们在考察中国近代史的时候，恰恰发现，在因应列强的诸般对策中，"商战"实占有相当突出的位置——"商战"的口号不仅提出得较早，"商人买办的反应"甚至成为中国近代史上"不容忽视"的因素。②昔日为士大夫们所不看重的商业和商人，反倒成了今日"求强求富"过程中有效的工具和手段。随着近代以来中国社会的转型，曾经横亘在士、商之间的难以逾越的鸿沟，藉由解决中华民族的空前危机和现实社会经济发展的需要，一时之间，似乎被抹平了。

不论是政府、士大夫、商人，还是买办，欲进行"商战"，欲进行"反应"，必先发展商业；欲发展商业，必须要有"商学"。然在中国传统社会，长期以来，除了经学、史学、文学等为士大夫们所看重，因而成为堂皇的"学问"外，其余皆属支流末技。商人已居"四民之末"，又何有"商学"可言？中国古代的"商学"，想必是一片空白的了。其实，事情往往没那么绝对。从司马迁的《史记·货殖列传》中，我们可以看出，中国历史上的商业活动出现较早，而且有的时期还相当活跃。远者且不谈，明清时期的几大商帮（如晋商、徽商、淮商）所演出的历史

---

① 司马迁：《史记》卷一百二十九，货殖列传，中华书局，1998年影印四部备要本，页1167。
② 可参考阅读王尔敏：《商战观念与重商思想》，载氏著《中国近代思想史论》，社会科学文献出版社，2003年，页198—322。

活剧，就足够丰富精彩的了。而在商业活动当中，商业知识、商业技巧日积月累，逐渐形成规模，或口耳相传，或被编订成书，得以记录传播。①这些内容虽然比不上可通"庙堂"之高的"经济"（经世济民）之学，但无疑也是中国古代文化遗产的一部分，不容忽视。但是，我们应该看到，近代以来，商业发展所面临的，不仅是国内市场，更主要而无法回避的，是资本主义社会化的大生产，挟着洋货，不断地在中国市场上抢滩登陆。此外，中国的商业和经济发展不可逆转地被带入国际市场领域，成为世界经济的一部分，因而也要应对国际市场的挑战。这是一个全新的局面，"三千年未有之变局"，欲行"商战"，欲兴商学，必须要灌注新的内容、新的理念、新的技术手段。

总之，在我们回顾和研究中国近百年经济学科发展史之前，应该对中国近代社会的转型有一个大体的认知，对一些前提性的、关键的名词和概念有一些把握，然后才能理解中国经济学科的发展必将是一个漫长的逐步进升的过程。

二、富国策：京师同文馆的经济学课程

鸦片战争后，国难日深，老大帝国的荣光在一次次与列强的交锋中折损殆尽，迫使一些国人不断地寻求内政外交困境的解决方案。作为洋务运动的早期产物，1862年7月11日京师同文馆正式成立。但当年仅开办了英文馆，并招收10名年龄在十三四岁以下的满族子弟入学。次年4月，法、俄两馆亦次第开班。同治五年（1866）十一月，"又奏请添设一馆，招取满汉京外各官愿入馆者，一并与试，规模始渐扩充，除语言文字之外，兼习天文、算学、化学、格致、医学"②。英文馆的教习先为英国人包尔腾③，后为傅兰雅④。1865年，经美国驻华公使蒲安臣和

---

① 笔者手中就收藏有若干此类书籍的刻本或抄本，其中有的记载各地的水陆行程、风土物产、市场行情，有的记载各种商业技能，教导人们如何辨别银子成色、真假，如何撰写商业应用文，如何记录核算账目等。
② 李希圣：《京师译学馆沿革略》，载陈初辑《京师译学馆校友录》卷首，1931年。
③ 包尔腾（John Shaw Burdon，1826—1907），出生于苏格兰格拉斯哥。23岁进入圣公会传教学院，于1853年被派往中国上海，次年由施美夫主教按立为牧师，期间曾访问太平天国。1862年调至北京，并在英国使馆内建立了一个小教堂，后被聘为同文馆英文教习。1874年4月回国，在兰柏被祝圣为华南教区主教，年末又前往香港。1876年和1878年，巡视福建省和日本教务。1897年辞去主教职务，在欧洲旅行并写作。1907年在英国罗伊斯顿（Royston）去世，享年81岁。
④ 傅兰雅（John Fryer），1839生于英国，圣公会教徒。1861年伦敦海伯雷师范学院毕业后，到香港圣保罗书院担任教职。1863年受聘为北京同文书馆英语教习。次年，转任上海英华学堂校长，并主编《上海新报》。1868年起兼任上海江南制造翻译馆译员，编译《西国近书汇编》等。1876年创办格致书院，刊行《格致汇编》。1877年，被举为上海益智书会干事，从事科学普及工作。1896年赴美，担任加利福尼亚大学东方文学语言教授，后加入美国籍。1928年，在美去世。

英国使馆参赞威妥玛推荐,美国新教传教士丁韪良①受聘为英文馆教习。同治七年(1868)丁韪良升任总教习,直至1894年5月因病离馆。

图1-1 京师同文馆大门

京师同文馆在中国近现代教育史上地位显著,影响深远。丁韪良认为它是中国新式教育的开端和源泉,也有人称其为"中国新教育的始祖"②,或"中国教育制度中渗入现代观念的急先锋"③。在学者们追溯中国近代教育史的时候,包括一些学校在对一些包括经济学在内的新式学科穷根镜源的时候,往往都会谈到京师同文馆。但是,不管怎样,从学科发展、机构建制的接续性来看,只有北京大学(包括京师大学堂,以及1949前的国立北京大学)与京师同文馆之间,才具有直接的继承关系——因为1902年京师同文馆改名译学馆,并成为京师大学堂的一部分。

据恭亲王奕䜣1861年给皇帝的上书④,我们可以知道,京师同文馆的创办初衷在于通过外国语言的学习,为外交服务——诸如训练翻译和提供外交人才等。但正如丁韪良所言:"同文馆最初设立的目标是为了培养口译人才,但从口译转向更高一层的别国文献翻译,以为己用,则是一个自然而又必然的发展步骤。"⑤实际上,在丁韪良1867年出任总教习后,对于同文馆的教学内容颇多改革,"其课程

---

① 丁韪良(William Alexander Parsons Martin),字冠西。1827年4月10日,出生于美国印第安纳州的一个牧师家庭。1850年,受美北长老会派遣,来到中国,在宁波传教10年。1863年移居北京,后被聘为京师同文馆教习。1868年出任总教习。1898年起,被任命为京师大学堂首任总教习。1902年,丁韪良再次被任命为西学总教习。1916年12月17日,在北京去世。
② 丁韪良称:"使这一古老帝国有革新之望的那种新式教育的开端是同文馆。有很多支流对这个主流有所贡献,但是,最初的源泉是同文馆。""有了京师同文馆,中国学生才正式接受西洋的语言文字和各种新式学科,同文馆是中国新教育的始祖。"以上二者,间引自赵惠蓉:《北京近代教育源探——论析京师同文馆》,《北京社会科学》,1990年1期。
③ 傅任敢译:《同文馆考》,载《中华教育界》,1935年2期。
④ 1861年1月13日,恭亲王奕䜣上书中言:"查与外国交涉事件,必先识其性情。今语言不通,文字难辨,一切隔膜,安望其能妥协。……"(贾祯等纂:《筹办夷务始末(咸丰朝)》,卷七十一,咸丰十年十二月壬戌,近代中国史料丛刊本)
⑤ 丁韪良:《花甲忆记——一位美国传教士眼中的晚清帝国》,沈弘等译,广西师范大学出版社,2004年,页216。

第一章 风生水起：京师大学堂及早期的中国经济学教育（1898—1911）

则由洋文而及诸学"①；换句话说，逐渐超出了翻译的范畴，而将诸多新学引进中国。这其中，就包括中国最早的经济学课程——富国策。据《同文馆题名录》，当时该馆课程有五年制和八年制两种，前者适用于那些"年齿稍长，无暇肄及洋文，仅藉译本而求诸学者"，后者则"由洋文而及诸学，……惟汉文熟谙而资质聪慧者可期成就"。②具体课程内容如下表：

表1-1 同文馆年级课程设置表

学　制	年级课程
五年制	一年：数理启蒙；九章算法；代数学； 二年：学四元解；几何课本；平三角、弧三角； 三年：格物入门；兼讲化学；重学；测算； 四年：微分积分；航海测算；天文测算；讲求机器； 五年：万国公法；富国策；天文测算；地理金石；
八年制	一年：认字写字；浅解辞句；讲解浅书； 二年：讲解浅书；练习句法；翻译条子； 三年：讲各国地图；读各国史略；翻译选编； 四年：数理启蒙；代数学；翻译公文； 五年：讲求格物；几何原本；平三角、弧三角；练习译书； 六年：讲求机器；微分积分；航海测算；练习译书； 七年：讲求化学；天文测算；万国公法；练习译书； 八年：天文测算；地理金石；富国策；练习译书；

资料来源：《同文馆题名录》，载《洋务运动》（二），页84—86。

这样的分年学制，在中国近代教育史上尚属首次，因而意义重大。不仅如此，上表中还有两点值得我们注意。首先，在八年制的课程设置中，翻译（译书）占有很大比重。从前四年最初的认字写字，到讲解浅书，再到翻译选编、翻译公文，直到"练习译书"成为后续四年中每年的必修课程，可以看出，在同文馆的课程设计中，翻译是一项相当基本的训练。而在京师同文馆林林总总的译作③中，《富国策》算是相当引人注目的一种。

---

① 刘焜：《京师译学馆始末记》，载《京师译学馆校友录》卷首，1931年。
② 《同文馆题名录》，课程表，载《洋务运动》（二），上海人民出版社，1973年，页84—86。另据该课程表后附光绪二年（1876）"堂谕"可知，该课程表为总教习丁韪良同各馆教习共同拟定，属于"整顿馆务"之一端。
③ 丁韪良在回忆录中言道："已经译出的书籍涉及国际公法、经济学、化学、格物学、自然地理、历史、法国和英国的法典、解剖学、生理学、药物学、外交领事指南等题材，以及许多其他题材。……它们大多数都是由同文馆的印刷所刊印，并免费发给清朝官吏的。"（《花甲忆记——一位美国传教士眼中的晚清帝国》，页216）

图1-2 同文馆课堂一景

图1-3 亨利·福赛特

《富国策》一书初版于光绪六年（1880），由同文馆用聚珍版刊刻成书。其翻译母本是英国经济学家亨利·福赛特（Henry Fawcett，当时译为"法思德"）的 *Manual of Political Economy*，直译为《政治经济学手册》。亨利·福赛特，1833年出生于英国南部的索尔兹伯里（Salisbury），曾就读于剑桥大学，后来成为一名经济学教授，并当选剑桥三一学院（Trinity Hall）的研究员。1858年，在打猎时发生意外，受伤失明，但并没有阻止他对于学术研究的追求，以及从事政治活动之路。1863年，他的著作 *Manual of Political Economy* 由麦克米兰公司出版，此后不断再版增修，至1907年一共印刷8版。1865年，他当选为英国议会自由党议员，而且成为英国有史以来三个盲人议员之第一人。而后在1874年的大选中失利，败给保守党的迪斯雷利（Disraeli）。1880年，他被任命为香港邮政署长。1884年，突发疾病死亡。①

中译本《富国策》共分3卷26章，其目录大致如下表：

---

① 参考http://www.thisbrighton.co.uk/city—politics/henry—fawcett.htm。

表1-2 《富国策》分卷章目表

卷 次	章 目
第1卷，论生财	第1章，总论；第2章，论生财有三要；第3章，论人功；第4章，论资本；第5章，论三要滋生之力；第6章，论制造多寡之异；第7章，论增益财用之理
第2卷，论用财	第8章，论制产之义与均富之说；第9章，论财所自分；第10章，论地租角逐之道；第11章，论工价；第12章，论利息；第13章，论小农躬耕之法；第14章，论兴乡学以维工价；第15章，论齐行罢工；第16章，论合本同功
第3卷，论交易	第17章，论价值之别；第18章，论物价贵贱之理；第19章，论农田物产贵贱之理；第20章，论人功制造之货物及其贵贱之由；第21章，论钱币；第22章，论钱币贵贱之理；第23章，论邦国通商；第34章，论金银流通各国之理；第25章，论邦国货币互易之法；第26章，论税敛之法

该书内容相当丰富，不仅囊括了许多关于商品生产、交易和消费等方面的西方经济学知识，而且所涉及的西方经济学代表人物众多。诸如亚当·斯密（书中译为"斯美氏"）、大卫·李嘉图（译为"梨喀多"）、罗伯特·欧文（译为"温氏"）、傅里叶（译为"傅氏"）等等。尤其，在该书中，亚当·斯密的《国富论》第一次有了中文译名——《邦国财用论》。尽管这与后来的通用译名有所不同，但是，要比后来严复的翻译早上二十来年，究属首创。该书的译者主要有两位，一为京师同文馆的总教习丁韪良，一为该馆的学员汪凤藻；用今天的话说，属于"师生合作"的产物。作为同文馆总教习的美国人丁韪良，是有名的"中国通"，其英文翻译水平应该说没有问题，而且对翻译工作相当重视①；另一位翻译者汪凤藻，也属于同文馆所培养的"冒尖"人才②。所以，《富国策》一书的翻译水平还是比较可以的。有的学者评价该书，是"在1902年亚当·斯密《原富》译成中文以前讲解商情商理最透辟的书，到满清鼎革，一直是许多新式学校的教科书"③。

---

① 丁韪良认为，这些翻译的书籍"就像是一个杠杆，有了这么一个支点，肯定能撬动某些东西"。（《花甲忆记——一位美国传教士眼中的晚清帝国》，页216）
② 丁韪良曾在回忆录中自述："在任总教习之后，便组织了一班译员，其中有教习，也有冒尖的学生。"（《花甲忆记——一位美国传教士眼中的晚清帝国》，页216）汪凤藻（1851–1918），字芝房、云章。江苏元和人，同文馆英文班毕业生。曾为译书纂修官，撰有英文语法书《文法举隅》一册，并译《万国公法》、《英文文法》、《富国策》等书。1883年，授翰林院庶吉士；1891年，以翰林院编修赏二品顶带，署理驻日钦使。次年，正式被任命为驻日钦使。揆看丁韪良之意，汪凤藻自然属于"冒尖的学生"之一。
③ 沈福伟：《中西文化交流史》，第十一章，上海人民出版社，2006年，页477。

另外,在京师同文馆的课程设置中,不论是五年制,还是八年制,最后一年都包含了"富国策"这样一门课程。在《富国策》一书"凡例"中,丁韪良直言"同文馆向以此学课读诸生"①。另据一些学者考证,基本可以认定,当时丁韪良就是"富国策"课程的主讲人;不唯如此,丁韪良还应该是在中国近代第一个新式学堂——京师同文馆里面第一个主讲"富国策"(即政治经济学)的教员。②至此,我们可以简单归结一下:(1)京师同文馆在近代中国最早开设了经济学的课程("富国策"),率先将西方经济学引进中国,并且进入课堂;(2)丁韪良和汪凤藻将第一本西方经济学著作翻译成书;(3)丁韪良是中国教育史上第一位经济学教员,而且是第一位经济学外籍教员。

图1-4　丁韪良和汪凤藻

继京师同文馆将《富国策》翻译成书后,又有很多西方经济学知识被引进到中国来③,为西方经济学在中国的早期传播奠定基础。不管怎样,京师同文馆的经济学课程设置,以及对于西方经济学的翻译、引进,无疑是具有开创性和先驱性的。

---

① 丁韪良:《富国策》卷首,凡例,光绪六年同文馆刊本。
② 参见傅德元:《〈富国策〉的翻译与西方经济学在华的早期传播》,《社会科学战线》,2010年2期,页113—114。
③ 如1885年傅兰雅译《佐治刍言》,1886年艾约瑟译《富国养民策》、1892年傅兰雅译《富国须知》,以及中国人陈炽的《续富国策》(1897),皆属后来较有影响之作。

三、京师大学堂的经济学教育规划

1. 学科产生背景

当其创立之初,科举未停,而吾校独为全国创,可谓数千年学制上相沿之一大革命。就学科而言,又为二十世纪吾国学术史上开一新纪元。

——《国立北京大学廿周年纪念册》①

当追溯京师大学堂成立的社会舆论和知识背景的时候,我们发现:在京师同文馆成立以后的三十年左右时间里,一方面,随着西学新知的传播逐渐深入,以及国家和民族危难、社会经济危机日益加深,兴办新学的需求越来越迫切。光绪二十二年(1896)五月初二日,在刑部左侍郎李端棻的《奏请推广学校折》中,开篇即言:"时事多艰,需才孔亟,请推广学校,以厉人才而资御侮。"②另一方面,在兴办新学的诸多建议中,表现出对于京师同文馆——以及后起的广方言馆、江南制造总局等——三十余年间教育成就

图1-5　京师大学堂匾额

的严重不满。根据李端棻的奏折,问题大致有四点:(1)从学习内容上看,各馆多注重学习"西语西文","而于治国之道、富强之原,一切要书,多未肄及",舍本逐末。(2)从专业分类来看,"格致、制造诸学",除湖北学堂外,其余各馆,专业分析都较笼统,学生也缺乏专门性学习,难得专精。(3)从实习训练来看,各馆皆缺乏图画器具,较少实践操作,更少游历见闻,每日"求之于故纸堆中",终成空谈,无法学以致用。(4)新学与科举不同,即使学习优秀,也很难通往"利禄之路"。就学人员多"成童以下",一旦长成,仍入利禄之途,放弃学习新知,因而难有很大成就。③不仅如此,在工部尚书孙家鼐《奏陈遵筹京师建立学堂情形折》中,更对京师同文馆、各省广方言馆的做法提出严刻批评,其言曰:

---

① 朱一鹗:《北京大学二十周年纪念会纪事》,《国立北京大学廿周年纪念册》,1918年。根据署名,可知作者系属当时的"法科商业门"。
② 《刑部左侍郎李端棻奏请推广学校折》,载《京师大学堂档案选编》,北京大学出版社,2001年,页1上。
③ 《刑部左侍郎李端棻奏请推广学校折》,同上书,页1上、下。

总署同文馆、各省广方言馆斤斤于文字语言，充其量，不过得数十翻译人才而止。福建之船政学堂、江南制造总局学堂、南北洋各省水师武备学堂，皆囿于一材一艺，即稍有成就，多不明大体，先厌华风。故办理垂数十年，欲求一缓急可恃之才，而竟不可得。盖所以教之之术，固未尽善也。①

既然京师同文馆等教育单位不能满足现实中迫切的人才需要，因而兴办新学——尤其是主张在京师成立一个"总汇式大学堂"——的呼声日益高涨。百余年后，我们检视1882至1898年间十余篇主张兴办新学（包括大学堂）的文论②，发现："商学"已然成为当时精英心目中"西学"和新式学堂的重要组成部分，经常被他们提及。但是，他们对于"商"和"商学"的认知，是存在分歧的。诸如：（1）王之春（1882）介绍"西学"，"学分四科，曰经学，法学，智学，医学"。其中，"法学者，考论古今政事利弊，及出使通商之事"③，将"通商之事"归于"法学"之下。（2）薛福成（1891）论及"西学"，则以文、武、农、工、商进行区别。其中言，"商则有通商院"④，乃将"商"狭义地理解成"通商"。（3）郑观应（1892）在将西学分为经学、法学、智学、医学的基础上，一则言"法学者，考古今政事利弊异同，及奉使外国，修辞通商，有关国例之事"，一则言"通商院则以数学、银学、文字三者为宗，其于各国方言土产、水陆路程、税则和约，以及钱币银单条规则例、公司保险各事，无不传习"。⑤可见，其对于"法学"和"通商"（商学）的界限并没有刻意厘清；而所谓"通商院"所习内容，较侧重于应用，而非理论之研究。（4）胡燏棻（1895）提出，"泰西各邦，人材辈出，其大本大源，全在广设学堂。商有学堂，则操奇计赢之术日娴。"⑥胡对于"商学"内容的理解，也就是"操奇计赢之术"。（5）熊亦奇（1897）提议，在小学和"士学"（包括格致和政治两科）之外，设立"专学"，即农、工、商、兵四者专业之学。在他看来，"商者，农工之流也"，即商学是为农业和工业产品的流通应运而生的学科。"商之科一，曰转运，公司以厚其资本，银行以

---

① 《工部尚书孙家鼐奏陈遵筹京师建立学堂情形折》，《京师大学堂档案选编》，页9上。
② 《北京大学史料》第一卷，北京大学出版社，1993年，页3—39。主要有：王之春《广学校篇》（1882），薛福成《论西学之盛》（1891），郑观应《论学校》（1892），胡燏棻《变法自强疏》（1895），梁启超《学校总论》（1896），姚文栋《京师学堂条议》（1897），熊亦奇《京师创立大学堂条议》（1897），李佳白《拟请京师创设大学堂条议》，狄考文《上译署拟请创设总学堂议》，《刑部左侍郎李端棻奏请推广学校折》（1896），《孙家鼐议覆开办京师大学堂折》（1896）。
③ 王之春：《广学校篇》，《北京大学史料》第一卷，页3。
④ 薛福成：《论西学之盛》，《北京大学史料》第一卷，页3。
⑤ 郑观应：《论学校》，《北京大学史料》第一卷，页4。
⑥ 胡燏棻：《变法自强疏》，《北京大学史料》第一卷，页6。

第一章 风生水起：京师大学堂及早期的中国经济学教育（1898—1911）

通其有无，汽船火车以捷其转输，电报信局以神其消息。利权有必揽，利源有必扩，如是而农工有所通矣。"①这里的"商科"（商学），仍将关注点侧重在经济要素的转运和流通上面；其"分科"虽曰"专门"、"单一"，但实际上是个大杂烩。(6) 孙家鼐（1896）则明确提出"分科立学"的主张，建议分为十科：天学科、地学科、道学科、政学科、文学科、武学科、农学科、工学科、商学科、医学科。其中，"政学科，西国政治及律例附焉"，"商学科，轮舟、铁路、电报附焉"。②言外之意，在孙家鼐的心目中，"商学"的内容，即"轮舟、铁路、电报"之学。

经过上面的比较分析，可知：（1）尽管在当时的精英阶层对于"商学"（商）的认知存在歧义，并且与我们今天的经济学和商学概念也存在差别，但是"商学"俨然成为新式学堂教育的"题中应有之义"，被公开地予以讨论。这与几千年来"重农抑商"、"商为四民之末"的状况截然不同，"商学"在融合了崭新的经济元素背景下，堂而皇之地成为新学的一个分支。（2）在当时精英阶层对于新式学堂、新式学科的讨论和设计中，作为一种新的学科或者专业，"经济学"的名称几乎从未出现过；相反，"商学"则是那个时期"经济学"某种意义上的"代名词"，相当普遍地成为人们讨论的对象。③正如"导论"所揭示的那样，在中国现代经济学科的发展演进历程中，"商学"的兴起和研究，远远早于"经济学"——尤其是纯理论的经济学。

1898年12月31日，京师大学堂正式开学，校址在地安门内马神庙嘉和公主府第。在此之前，9月21日，慈禧太后发动政变，"戊戌党人"或被绞杀，或者逃亡海外（如康有为和梁启超），或被贬黜谪徙。因为兴办京师大学堂的动议萌发较早，并未遭到废止④；但与起初康、梁等人——尤其梁启超——所设计的方案相比，教学方针、教学内容、学堂规模等发生较大变化。新开办的京师大学堂，仅设有仕学院，令举人、进士出身的京曹入院学习，学生不及百人，讲舍不足百间。⑤

---

① 熊亦奇：《京师创立大学堂条议》，《北京大学史料》第一卷，页12。
② 《孙家鼐议覆开办京师大学堂折》，《北京大学史料》第一卷，页24。
③ 在1898年光绪皇帝发布的举办京师大学堂的上谕（《德宗景皇帝实录》卷四一八）中，只是谈到"以成通经济变之才"；1902年孙家鼐《奏覆筹办大学堂情形折》（《翼教丛编》卷二，上海书店出版社，2002年，页36）中，也只是谈到"以期经济博通"。可见，在当时人们心中，"经济"一词之内涵，仍然主要是"经邦济世"、"经世济民"，与作为专业的"经济学"尚有一段距离。
④ 光绪二十四年（1898）八月十一日内阁所奉谕旨中称："大学堂为培植人才之地，除京师及各省会业已次第兴办外，其各府、州、县设之小学堂，著该地方官察酌情形，听民自便。其各祠庙不在祀典者，苟非淫祀，著一仍其旧，毋庸改为学堂，致于民情不便。"（《著停止变法大学堂仍行开办谕旨》，《京师大学堂档案选编》，页67上）
⑤ 王学珍等编：《北京大学纪事（1898—1997）》，上编，1898年，北京大学出版社，2008年，页6。

这样的局面大约维持了两年,便遭到义和团运动、八国联军侵华等带来的社会动荡影响,大学堂被迫关闭。《辛丑条约》签订后,大学堂得以重组,更新学堂章程,厘定课程科目,兴办分科大学。1910年3月31日,京师大学堂举行分科大学开学礼,为日后奠定学科分类基础。

图1-6　京师大学堂旧址（马神庙）

事实上,京师大学堂不是中国近代史上最早的新式大学[①],但其具有双重身份:一则作为总管全国学堂教育事务的一级行政机关,一则本身即为一个大学教育单位,因而地位十分特殊,"为各省之表率,万国所瞻仰"[②],所发挥的作用也绝非其他学校可比。在庚子（1900）之前,先后由孙家鼐和许景澄管理京师大学堂事务。庚子之后,光绪二十七年（1901）六月,谕派张百熙为管学大臣——从"管学大臣"的名号,也可以看出京师大学堂在当时中国教育界的分量。两年后,又派张亨嘉为京师大学堂总监督,实际上,也就是大学堂的校长。其后,曹广权、李家驹、朱益藩、刘廷琛、柯绍忞、劳乃宣等人先后担任或代理大学堂总监督之职。及至辛亥革命,清朝覆亡,1912年2月25日,严复被任命为京师大学堂总监督。同年5月1日,教育部又令"京师大学堂改称北京大学校,大学堂总监督称校长"。5月4日,严复正式就任国立北京大学第一任校长。从此,"京师大学堂"的名号渐渐成为历史。严格意义上,严复长校应属于"国立北京大学"的历史阶段,因而拟于下一章将严复对于近现代中国经济学科的贡献作一概述,本章暂不赘及。

[①] 在1898年京师大学堂成立之前,盛宣怀先后在天津和上海创立了北洋大学堂（1895年）和南洋公学（1896年）。
[②] 《总理衙门奏拟京师大学堂章程》,《北京大学史料》第一卷,页81。

2. 商学（经济学）课程设计

1898至1911年间，在京师大学堂的筹议兴革过程中，曾经有过若干种关于课程设计（和实施）的方案。按照时间顺序，主要有如下三个阶段。

第一，1898年的《京师大学堂章程》。此为"戊戌变法"期间，由总理各国事务衙门奏拟的大学堂章程。据康有为回忆：此章程虽以总理衙门的名衔奏拟，但实际上是由梁启超代为起草的。该章程"酌英、美、日之制"[①]，"参以中学"[②]，将学堂课程分为溥通学、专门学各10门，外加5门语言文字学，一共25门课程。细目如下：

表1-3　1898年《京师大学堂章程》课程设置表

溥通学	经学第一　理学第二　中外掌故第三　诸子学第四　初级算学第五 初级格致学第六　初级政治学第七　初级地理学第八　文学第九　体操学第十
语言文字学	英国语言文字学第十一　法国语言文字学第十二　俄国语言文字学第十三 德国语言文字学第十四　日本语言文字学第十五
专门学	高等算学第十六　高等格致学第十七　高等政治学第十八 高等地理学第十九　农学第二十　矿学第二十一　工程学第二十二 商学第二十三　兵学第二十四　卫生学第二十五

其中，除5门语言文字学须与溥通学"同时并习"外，在溥通学卒业之后，要求每名学生再从专门学中"各占一门或两门"。综观全部25门功课，商学位列第二十三，虽然位次有些靠后，但毕竟作为一个独立的专门学科第一次被提到台面上来。此外，我们发现，在这个章程中还提到当年正月初七日光绪皇帝的一件上谕，言及："已有各省学堂经济科举人、经济科贡士各名号，今拟通饬各省，上自省会，下及府、州、县，皆须于一年内设立学堂。府、州、县谓之小学，省会谓之中学，京师谓之大学。由小学卒业，领有文凭者，作为经济生员入学；由中学卒业，领有文凭者，作为举人升入大学；由大学卒业，领有文凭者，作为进士，引见授官。"[③]此中所谓"经济科"，亦即"经济特科"，为当年较早时候由贵州学政严修奏请开设；而其中的"经济"一语，毋庸讳言，也就是"通经济变"之意，与作为学科或专业的"经济"仍不可同日而语。

不管怎样，这份由总理衙门领衔奏拟的《大学堂章程》，最终由于慈禧太后发

[①] 康有为：《康南海先生自编年谱》，光绪二十四年五月，台北宏业书局有限公司，1987年，页54。
[②]《京师大学堂章程》（光绪二十四年五月十四日），《京师大学堂档案选编》，页29下。
[③]《京师大学堂章程》（光绪二十四年五月十四日），同上书，页34。

动政变遂遭废弃，梁启超等戊戌党人关于新式学科设置的主张也暂时搁浅，没能实行。其中的"商学科"也如镜花水月一般，只是个影子而已。

第二，1902年的《钦定大学堂章程》，或称"壬寅学制"。"庚子之役"以后，大学堂重开，由于情势发生变化，新的大学堂章程应运而生。在这份由管学大臣张百熙奏陈的《大学堂章程》中，将大学堂的全部学程分为三等——大学院、大学专门分科、大学豫备科，另附设两个速成科——仕学馆和师范馆。所拟课程，重点在豫备科和附设的两馆。择要介绍如下：

（1）大学院"为学问极则，主研究，不主讲授，不立课程"[①]，与今日之研究院比较类似。

（2）大学专门分科，乃仿照日本，厘为七科：政治科、文学科、格致科、农学科、工艺科、商务科、医术科。其中，"商务科"与前次章程的"商学"名称稍异；下面又分细目，共有六种：一簿计学，二产业制造学，三商业语言学，四商法学，五商业史学，六商业地理学。这样的科目设置，只是粗具规模，详细的课程仍要待豫备科的学生毕业后，才能"酌量情形，再行妥定"[②]。不过，可以看出，商业史学、商业地理学等偏重理论而非应用型的经济类科目，在课程设计中首次出现，这与此前一味着眼于经济应用的状况相比，有所进步。

（3）豫备科，从学科层级上看，不能算做大学教育的范畴。但当近代中国新式学科草创之际，有些课程内容未必能够厘析得很清楚。该章程先是将豫备科的课程大致分为政科和艺科，学习年限皆为三年。习政科者毕业后，可相应升入政治、文学、商务三科；习艺科者，则可升入农学、格致、工艺、艺术四科。我们发现，在政科的三个学年中，理财学（经济学）皆为必修，每星期各有两个课时，并且由外国教习讲授。另外，在政科的课程表后，特别备注道："入商务科者，第二、第三两年除去史学、名学，增习商业史二小时。"[③]由此可见，在当时的课程设计者眼中，像"商业史"（经济史）这样的理论经济学课程，已经被视为学习商务专业的基础。

（4）附设之仕学馆和师范馆，带有速成教育的性质，皆与本章程同年（1902）产生，而在时间上略早。其中，除师范馆的课程侧重普通学和教学方法外，在仕学馆的课程中，经济类科目十分显著。仕学馆的学期年限三年，理财学在

---

① 《京师大学堂章程》（光绪二十八年七月十二日），《京师大学堂档案选编》，页149下。
② 《京师大学堂章程》（光绪二十八年七月十二日），同上书，页150下。
③ 《京师大学堂章程》（光绪二十八年七月十二日），同上书，页155上。

每学年均属必修课目，而且每周皆配以最高学时——4学时。在三个学年之中，理财学的具体教授内容程度略有区别：第一年，理财学（通论）；第二年，理财学（国税公产、理财学史）；第三年，理财学（银行保险、统计学）——外加商法。该门课程内容比以往更为丰富具体，而且在三年中呈现出逐年递进的教学趋势。此外，在仕学馆的课表之后，还特别注明："不习外国文者，于理财、交涉、法律、政治四门，各加课一小时。"①从中可见，"理财"课在仕学馆的课程设计中是相当受到重视的。

另据该章程，"专门学生，现尚无人"，大学院无从谈起。豫备科的学生，在京师者，则由大学堂招考；在各省者，由大学堂拟定格式，颁发各省，照格考取后，到京复试合格，再准入学。仕学馆，则"拟专由京师考取"。②相应的课程教材，因当时"课本尚待编辑"，"姑就旧本，择要节取教课，俟编译两局课本编成，即改用局本教授"。③单从教材课本一项，即可想见，当时兴办新学是多么地筚路蓝缕！

第三，光绪二十九年的《奏定大学堂章程》，或称"癸卯学制"。该章程于当年旧历年底颁发，按照公历，实则在1904年年初。该章程不仅是对前次章程的深化调整，更对此后中国的大学学科设置影响深远。该章程在参照日本大学分科的经验基础上，设立分科大学，并力主根据国情，有所创新。即如日本大学一般分文、法、医、格致、农、工六科（门）④。其中，"商学"并没有独立位置，而以政法科中的"商法"统之；此外亦不含"经学"。该章程则在日本大学分为六科的基础上，特立"商学"和"经学"二科，合之而成八个分科大学。具体次序如下：经学科大学、政法科大学、文学

图1-7 《奏定学堂章程》

科大学、医学科大学、格致科大学、农科大学、工科大学、商科大学。其中，商科大学下又分为银行及保险学、货币及贩运学、关税学三门，每门课程设置如下三表所列：

---
① 《京师大学堂章程》（光绪二十八年七月十二日），《京师大学堂档案选编》，页157下。
② 《京师大学堂章程》（光绪二十八年七月十二日），同上书，页162。
③ 《京师大学堂章程》（光绪二十八年七月十二日），同上书，页161下—162上。
④ 在原章程的行文中，"科"与"门"往往混同言之。揆诸后来的大学分科实际，乃以"科"统"门"，是以本处行文直接改之，不予烦赘。

表1-4　1904年《奏定大学堂章程》商科大学分门科目表（含三表）

Ⅰ. 银行及保险学门科目

主　课	第一年每星期钟点	第二年每星期钟点	第三年每星期钟点
商业地理	2	2	3
商业历史	0	1	3
各国商法及比较	0	2	2
各国度量衡制度考	1	0	0
商业学	2	0	0
商业理财学	2	0	0
商业政策	0	0	1
银行业要义	3	4	2
保险业要义	3	4	2
银行论	2	0	0
货币论	1	0	0
欧洲货币考	0	0	2
外国语	6	6	6
商业实事演习补助课	不定	不定	不定
国家财政学	1	1	0
各国土地民物统计学	1	1	0
各国产业史	0	3	3
合计	24	24	24

备注：（1）外国语中，英语必习，兼习俄、法、德、日之一。（2）第三年末毕业时，呈出毕业课艺及自著论说。（3）以上各科目外，应以各国宪法、各国民法、各国刑法大意、行政机关、交涉学等为随意科目。（4）以上各科目所用书籍，外国均有专书，宜择译善本讲授。

Ⅱ. 贸易及贩运学门科目

主　课	第一年每星期钟点	第二年每星期钟点	第三年每星期钟点
商业地理	2	2	3
商业历史	0	1	3
各国商法及比较	0	2	2
各国度量衡制度考	1	0	0
商品学	2	0	0
商业学	2	0	0
商业理财学	2	0	0
商业政策	0	0	1
关税论	1	0	0
贸易业要义	2	3	1
铁路贩运业要义	2	3	1
船舶贩运业要义	2	3	1
铁路章程	0	0	1
船舶章程	0	0	1
邮电通信章程	0	0	1
外国语	6	6	6
商业实事演习补助课	不定	不定	不定
国家财政学	1	1	0
各国土地民物统计学	1	1	0
各国产业史	0	2	3
合计	24	24	24

备注：(1) 外国语中，英语必习，兼习俄、法、德、日之一。(2) 第三年末毕业时，呈出毕业课艺及自著论说。(3) 以上各科目外，应以各国宪法、各国民法、各国刑法大意、行政机关、交涉学为随意科目。(4) 以上各科目所用书籍与前同。

Ⅲ. 关税学门科目

主　课	第一年每星期钟点	第二年每星期钟点	第三年每星期多钟点
大清律例要义	5	4	3
各国商法	3	1	0
全国人民财用学	1	0	0
中外各国通商条约	3	2	1
各国度量衡制度考	1	0	0
各国金银价比较	1	0	0
中国各项税章	1	1	1
各国税章	1	2	0
关税论	2	0	0
外国语补助课	6	6	6
商业地理	0	2	3
商业历史	0	2	3
商业政策	0	0	1
商业学	0	2	2
商品学	0	1	2
商业理财学	0	1	2
合计	24	24	24

备注：(1) 大清律例要义，原书浩繁，讲授者以律为主，但须兼讲律注。(2) 外国语中，英语必习，兼习俄、法、德、日之一。(3) 第三年末毕业时，呈出毕业课艺及自著论说。(3) 以上各科目外，应以铁路章程、船舶章程、邮政电信章程、各国宪法、各国民法、各国刑法大意、交涉学等为随意科目。(4) 以上各科目所用书籍与前同。

从以上三个表格所列科目可以看出，当时对于商科大学的课程设计具有下面几个特征：(1) 注重基础，强调外语。其中，像"商业地理"、"商业历史"、"各国产业史"等基础性课程，在三个学门课程中不仅属于必修，而且占有很大比重。此外，外语课程也很受重视。以英语为必修，而俄、法、德、日四门又必须选习一门。也就是说，当时的外语要求，是必须要有"二外"的。当然，这与当时的教材多采自西洋也很有关系。(2) 兼顾政策与实务。三个表中，诸如"商业政策"、"各国商法"、"各国度量衡制度"、"中外各国税章"等课程,皆被列为必修内容。再有,除关税学门课程内容政策性较强外,在银行及保险学门、贸易及转运学门科目中,"商业实事演习"(外加补助课)皆赫然在列。不仅如此,在该章程第二章第十二节又特别强调商科大学"以练习实业为主"。①可见,在当时的课程设计者眼中,商学的实务实践是十分重要的。(3)必修和选修搭配。在每一学门的科目表之后,关于课程的附注表明:对于学员来说,除上列必修课程之外,还有"随意科目"——即选修科目——应予修习。这样"必修—选修"的课程区别和彼此搭配,在中国近现代教育史上也是一个首创。而且,对于学生的专业基础学习和兴趣培养提供了一定的灵活选择空间,是较为科学进步的。

图1-8 京师大学堂教职员合影

上述课程的讲授,必须要有相应的教材。除少数一些关于中国方面的专业课程(如"大清律例要义"、"中国各项税章")外,大多数课程内容属于"西学新知"。上述课程的设计者提出,"以上各科目所用书籍,外国均有专书,宜择译善本讲授"。言外之意,在当时的条件下,对于如此多而崭新的商学(经济学)专业知识,只能采用外国的"专书",选择性地进行翻译,再加以讲授——当时的洋教习们,有的甚至会直接用外文专业书籍作为教材。比较而言,日文相对较易,

---

① 《大学堂章程(大学堂附通儒院)》,《北京大学史料》第一卷,页125。

因而日系教材也成为一些课程的首选。诸如"全国人民财用学"（日本名为理财学及财政学）、"国家财政学"（日本名为财政学）、"各国理财史"（日本名为经济史）、"各国理财学术史"（日本名为经济学史）、"全国土地民物统计学"（日本名为统计学），本章程认为皆"可暂行采用"。①然而，此种做法究非长久之计，因而也提出了"仍应自行编纂"的要求；但在当时"西风压倒东风"的情况下，也只能是对未来的一种美好期望。

此外，我们发现，在本章程中，"法政科大学"（政治学门、法律学门）的科目设置中，同样包含了几门经济学类课程。属于"政治学门"的有：全国人民财用学、国家财政学、各国理财史、各国理财学术史、全国土地民物统计学、各国商法，共6门。属于"法律学门"的有：各国商法、各国人民财用学，共2门。这样的课程设计，显示出当时人的一种看法，即：作为法政科的基本学习内容，也应该把一些经济学的课程包含在内。由此，这就为后来——民国时期——将商科（商学系）和经济学门（经济学系）纳入法科（法学院）之下做了伏笔，或者说做好了认知上的铺垫。

根据《奏定大学堂章程》，商学科的学习年数，以三年为限。在大学堂内又附设通儒院，"令大学堂毕业者入焉"。通儒院"以中国学术日有进步，能发明新理以著成书，能制造新器以利民用为成效"，有类今天的研究院。通儒院的设计实为"良法美意"，而且具有先见之明，但在当时的条件下，尚缺少实行的可能。即便是商科大学，也不能一蹴而就。

图1-9　商科教员陆梦熊

在《奏定大学堂章程》颁布后，筹建分科大学就逐步列上日程。光绪三十一年（1905）七月十五日，大学堂总监督张亨嘉奏陈，京师大学堂亟应择地建置。后经选定在德胜门外校场地方宽阔而远离市廛之地，建设分科大学。但是，限于经费，八个分科大学一时之间不能办齐，甚至有的分科大学也不能按照章程将原来的门类全部设置。及至1910年3月分科大学举行开学典礼，商科大学原设之三门只开设了"银行保险学"一门。但是，如果按照现今的学科建置，可将"门"视为"系"，则1910年京师大学堂开办的"银行保险学门"

---

① 《大学堂章程（大学堂附通儒院）》，《北京大学史料》第一卷，页102。

也就是中国近现代历史上最早的银行保险学系。因此，这还是有标志性意义的。

根据当年学部所奏关于筹建分科大学的奏折：商科学生"以译学馆学生及大学堂师范第一类学生升入"；商科大学的教员，"拟设本国教员一人，副教员一人，英文正教员一人，副教员一人"。①今据京师大学堂的"职教员名单"所记，可知当时商科大学的教员主要有五位，其简况如下表：

表1-5 京师大学堂商科大学教员名单

姓　名	就职年月	离职年月
陆梦熊	宣统二年正月	宣统三年十二月
杨德森	宣统二年正月	宣统二年十二月
商　恩	—	—
切田太郎	宣统二年正月	宣统二年十二月
吴乃琛	宣统三年三月	民国元年四月

商科大学的行政首脑称为"监督"，自开办之日起，即以权量为商科监督。②权量（1875—？），字谨堂，湖北武昌人。清末毕业于日本东京高等商业学校。回国后，曾任湖北劝业公所总务科科长。后在清政府农工商部、邮传部任职。宣统元年闰二月起，担任京师大学堂商科大学监督。1912年4月，权量卸商科监督任。此后，曾出任北京政府农商部秘书、交通部参事、交通部次长、总长等职。目前在北京大学档案馆中，收藏有两件权量于清末赴日考察的公文。其中一件公文中写道："商科监督权（量）函称，拟于此次年假内，往日本东

图1-10　商科大学监督权量

京实地调查，采取其商科大学及高等商业学校……关于商业实践之各种样本、模型机商品陈列室之新设备，并各种教授之新计划，以为商科逐年规划之预备。"③可见，权量在商科大学监督的任上，比较注意吸收国外经验，强调商业实践和教授方法，应该是比较尽职的。

---

① 《学部奏筹办京师分科大学并现办大概情形折》，《北京大学史料》第一卷，页201。
② 据《奏遴员派充分科大学监督折》（宣统元年闰二月，《学部官报》第八十四期）称："内阁中书权量，堪以派充商科大学监督。……学有专长，才堪任事，惟资望较浅，拟令先行署理，俟将来办有成效，再由臣部奏明充补。"可见，权量的商科监督一职，起初仅是署理，而后方为实任。
③ 《学部为商科大学监督赴日本考察事咨行驻日大使》，《北京大学史料》第一卷，页133。

3. 译学馆、进士馆的经济学传习

甲、译学馆

1902年，京师同文馆改名为译学馆，归并于京师大学堂，并最终在民国元年（1912）宣告终结。蔡元培当年即是译学馆的教员，多年以后，他高度评价了译学馆的历史成就。其言曰：

> 译学馆为偏重外国语之学校，其所以与同文馆、广方言馆等不同者，有两点：一，兼课国文；二，兼授其他科学；是也。有此二者，是以译学馆虽办理不久，同学亦为数无多；然而其中之高材生，或服务社会；或更求深造，成为专门学者；或从事译著，有信、达、雅三长；使此短期之学校，在历史上可以不朽。①

在译学馆"兼授"的"其他科学"中，就包括经济学的课程，而且是必修的课程。据光绪二十九年十一月《奏定译学馆章程》规定，译学馆的学员在英、法、俄、德、日五门外语中认选一门，"务期专精"；此外，"无论所习为何国文，皆须习普通学，及交涉、理财、教育各专门学"。②理财学作为译学馆的专门学之一，在五年制的学习年限中，自第三年开始即为必修。在"理财学"的名称之下，学习内容、程度逐年有所分别。第一年，理财通论；第二年，商业理财学；第三年，国家财政学。最后一年的课程教材，又特别标注"暂用日本财政学讲授"③。总之，从京师同文馆到京师译学馆关于经济学的课程设置来看，可以说，经济学作为一门新的专业知识，一以贯之地受到了教育当局的重视。

根据《京师译学馆校友录》，当年在译学馆教授理财课的教职员主要有五位，谨录其名号、籍贯如下：

图1-11 京师译学馆校友录

---

① 蔡元培：《京师译学馆校友录序》，载陈初辑《京师译学馆校友录》卷首，1931年。
② 《奏定译学馆章程》（光绪二十九年十一月），《北京大学史料》第一卷，页169。
③ 《奏定译学馆章程》（光绪二十九年十一月），同上书，页171。

第一章　风生水起：京师大学堂及早期的中国经济学教育（1898—1911）

表1-6　京师译学馆"理财"课教员名录

教员姓名	字 号	籍 贯
袁荣叟	道冲	浙江桐庐
陈 威	公猛	浙江绍兴
陆梦熊	渭鱼	江苏崇明
陆世芬	仲芳	浙江杭县
楼思诰	欧荻	浙江杭县

资料来源：《京师译学馆教职员姓名录》，载《京师译学馆校友录》，1931年。

这五位"理财"课的教员，在清末皆属一时俊彦，旧学和新学方面有相当修为。如袁荣叟（1882—?）乃清末著名外交官袁昶之子，著名图书馆学家、目录学家袁同礼的岳父，曾任晚清学部员外郎。陈威（1880—1951），曾留学日本早稻田大学，攻读经济，后加入光复会。归国后，历任度支部军饷司科员、清理财政处坐办、邮传部图书局总编纂、大清银行会办等职。陆梦熊（1881—1940），1904年东渡日本，入早稻田大学学习，获商学士学位。1906年归国，参加殿试，授商科进士，后任职于邮传部路政司、宪政编查馆统计局。陆世芬（1872—?），1898年浙江求是书院毕业，与何燏时（曾任北京大学校长）等人作为浙江首批官费留日学生，赴日学习商科。1902年，在东京成立了教科书译编社，翻译了外国教科书几百种，并秘密加入横滨兴中会。归国后，曾任晚清直隶财政监理官。楼思诰（1871—?），光绪三十年（1904）进士，后任户部主事，著作有《各国法制大意》等。

我们在北京大学的档案中发现几份译学馆理财科的毕业考题，谨迻录如下：

国家理财学题

租税制度分为单税制与复税制度，其利弊如何？今日各国所盛行者系何种制度？

国家募集公债时，应当如何募集？如何偿还？能一一举其方法否？其中以何法为较善？

纯正经济学题

单本位与复本位制之利害得失，试详论之。

纸币有兑换与不兑换之分，其制度如何？二者若发行过多，果有弊否？其详举以对。

商业经济学题

近来各国盛行保险事业，其种类如何？其效用如何？能详举否？[①]

[①]《学部考试译学馆甲班学员毕业全题》，《北京大学史料》第一卷，页276。

从上面的考题来看,(1)似乎在上面所列的理财科课程之外,还有"纯正经济学"、"商业经济学"的课程名称;但目前限于资料,不知是何时开设。(2)考题涉及财政、税收、货币银行、保险等方面专业知识,与今日大学经济学专业本科期末试题相比,似亦未遑多让。如果换由今日大学经济学专业本科学生回答,亦不知能应答自如否?所以,昔日译学馆所讲授的经济学专业知识水平,以及学生所掌握的程度,未可轻言其高下。

乙、进士馆

除译学馆外,1903年又有进士馆之设。据《奏定进士馆章程》,进士馆专门招收新科进士"用翰林部属中书者","以教成初登仕版者皆有实用为宗旨,以明彻今日中外大局,并于法律、交涉、学校、理财、农、工、商、兵八项政事皆能知其大要为成效"。每日课时四点钟,修业以三年为限。科目设置乃是根据"圣人"之论,分为果、达、艺三科。果科包括兵政、体操,达科包括史学、地理、法律、教育、理财、东文、西文等,艺科包括格致、算学、农学、工学、商学。其中将"理财"和"商学"分别归属于达科和艺科,可见旧式的学科分类与新式的学科分类不能完全融通,其间存在不少扞格。在进士馆的三年课程之中,所涉及的经济类课程大致如下表所示:

表1-7 进士馆经济类课程表

学年	学科	程 度	每星期钟点
第一年	理财	理财原论 国家财政学	4
第二年	理财	银行论 货币论 公债论 统计学	3
	商政	商业理财学 商事规则(附海陆运输及邮政电信等规则)	3
第三年	商政	外国贸易论 世界商业史	2
备注:(1)第二年"法学"科中,包含商法;(2)第三年"工政"科中包括工业理财学,"农政"中包括农业理财学。以上亦皆属于经济类课程。			

进士馆的课程设置中包含了如此多的经济类课程,并且也呈现出逐级递进的趋势。不仅如此,这里面的有些课程更可以看做今天一些经济类专业课的雏形。1907年,在送走最后一批仕学馆的毕业生后,仕学馆最终被取消,而在原来的地方则建立起一个新的学校——京师法政学堂。

附：北洋大学堂的经济学科

1895年9月19日，盛宣怀在天津博文书院的基础上设立天津中西学堂。在其呈给北洋大臣王文韶的禀文中言道，"伏查自强之道，以作育人才为本；求才之道，尤宜以设立学堂为先"①，迫切地表达了兴学育人的重要性。与此同时，盛宣怀聘任时为美国驻天津副领事的丁家立②为中西学堂总教习。光绪二十九年（1903），天津中西学堂易名为北洋大学堂，丁家立仍任总教习。直至1906年，丁家立方才辞去此职，由王劭廉③继任（当时已改称"教务提调"）。

图1-12　丁家立

20世纪30年代的一篇回忆性文章中称，"北洋大学之声誉日高。其中，在中南各省向往尤殷。然始终重质不重量，教学谨严，风格独存。丁家立博士惨淡经营，不遗余力，北洋之得于庚子后复兴，而蔚为东方有名之学府者，皆丁先生之功也"，又称"王氏学问渊博，治校严明，校章所定，贯彻始终，不惟学生敬畏如神明，外籍教授莫不心悦诚服，不稍迟误。北洋功课以森严闻世，望门墙者愈多，良风所播，直迄今兹"。④由此可见，丁家立和王劭廉在北洋大学的发展史上可谓立下了"汗马功劳"。

北洋大学的学科设置，顾名思义，一方面带有"中体西用"的特征，融汇中西，兼习旧学与新知，而以新知为主。另一方面，在丁家立和王劭廉的主持下，北洋大学的课程安排、讲授内容、授课进度、教科用书，"均与美国东方最著名之哈佛、耶鲁相伯仲"⑤。因而，可以说，北洋大学又带有深刻的美式教育痕迹。具体

---

① 《盛宣怀奏请设立本校章程禀》，载《北洋大学—天津大学校史资料选编》（一），天津大学出版社，1991年，页3。
② 丁家立（Tenney Charles Daniel，1857—1930），美国公理会教士、外交官。出生于波士顿，先后毕业于达特茅斯学院、欧柏林神学院。1882年来华，在山西省太谷传教。四年后，辞去教会职务，赴天津就任李鸿章的家庭英文教师。同时，在天津设立中西书院，自任院长，又曾兼任美国驻天津领事馆副领事。直到1895年，受聘为天津中西学堂总教习。1900年，丁家立一度兼任所谓"天津都统衙门"汉文秘书，办理一切外交事务；后又兼任保定学堂总教习。义和团运动期间，八国联军侵入天津，天津中西学堂旧址被德军占领，校舍受损，丁家立旋亲赴柏林与德国政府交涉，获五万两海关银的赔偿金，丁家立即以此款建筑北洋大学在西沽武库的校舍。1906年，丁辞去北洋大学总教习职，入京代办美国使馆事务。1921年退休回美，1930年在美国加利福尼亚去世。
③ 王劭廉（1866—1936），字少荃，天津人。1886年天津北洋水师学堂第一期毕业，为水师学堂总办严复的得意弟子，毕业后即被派往英国格林海军士官学校深造。在英国，王劭廉先学习造船工程，后又学习法律、政治。归国后，受李鸿章重用，任威海水师学堂、北洋水师学堂教习，讲授英文、数学等课程。1906年，继丁家立任北洋大学堂总教习职。1914年，王劭廉辞去北洋大学之职，应周学熙之邀担任开滦矿务局协理。1936年11月19日病逝于天津寓所。
④ 李书田：《北洋大学之过去五十三年》，《北洋大学—天津大学校史资料选编》（一），页404。
⑤ 李书田：《北洋大学之过去五十三年》，同上书，页403。

而言，大学堂内分设头等学堂和二等学堂，头等学堂为本科，二等学堂为预科。头等学堂"历年课程"如下：

表1-8　北洋大学头等学堂历年课程表

学　年	课　程
第一年	几何学　三角勾股学　格物学　笔绘图　各国史鉴　作英文论　翻译英文
第二年	驾驶并量地法　重学　微分学　格物学　化学　笔绘图并机器绘图　作英文论　翻译英文
第三年	天文工程初学　化学　花草学　笔绘图并机器绘图　作英文论　翻译英文
第四年	金石学　地学　考究禽兽学　万国公法　理财富国学　作英文论　翻译英文

在历年课程之外，又分设工程学、电学、矿务学、机器学、律例学等五门。①其中律例学所习内容，又包含大清律例、各国通商条约、万国公约等。根据最初的学堂课程设计，"头等学堂第一年功课告竣后，或欲将四年所定功课全行学习，或欲专习一门，均由总办、总教习察看学生资质，再行酌定"。由此可见：（1）对于学堂之学生，所谓"专门学"与历年课程之间是一种或然的选择关系，并不是必须要全部学习完历年课程，才可进行专门学课程的研习。（2）在历年课程中，有"理财富国学"一门十分值得注意。众所周知，"理财学"是中国社会由古代向近现代嬗变过程中"经济学"的一个常用的代名词；而所谓"富国学"，或"国富论"，也是指涉国家和社会财富的学问知识。是以，"理财富国学"也就可以理解成"经济学"在特定阶段的一个代名词。进而，我们可以判定，在北洋大学堂的学科设置中，已然有了经济学科（经济学）的一席之地。如果再考虑到，北洋大学堂是中国近代史上最早的一所新式大学，则这里面的"理财富国学"也就是近代中国最早的经济学课程了。不过，遗憾的是，当时的"理财富国学"课程内容究竟如何？采用的是哪本教科书？学生的学习效果如何？目前由于文献不足，只能根据北洋大学堂的美式教育特征，大致说，这一"理财富国学"的课程里面必然包含有西方某些经济学知识。此外，就不敢妄加臆断了。

在北洋大学堂主讲理财学的教员中，目前我们可以确定的只有一位，即赵天麟。赵天麟（1886—1938），字君达，生于天津。是天津市最早建立的官立中学堂

---

① 此为盛宣怀在奏办天津中西学堂禀文中所设计，但据李书田《北洋大学之过去五十三年》一文可知，及至头等学堂第二班，方才设立法律、采矿冶金、机械、土木工程四门（页403）。又，关于学期时限，"北洋成立之初，悉沿美制。光绪末年，以迄民国六年（1917），本科改为三年毕业，法科仍为四年毕业，系仿日本帝大制度"（页406）。

（现为天津三中）首届毕业生，后考入北洋大学，主修法律。1906年，由北洋大学堂派往美国留学。1909年，毕业于美国哈佛大学，获法学博士学位，并被授予哈佛大学金钥匙一枚。回国后，任教于北洋大学，同时主讲法律和理财学两门课程。1914年，王劭廉辞任，赵天麟被任命为国立北洋大学校长。1920年，赵亦辞去北洋大学校长职务。1934年，出任天津耀华中学校长。1938年，被日本宪兵队暗害，时年52岁。基于赵天麟的教育背景，我们更可以推断，北洋大学的"理财学"（经济学）课程中，带有较强的美式教育特色，较早地将西方经济学知识带入课堂。

图1-13 北洋大学理财学教员赵天麟

在天津中西学堂（北洋大学堂）的杰出校友中，在经济学方面，除赵天麟外，还有中国近代经济学科发展史上两个重要的人物，一个是五四时期担任国立北京大学法科学长、著名的财政学专家王建祖（1902年北洋大学堂毕业，自费留学美国加利福尼亚大学，获经济学硕士学位），一个是被誉为"民国四大经济学家"之首的鼎鼎大名的马寅初（1906年毕业于北洋大学矿冶系，留学美国耶鲁大学，获经济学博士学位）①。关于此二人在北大经济学科发展史上的影响和地位，容后交代，此不赘述。

1913年北洋大学堂改名为国立北洋大学。次年2月4日，奉教育部令，"以北京、北洋两大学并立于京津咫尺之地，于学区分化既嫌不符，而应合应分尤须筹划"，命"北京大学设文、法、理、医四科，北洋大学专设工科，而渐加扩充"。同年4月，又经呈准，自民国四年起，北洋大学"于扩充工科未经实行以前，法科仍续招新生，照常办理"。1917年2月，教育部复议决，北洋大学"预科第一部毕业愿入法科学生，并入北京大学法科肄业"。"所有之法科正科……办至毕业为止。"1920年5月6日，教育部第237号训令，着北洋大

图1-14 马寅初

---

① 在1925年出版的《国立北洋大学卅周年纪念册》中，载有马寅初为母校三十周年纪念所写的祝词。其言谓："巍巍大学，创于析津。中西一贯，化恰作人。回忆曩岁，身受陶甄。春风入座，善诱循循。人才蔚起，雅彦彬纶。时经卅稔，历久弥新。用刊崖略，事迹披陈。以垂不朽，永寿贞珉。"（《北洋大学—天津大学校史资料选编》（一），页85）

学"法科于是年暑假即行终结,专办工科。所有法科经费,全数移拨,以为扩充工科之用"。同年6月,北洋大学的法科教育终告结束。①

图1-15 北洋大学堂

关于包括经济学在内的、北洋大学新式(美式)教育的效果和影响,在北洋大学校的校友或教职员们看来,或许正如李书田对丁家立和王劭廉的评价所显示的那样,颇多肯定乃至溢美之词。但是,这在"洋鬼子"眼中,却根本不足道也。1931年5月,美国人福开森在其撰写的《南洋公学早期历史》②一文中,对北洋大学堂的教育模式进行了言辞激烈的批评。其言谓:"不管这些学生对其它学科掌握得多好,但是他们当中有许多人却不会写简单的汉语作文,而且对中国文学毫不熟悉","北洋大学所进行的现代学科的教育只像装附在中国文化表面的一层饰品"。③无论怎样,对于北洋大学的早期经济学教育,至少有三点值得记住:其一,在近代中国,是北洋大学最早将新的经济学(西方经济学)知识——理财富国学,或理财学——引入大学课堂。其二,北洋大学的经济学教育尽管开始得较早,但是,最终被归并于国立北京大学的法科,因而也就成为北京大学经济学科发展史的另一处"水源"。其三,我们应该感谢北洋大学,因为它为未来中国的一些经济学家们打开了新知的天窗,并成为北京大学乃至近现代中国的经济学教育的一个前哨。

---

① 《国立北洋大学校略史(1928年)》,《北洋大学—天津大学校史资料选编》(一),页33—34。
② 南洋公学是盛宣怀继北洋大学后,1896年在上海创办的又一新式学校。由于处于当时中国经济发展的新兴地带,兼有与列国交流之便,其学科设置,与北洋大学相比,更为前进。1903年,盛宣怀奏请改为高等商务学堂,迁延未行;1905年,乃正式改为上海实业学堂,专课商学,其所附设之译书院,在张元济、孟森等人主持下,翻译了不少国外(主要是日本)的军事学、经济学、政治学著作,对当时社会影响较大。
③ 福开森:《南洋公学早期历史》,载《交通大学校史资料选编》第一卷,西安交通大学出版社,1986年,页9—10。

第二章

吹皱春池：五四前后的北京大学经济学科（1912—1927）

一、《国富论》的最早翻译者——严复长校

1912年2月25日，临时大总统令："所有京师大学堂总监督事，由严复暂行管理。"5月3日，北京政府复批准教育部的呈文：京师大学堂改称北京大学校，大学堂总监督改称大学校校长，分科大学监督改称分科大学学长。①因此，严复既是京师大学堂的最后一任总监督，同时也是北京大学的首任校长。

严复（1854—1921），原名宗光，字又陵，后改名复，字几道，福建侯官人。早年毕业于福州船政学堂，后公派英国留学，毕业于格林威治海军学院，是中国近现代史上著名的思想家、教育家和翻译家。作为翻译家，严复的西学译作不仅数量众多、包罗广泛，而且以确立信、达、雅的黄金翻译标准，最为后人称道。而在严译的著作中，《原富》的声名十分显赫。严复自1897年开始翻译亚当·斯密的《国民财富的性质和原因的研究》，1902年译完全本，以《原富》之名由上海南洋公学译书院刊印成书。亚当·斯密（1723—1790）是西方古典经济学的集大成者，《国民财富的性质和原因的研究》初版于1776年，是其最具代表性的经典著作。严复的译本，是中国近代史上这部巨著的最早中译本，它横空出世地对当时的思想界、学术界产生了巨大影响，在中国经济学科发展史上占有极高的历史地位。②

图2-1 严复

---

① 《政府公报》第五号，1912年5月5日。
② 就在严复通过翻译向介绍亚当·斯密古典经济学的同时，一些早期留日学生也从东洋接触到了亚当·斯密的经济学说，并且已经能够借此进行简单的经济现象分析。例如，1903年东京留学生刊物《湖北学界界》中刊有一篇佚名作者文章，在讨论国内贸易（内国商业）和国际贸易（外国贸易）的时候，就曾引用亚当·斯密（亚丹斯密氏）的观点。其中言："昔亚丹斯密氏谓：内国商业必较外国贸易更宜着重。虽就已往之经验与当时之实况观之，实经济上圆满无漏之至论也。故当自由贸易之说炽行，经验学者，偏重外国贸易，几于风靡一世，而内地商业，毫不介意，反逊于昔日。按诸自由贸易论者完全国际分业之语，不免有缺点焉；彼徒汲汲焉奖励外国贸易者，所谓日见千里而不见其眉睫者也。"（佚名：《论中国商业不发达之原因》，《湖北学界界》第三期，1903年3月）该文所引用之西方经济学说，除英国的亚当·斯密外，还有德国沃尔弗（Wolff）、英国托马斯·曼（Thomos Mun）等人的重商主义理论。可见，早期西方经济学传入中国，有的来自"二手"的日本，也有的直接采自英伦本土，总之是多渠道的，并不单一。

大致在戊戌变法时期,严复就与京师大学堂(北京大学)发生了最早的联系。光绪二十四年(1898)六月廿八日,吴汝纶(后来被聘为京师大学堂总教习)在给傅增湘(字润沅)的信中谈及:"大学堂总教习,若求中西兼通之才,则无以易严幼陵。"①但是,吴汝纶的这种说法,似乎当时并没有得到官方认可,京师大学堂总教习一职也因此旁落。迨《原富》一书初版前后,1902年京师大学堂重开,附设有译书局,新任管学大臣张百熙推荐严复出任译书局的总办。在此任上,严复亲手制定了《京师大学堂译书局章程》,为译书局顺利开展西学翻译和引进工作提供了依据。两年后,严复辞职南下。及至1912年2月,严复被任命为京师大学堂总监督,随后又改称北京大学校校长。但严复实际任职时间较短(仅半年左右),由于与教育部的关系日形紧张,最终以严复的辞职结束。

尽管严复在总监督和校长的任上履新未久,即告隐退,但其在北京大学早期历史发展过程中的作用却不容低估。罗家伦曾评价严复长校:"着重在融会中国文化与西洋学术的传统精神。"②具体到经济学科,严复在北京大学校长任上,有下面两件事对北大经济学科的存续变迁产生较大影响。

图2-2 《原富》书影

(1)1912年7月3日,时任教育部总长的蔡元培照会北京大学,援引此前国务院所下令旨,其中有云:"兼差为旧日恶习,庶政废弛,胥由于此。盖人才各有专长,精力不可分用,专责始克有功,兼任不免两败。民国初建,百度维新,岂宜重蹈覆辙,致坏首基。为此通令行政各机关在职人员,务得兼任他差。其有兼差者,即由各机关查明开去,以肃官纪而饬吏治。"③简单言之,国务院禁止各行政机关在职人员兼任他差;其有兼差者,应予免除职务。继而查得,当时北京大学中,商科学长吴乃琛有财政部兼任职务④;此外,如法政科大学学长王世澂(总统府)、农科大学学长叶可梁(外交部)亦均有他项兼职。是以,教育部照会北京大学,并要求转饬三

---

① 吴汝纶:《答傅润沅》,《吴汝纶全集》第三册,安徽古籍出版社,2002年,页206。
② 罗家伦:《蔡元培先生与北京大学》,载钟叔河、朱纯编《过去的大学》,长江文艺出版社,2005年,页49。
③ 《教育部咨请转饬凡担任校务者须开去兼差以专责成》,《北京大学史料》第二卷,上册,北京大学出版社,1997年,页321。
④ 此前(即同年4月)商科监督权量已经辞职,改任他职,而以吴乃琛兼充商科监督,并于同年5月,改称商科大学学长。

名当事人,"于学校职务与官署职务之中,何去何从,择任其一"①。结果,不仅商科大学学长吴乃琛,以及另外的法政科、农科大学学长,甚至未经提及之预科国文教务长吴闿生,因有总统府兼职,皆表示:愿意辞去学校职务。这样一来,将有四人同时离开甫经重办的北京大学,未免会造成诸多不便。7月7日,严复在给教育部的覆文中表明了他的看法:

> 各科为教育最高之级,责任至为繁重,非得学望素孚之人,相助为理,难期实效。该学长等学有专长,并富经验。所任各科事务,办理井井有条。今若听其兴辞,替人实不易得。兹拟挽留勉任学校职务,辞去官署职务,以资熟手。②

严复的看法可分三层:①各学科学长责任重要,需要学问资望相当之人,才能办理得宜。②请辞之四人皆属"学有专长,并富经验",著有成效,难以找到替代者。因而,③希望能对他们进行挽留,请保留学校职务,而辞去官署职务。从严复的上述想法,我们可以看出,他对办理北京大学煞费苦心,勉力维持。但是,后面发生的情况,不免有些遗憾。严复的这种想法最终没能达致理想效果,吴乃琛③还是辞去了商科学长的职务,改归财政部本任。

(2)就在严复给教育部上呈文挽留几位兼职学长的同一天,教育部下达了停办北京大学的命令,理由主要是教育成绩不佳,社会"咸有不满之意"。后续两天,教育部又颁布九条《北京大学结束办法》,要求:各分科大学学生,一律提前于当年年底毕业,给予选科文凭,不授予学位;各分科学长,除文科外,皆应兼充教员;本年下学期,各分科大学一律停招新生。面对北京大学要被停办的紧急形势,严复义正辞严地写了《论北京大学不可停办说帖》,针锋相对地阐明北京大学不可停办的理由:其一,北京大学能有今日规模,来之不易,不应毁弃于一旦;其二,若停办北京大学,中国的大学将永无提高和进步;其三,各国大学林立,中国唯有北京大学,勉强尚难,更不可断此一线;其四,北京大学责任重大,事关保存和发扬国家最高文化,因而不可停办;其五,经费不足,并不能成为停办大学的理由。在此存亡之际,严复据理力争,以一个学校的存亡来关照整个中国的高等教育全局,体现了一位杰出教育家的远见卓识。

---

① 《教育部咨请转饬凡担任校务者须开去兼差以专责成》,《北京大学史料》第二卷,上册,页321。
② 《为呈覆教育部分科大学王学长等拟辞校务专任官署职务事》,同上书,页321—322。
③ 据《国立北京大学廿周年纪念册》,吴乃琛的任期为1912年5月至8月。

 通往经世济民之路

严复继呈给教育部《论北京大学不可停办说帖》之后，又起草了一份关于改革分科大学的纲领性文件——《分科大学改良办法说帖》。在这个说帖中，严复提出，中国应该致力于培养本国高水平的师资力量。进而，又分别对文科、法科、理工科、农科、商科等提出大致的改良办法。其中，关于商科的改造，严复提出如下意见：

> 商科学生，照旧章三年毕业。现已过二年，似应再习一年，给予毕业文凭及应得之学位。另行组织新班，改为四年毕业。前二年课程，为本科学生所应通习。后二年课程，分为四门：一、经济学门；二、财政学门；三、商学门；四、交通学门。每门包括条目十余。学生至第三年，须于四门中认定一门，以期深远。

在上面的文字之后，严复对继续办理北京大学的可能性，似乎也没有信心，乃以商榷的口吻写道："但若各科均拟本年毕业，以为结束之地，商科自不能独后。"如果北京大学必须于年内停办，"惟有责令学长、教员，择主要课程，多加钟点教授，以为选科办法而已"。同时，对于上列改良办法，也只是"粗立大纲，藉资商榷"；其详细办法，只能等待下半学期开学时"再妥定章程规则，以便实行"。①

严复关于商科改良办法的建议，有三点十分值得注意。第一，严复提出将商科的修业年限，从三年改为四年。这样的建议，无非是回应教育部认为大学培养人才不良的论调，希望通过增加学习年限的办法，予以弥补。第二，严复将商科四年的学习时间，分为一般基础和专门学习两个阶段，以前者为"通习"，打好基础；并在前者的基础上，增进提高，加强专业知识的学习训练，"以期深远"。第三，严复提出，商科的专门课程应该分为经济学门、财政学门、商学门、交通学门，共四门。这样的分类尽管与今日存在很大不同，但是，"经济学"作为一种专业（或系别）名称，这是第一次见诸文字，因而具有标志性意义。另外，尽管这种分类方法尚显粗糙，但当我们将它与以往任何一个版本的"京师大学堂章程"相比时，就会发现，它更接近于我们今天的经济学分类。不仅如此，我们还发现，在严复的心中，在广义的商科（经济学）名目之下，商学、经济学、财政学、交通学皆应包括在内。严复的这个观点，实际上为后来的"商学"归入"经济学"奠定了认识基础，或者说成为一种先见之明。

---

① 严复：《分科大学改良办法说帖》，《严复集补编》，福建人民出版社，2004年，页123。

第二章 吹皱春池：五四前后的北京大学经济学科（1912—1927）

严复前述挽留各科兼职学长、改良学科的"良法美意"在民初政治的纷扰中自然难收实效。堪以告慰的是，停办北京大学之议最终在一片反对声中得以取消。[①] 同年10月7日，严复被迫辞去北京大学校长职务。此后四五年，教育部又先后任命章士钊（未到任）、马良、何燏时、胡仁源等代理、署理或实任北大校长，而其间干戈扰攘不断，主校政者办学理念、教育成绩大多乏善可陈。据史学家顾颉刚回忆，1913年当其考入北京大学时，"学校像个衙门，没有多少学术气氛。有的教师不学无术，一心只想当官；有的教师本身就是北洋政府的官僚，学问不大，架子却不小；有的教师死守本分，不容许有新思想；当然也有好的，……但不多见。……蔡元培先生来长校之前，北大搞得乌烟瘴气，哪里像个什么'最高学府'？"只有到了1917年年初，蔡元培先生来北大，才"逐步使北大发生了巨大的、质的变化"。[②]

然而，除上述内容外，在严复长校以后、蔡元培来校以前的五年时间（1912—1916）里，关于商科的建置管理仍有几项史事值得记录：（1）1912年7月，法、商两科学长改以一人兼充。（2）同年8月，以金绍城[③]派充商科大学学长，兼教务长。（3）11月，以商科归并法科办理。（4）1913年2月，以余棨昌[④]为法商科大学学长。同月，校长何燏时呈请教育部公派本校商科毕业生茹鼎、武延贤等人赴欧美留学，以资深造，是为本校商科（经济学专业）毕业学生公派留学之始。（5）1913年6月，文、理、法、商、工各科学生共235名毕业，其中商科银行门毕业生29

图2-3　商科学长金绍城

[①] 其实，在严复去职之后，停办北京大学的动议并未终止。1913年10月，教育部长汪大燮以"校中费用过多，风纪不正，学生程度尚低"等原因，拟将分科大学停办；次月，又以学区规划的名义，提议将北洋大学和北京大学进行合并，实则仍欲取消北京大学。但在校长何燏时等人的坚持下，最终教育部收回成命。
[②] 顾颉刚：《蔡元培先生与五四运动》，载《文史资料选编》第三辑，北京出版社，1979年，页47。
[③] 金绍城（1878—1928），又名金城，字巩北、拱北、北楼，号藕湖，浙江湖州南浔人。曾赴英国铿司大学留学。1904年，出任上海中西会审公堂中方会审官，后因故免职。1909年，出任苏淞太道会审公廨襄谳员、大理院刑科推事。1911年，参加美洲万国监狱改良会。辛亥革命后回国，担任国民政府内务部金事、众议院议员、国务院秘书、蒙藏院参事等职。在绘画方面有相当造诣，山水花鸟无一不能，尤工篆隶、篆刻。1920年，在北京首创"中国画院研究院"，继创"湖社"。日本书画家对其颇为崇仰，曾在北京举办"中日绘画展览会"，隔年举行。1926年，偕画家陈师曾赴日本东京、大阪等地举办画展，受到日本艺术界的热烈欢迎。归国后，突患伤寒，于1928年5月病逝。著有《北楼论画》、《藕湖诗草》等。
[④] 余棨昌（1882—1949），字戟门，浙江绍兴人。1902年，公派赴日留学日。1911年，东京帝国大学法科毕业。归国后，曾任晚清户部主事。民国成立，历任大理院民二庭庭长、大理院院长，兼司法惩戒委员会委员长，转任修订法律馆总裁等职。1913年，短期出任北京大学法商科学长，后长期担任朝阳大学教授。1925年，主持起草《第二次民律草案》之总则编。著有《民法亲属编》、《民法要论》、《票据法》及朝阳大学讲义多种。

人。①（6）约在1913年下半年，法科下面添设"经济学门"，合之此前的法律学门、政治学门，一共三门，而与商科并列。②（7）1914年1月，余棨昌升任大理院庭长，以大理院推事林行规③兼任法科大学学长，兼管商科大学。（8）次年11月，林行规辞职，后以留美毕业生、财政学专家王建祖④为法科大学学长，仍行兼管商科大学。根据1916年4月印行的《国立北京大学分科规程》，可知当时经济学门所设课程大致如下：

表2-1　1916年经济学门科目及授业规程

	科　目	第一学期	第二学期	第三学期		科　目	第一学期	第二学期	第三学期
第一学年	宪　法	3	3	3	第二学年	经济学	4	4	4
	民　法	3	3	3		财政学总论	3	3	3
	经济地理	3	3	3		民　法	6	6	6
	社会学	3	3	3		经济学史	3	3	3
	经济学	4	4	4		统计学	3	3	3
	经济史	3	3	3					
	合　计	19	19	19		合　计	19	19	19
	随意科目					随意科目			
	政治学	4	4	4		政治学	4	4	4
	刑法（总论）	3	3	3		平时国际公法	3	3	3

① 据《国立北京大学廿周年纪念册》，这一时期的商科教员主要有以下几位：殷祖恩（1912.5—1913.3）、郑钊（1912.8—？）、陆家鼎（1912.12—1913.6）、朱兆莘（1913.1—1913.7）、王继曾（1913.1—1913.7）。另据民国元年十二月《北京大学校分科同学录》载，当时商科教员中还有两名外教：（1）芬来森（1880—？），英国苏格兰城亚伯拉德城毕业生；（2）科拔（1877—？），英国爱尔兰、英格兰、法国、德国毕业生。同时，还有商科教务提调李盛衔（1879—？），号晴峰，江西德化人。1899年赴日留学，归国后任教于京师大学堂。
② 在目前所见北京大学史料中，并没有关于法科经济门设置时间的直接材料。此处以1913年为断的根据在于：（1）1916年《国立北京大学分科规程》载有当时经济学门三年级学生名单，（2）《北京大学廿周年纪念刊》（1918）中所载"法本科毕业同学录"中同时收录有1917年毕业生名单，虽然没有单列出经济学门名单，但两相比较，基本都可以找到对应人名。是以，从时间上反向推断，北京大学法科下面添设经济学门的时间应为1913年，而且很可能就发生在何燏时署理北京大学校长期间（1912.12—1913.11）。
③ 林行规（1882—1944），字斐成，浙江鄞县人。1896年，就读于上海南洋公学。毕业后，入读京师译学馆。1904年，考取官费留学，赴英国就读于伦敦大学政治经济学院，获得法学士学位，复入读林肯大学法学院。1911年，被授予大英帝国大律师执照，就职于林肯思皇家律师事务所。1912年回国，曾担任南京临时政府总统府法律顾问。后又先后担任中华民国司法部大理院推事、司法部民治司司长、法院编查会会员、司法部部长、调查治外法权委员会专门委员等职务。1914年1月至11月，担任国立北京大学法科学长。1944年6月，因病逝世。
④ 王建祖（1878—1935），字长信，广东番禺人。1902北洋大学堂毕业，赴美留学。1906年，获美国加利福尼亚大学经济学硕士。在美国期间，曾翻译《英国文明史》、《欧洲上古史》、《银行论》、《俄国变革考》等。归国后，历任度支部秘书、江苏财政监理官、国立北京法政专门学校及燕京大学经济学教授、上海租界临时法院推事、国民政府司法院秘书等职。译著有《基特经济学》、《经济学史》等书。1914年1月，受聘于北京大学法科，主讲经济学、财政学。同年11月，出任法科大学学长，直至五四运动以后。

续表

	科 目	第一学期	第二学期	第三学期		科 目	第一学期	第二学期	第三学期
第三学年	经济政策	4	4	4	第四学年	保险学	4	4	4
	财政学各论	3	3	3		国际金融论	2	2	2
	中国财政史	3	3	3		铁路经济	3	3	3
	货币论	3	3	3		特别研究	4	4	4
	簿记学	3	3	3		合 计	13	13	13
	商 法	3	3	3		随意科目			
	近世工业论	2	2	2		国际私法	3	3	3
	银行论	3	3	3		本国与外国之条约	2	2	2
	合 计	24	24	24		农政学	3	3	3
	随意科目					林政学	3	3	3
	战时国际公法	2	2	2		中国通商史及通商条约	2	2	2
	行政法	3	3	3					

备注：第四年"特别研究"，学生得于商法、经济学、财政学、银行货币四门中择一二门，上堂研究，以资深造。

上表所列课程，呈现出两个鲜明特征：（1）注重经济理论基础学习。诸如经济学、经济史、经济地理、经济学史等科目，在全部课程中占有很大比重，而且列为一二年级的必修课程。即使在三年级，中国财政史也属必修科目。（2）兼顾经济实践应用学习。对于统计学、簿记学、银行、保险等应用性较强的科目，也都赫然列在必修的范围之内。再有，诸如宪法、民法、刑法、国际法等法律类科目，以及政治学等，亦皆属于必修课程。这体现了当时人们对于经济学的一种看法，即：法学和政治学应该成为经济学科的部分知识基础。总之，这样的课程设计，与此前《奏定京师大学堂章程》中的商科大学科目相比，无疑是前进了一大步。民国时期经济学科专业课程的基本格局于焉奠定。

但是，不管怎样，在蔡元培长校之前，北京大学包括商学（经济学）在内的整体教育效果并不容乐观，就如一潭死水，需要迎来一阵清风，将春池吹皱；或者投入一块石子，在湖面上漾起波澜，焕起新生的活力。

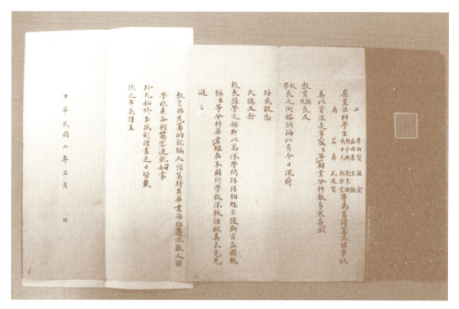

图2-4　1913年3月呈派商科学生茹鼎等留学欧美折

二、蔡元培的经济学科规划

在中国现代教育发展史上，蔡元培早已成为一个高度符号化的神圣人物。他不仅与北京大学以往的学术盛名紧密地联系在一起，因为他将一个暮气沉沉的"官僚后备工厂"改造成一个朝气蓬勃、"囊括大典、包罗众家"的高等学府；同时，他也与中国现代高等教育联系在一起，因为他提出崭新而科学的教育理念，深刻地影响了中国高等教育以及学术研究的发展。借用蒋梦麟的生动比喻，蔡元培仿佛向昔日中国教育的"一池止水"中，投下了"知识革命之石"，"一圈又一圈的微波……从中荡漾开来，而且愈漾愈远，愈漾愈大"。[①]

蔡元培在中国教育史上掀起的"知识革命"，是从改造国立北京大学开始的。他之所以会以超凡的毅力和决心对国立北京大学进行彻头彻尾的改造，与他早年在京师大学堂所附属的译学馆任教的经历分不开。多年以后，他在回忆这段经历时，仍然耿耿于怀，言道：

[①] 蒋梦麟：《北京大学和学生运动》，载《过去的大学》，页9。

第二章　吹皱春池：五四前后的北京大学经济学科（1912—1927）

> 我在译学馆的时候，就知道北京学生的习惯。他们平日对于学问上并没有什么兴会，只要年限满后，可以得到一张毕业文凭。教员是自己不用功的，把第一次的讲义，照样印出来，按期分散给学生，在讲坛上读一遍。学生觉得没有趣味，或瞌睡，或看看杂书；下课时，把讲义带回去，堆在书架上。等到学期、学年或毕业的考试，教员认真的，学生就拼命地连夜阅读讲义，只要把考试对付过去，就永远不再去翻一翻了。……尤其北京大学的学生，是从京师大学堂"老爷"式学生嬗继下来（初办时所收学生，都是京官，所以学生都被称为"老爷"，而监督及教员都被称为"中堂"或"大人"）。他们的目的，不但在毕业，而尤注重在毕业以后的出路。所以专门研究学术的教员，他们不见得欢迎；要是点名时认真一点，考试时严格一点，他们就借个话头反对他，虽罢课也在所不惜。若是一位在政府有地位的人来兼课，虽时时请假，他们还是欢迎得很；因为毕业后可以有阔老师做靠山。这种科举时代遗留下来的劣根性，是于求学上很有妨碍的。①

对于"科举时代遗留下来的劣根性"，蔡元培深恶痛绝，于是决心做些改变。1916年12月26日，大总统黎元洪任命蔡元培为北京大学校长。1917年1月4日，蔡元培到校视事，并发表就职演说。②在这次就职演说中，蔡元培开宗明义地讲：

> 外人每指摘本校之腐败，以求学于此者，皆有做官发财思想，故毕业预科者，多入法科，入文科者甚少，入理科者尤少，盖以法科为干禄之终南捷径也。因做官心热，对于教员，则不问其学问之浅深，惟问其官阶之大小。官阶大者，特别欢迎，盖为将来毕业有人提携也。……果欲达其做官发财之目的，则北京不少专门学校，入法科者尽可肄业于法律学堂，入商科者亦可投考商业学校，又何必来此大学？所以诸君须抱定宗旨，为求学而来。入法科者，非为做官；入商科者，非为致富。宗旨既定，自趋正轨。③

---

① 蔡元培：《我在北京大学的经历》，《蔡元培全集》第六卷，中华书局，1984年，页350。
② 其实，早在1912年7月北京大学举行开学仪式，蔡元培以教育部长的身份莅临现场，并在校长严复演说之后发表讲话。蔡元培在讲话中特别强调："大学为研究高尚学问之地，即校内课余，亦当温习旧学。"（《教育杂志》第四卷第四号，1912年7月）可见，蔡元培在出任北大校长之前，早就形成了"大学教育应以研究高尚学问为目的"的观念。
③ 蔡元培：《就任北京大学校长之演说》，《蔡元培全集》第三卷，页5。

"大学学生，当以研究学术为天职，不当以大学为升官发财之阶梯。"[1]蔡元培的这些说法，力辟往日"学习为了升官发财"的陈俗论调，将大学学习之应有目的（研究学术）斩钉截铁地告诉了人们。一时之间，在社会上掀起不小的波澜。其中，所谓"入法科者，非为做官；入商科者，非为致富"，更是对以往一些法科、商科学生"升官发财"的学习目的论的严厉批评。

蔡元培在后续的改革过程中，对于商科和经济学专业的存续发展，有其独到的看法，并采取了一些相应措施。谨概括如下：

1. 归并商科

图2-5　蔡元培校长

就在蔡元培的就职演说发表之后二十多天，在1917年1月27日国立高等学校校务讨论会上，他又率先提出了大学改制的议案。其中谈到，以前中国的高等教育制度，仿照日本，既在大学中设有商科、法科、农科、工科、医科等分科，同时又开设各分科的高等专门学校，"虽程度稍别浅深，而科目无多差别，同时并立，义近骈赘"[2]，存在诸多弊端，日本即为前车之鉴。而当时德国的高等教育制度，在欧洲最称完善。揆其实际，除在大学开设法科、医科等分科外，理工科、商科、农科则有高等专门学校，彼此并不重复开设，资源节省而有效率。进而，蔡元培提出模仿德国，参照中国当时所行之教育体系，进行改革。具体而言，大学专设文、理二科，商科和法科、农科、医科、工科则分别独立成分科大学，命名为商科大学、法科大学、农科大学等。其理由在于：（1）文、理二科专属学理，其他各科偏重致用；（2）文、理二科的研究所、实验室、图书馆等设备，全部办理已经不易，欲求兼办分科大学，则难度更大。因而，最好将商科分离出去。[3]

对于北京大学现有之商科，蔡元培认为：依照教育部令，商科下面宜设银行、

---

[1] 蔡元培：《我在北京大学的经历》，《蔡元培全集》第六卷，页350。
[2] 《北京大学改制与蔡元培》，《申报》，1917年8月28日。
[3] 蔡元培的这个意见，后经北京高等师范学校、北京法政专门学校、北京医学专门学校、北京农业专门学校、北京工业专门学校等五所学校校长一致赞同，于同月30日呈请教育部核准。三天后，教育部开会，对此亦接受。

第二章 吹皱春池：五四前后的北京大学经济学科（1912—1927）

保险等专门（专业）①。北京大学现有之商科则不设专门，而仅授普通商业，实不足以副商科之名，再加上经费吃紧，更无法扩张规模。是以，当年5月15日，蔡元培呈请教育部："拟仿美、日等国大学法科兼设商业学之例，即以现有商科改为商业学门，而隶于法科。俟钧部筹有的款，创立商科大学时，再将法科之商业学门定期截止。"23日，教育部予以核准。②6月18日，教育部发表布告："北京大学现有商科改为商业学门，隶于法科。"③为求顺利过渡，原已入学之商科学生，仍按照既定课程修业；归入法科之商业学门，则新订课程，以示区别。今天，在《国立北京大学廿周年纪念刊》中有幸保留了当时的两份课表，汇列如下：

表2-2　1918年法科商业门及商业学门课程

门类	年级	科目	随意科目	每周时间	共计	门类	年级	科目	随意科目	每周时间	共计
商业门	第一年	经济学总论		4		商业学门	第一年	经济学总论		4	
		商业史		3				经济史		3	
		经济地理		3				经济地理		2	
		商品学		3				保险统计算学		3	
		簿记学		4				民法		4	
		保险统计算学		3				会计法		4	
		民法		4				商品学		2	22
		第二种外国语		3	27				商业算术	2	
			商业英语	3					商业英语	3	
			日本文	3							
	第二年	经济史		4			第二年	货币银行论		4	
		会计学		4				铁路经济		3	
		货币论		3				商法		3	
		公司理财论		2				统计学		3	
		铁路经济		3				交易所论		2	
		统计学		3				水运论		3	
		国际公法		2				国际公法		3	
		第二种外国语		3	24			林政学		2	22
			日本文	3					商业史	2	

---

① 依照民国元年（1912）蔡元培在教育部长任上所颁学制，大学商科下面共含六个专门（专业）：银行学门、保险学门、外国贸易门、领事学门、税关仓库学门、交通学门。每门之下，又分别开设专业课程，以为充实。与此同时，在法科下面，设有经济学门（专业），与商科并峙，而不相统属。
② 《北京大学改制与蔡元培》，《申报》，1917年8月28日。
③ 《教育杂志》，大事记，第九卷第七号，1917年。

续表

门类	年级	科　目	随意科目	每周时间	共计	门类	年级	科　目	随意科目	每周时间	共计
商业门	第三年	工业政策		2		商业学门	第三年		欧洲殖民政策	2	
		商业政策		2					公司理财学	2	
		近世商业组织		2				国际金融论		2	
		银行及国际金融		5				农政学		2	
		交易所论		2				近世工业论		2	
		水运论		2				财政学		3	
		财政学		3				中国通商史及通商条约		2	
		中国通商史及通商条约		2				商法		3	
		商法		4	24			保险学		4	
			经济学史	3				近世商业之组织		2	20
			社会学	3					国际私法	3	
			国际私法	3					社会学	3	
			第二种外国语	3					经济学史	2	
	第四年	保险学		4							
		社会政策		3							
		殖民政策		3							
		商法		2	12						
		特别研究(全年)									

备注：上列课程，限于已入商科行之。

　　从上表可以看出，在商科（商业学门）改为商业门，归并入法科以后，课表的变化还是很明显的。尤其商业学门的课程，过渡性特征较为明显。归并入法科之后的商业门，一则表现出对于经济理论、经济政策基础的学习十分重视，二则在第四年的"特别研究（全年）"，昭示了学术研究的新气象。最终，随着1919年最后一班法科商业学门的学生毕业，自那以后，在北京大学的经济学科建置中就再没有"商科"或"商业学门"的名称出现过了。

图2-6　1919年9月6日北京大学商科毕业合影

2．学术分校

大约与"归并商科"同时，蔡元培心中萌生了"学、术分校"的设想。依蔡之见，知识有"学"和"术"的分别，二者关系密切，但旨趣不同。简言之，前者讲求学理研究，后者则侧重直接应用。具体到学科而言，文科和理科属于"学"之范围，而商科、法科、医科、工科等皆属于"术"。蔡元培认为，应该"以学为基本，以术为枝干"，再求其互相呼应。但是，国人长期以来"重术而轻学"，即便北京大学，也是如此——中科举之毒太深，"文、理诸生，亦渐渍于法、商各科之陋习"，专以升官发财为目的。为澄清长期以来蒙在高等教育上的迷雾，蔡元培提出了"学、术分校"的主张。

他首先是将"学"与"术"分开，也就是区分"大学"和"高等专门学校"："治学者可谓之'大学'，治术者可谓之'高等专门学校'。两者有性质之别，而不必有年限与程度之差。在大学，则必择其终身研究学问者为之师，而希望学生于研究学问之外，别无何等之目的。其在高等专门，则为归集资料，实地练习起见，方且于学校中设法庭、商场等雏形，则大延现任之法吏、技师以教之，亦无不

图2-7 法科学长王建祖

可。即学生日日悬毕业后置法吏、技师以为的,亦无不可。"一言以蔽之,"大学"与"高等专门学校"各有侧重,前者在于"大",后者在于"高"。①

在上述学、术区分的基础上,商科属于"术"和"高等专门学校"的范畴,适当的时候,应予独立,而不与大学相混。所以,蔡元培先是1917年将商科并入法科,同时停止招考新生②;对于已入学之商科学生,则待其毕业后,全行停止。不仅如此,包括"经济学门"在内的法科,在蔡元培的分类标准之下,也属于"术"的范围,因此也应该进行独立。据当时的《教育杂志》记载,蔡元培的确曾计划将北京大学的法科裁去,但终"因多人反对,故仍存留"。③后来蔡元培的回忆也验证了这一点,他在《我在北京大学的经历》一文中说道:"因为北大的校舍与经费,决没有兼办各种应用科学的可能,所以想把法律分出去,而编为本科大学,然没有达到目的。"④

3. 裁科设系

随着教育改革的逐渐深入,蔡元培进一步提出,要改变原有的教学行政管理体制。具体来说,就是"裁科设系",即在原来的"校—科—门"三级教育行政框架下,裁去各科学长,将"门"改称"系",从而形成"校—系"二级教育行政体制。

对于"裁科设系"的改革措施,蔡元培自己给出的理由,大致有如下三点:其一,从理论上讲,某些学科很难按文、理的名称加以划分。其二,就学生方面言,现有各科之间壁垒较深,"如果进入一所各科只开设与其他学科完全分开的、只有本科专业课程的大学,那对他的教育将是不利的"。其三,就当时北大的行政组织来看,存在着很大问题。三个分科(商科已并入法科)的内部管理,很不协调。每一科各设一名学长,只有学长才有权管理本科教务,并且只对校长负责。"这种组织形式,形同专制政府;随着民主精神的高涨,它必然要被改革掉。"因而,蔡元培先是组织一个覆盖全校规模的教授会,负责管理各系;然后,从各系主任中选出

---

① 蔡元培:《读周岳君〈大学改制之商榷〉》,《蔡元培全集》第三卷,页150。
② 民国六年(1917)的《北京大学招考简章》中明确提及:"商、工二科不招考。"(《北京大学史料》第二卷,中册,页865)
③ 《教育杂志》,北京大学之改革,第九卷第五号,1917年。
④ 蔡元培:《我在北京大学的经历》,《蔡元培全集》第六卷,页351—352。

第二章　吹皱春池：五四前后的北京大学经济学科（1912—1927）

一名教务长，负责召集各系主任，合作进行教学管理。其他行政事务，亦由各系教授成立专门的委员会（如图书委员会、仪器委员会），进行民主管理。于是，教授会、行政会组成了一个双重的行政管理体制，彼此分权，又互相交叉，相对制约。然后，再从全部教学人员中选出代表，组成评议会，负责相关立法。从而，也就形成了"教授治校"的教育行政模式。①

通过上面三点理由，我们可以发现："裁科设系"只是蔡元培整体教育改革的一个组成部分。或者说，它只是一个表面形式，究其实质作用，乃是为"教授治校"扫清了道路，为民国时期北京大学的教育和学术发展奠定了基础。

图2-8　国立北京大学三院（法科经济门/系所在地）

蔡元培进行的"裁科设系"工作，大抵发生在1919年下半年，也就是五四运动之后。②在"裁科设系"之后，经过调整，一共产生17个系别。在此基础上，又分为五组，经济学系与政治学系、法律学系和史学系同被列在第五组。③由此，"经济学系"作为一个专业系别名称，不仅在北京大学的经济学科史上，乃至在整个中

---

① 蔡元培：《中国现代大学观念及教育趋向》，《蔡元培全集》第五卷，页9—11。
② 《国立北京大学概略》（1924）"现行组织"中谈到，新的学科组织体系产生于1919年12月，至1920年秋，各机关方完全成立。
③ 其他四组分别为：第一组，数学，物理学，天文学；第二组，化学，地质学，生物学；第三组，哲学，心理学，教育学；第四组，中国文学，英文学，法文学，德文学。另据《申报》1919年10月11日《北京大学最近之学制》一文报道，第五组中的政治、经济、法律三系实际上"本年尚未实施新制"。

国近现代经济学科史上,第一次正式出现。第一任系主任,则顺理成章地由原来的经济学门主任马寅初先生担任(1919.9—1921.8)——此前,马寅初先生还成为北京大学的第一任教务长。① 而在蔡元培担任校长期间(1917—1927),继马寅初之后,还有三位教授先后担任经济系主任,分别为:顾孟余②(1921.9—1926.3)、余文灿③(1926.4—1927.4)、朱锡龄④(1927.5—1929.3)。

图2-9 顾孟余

图2-10 余文灿

图2-11 朱锡龄

---

① 据沈尹默回忆,在北大评议会新成立后,选举教务长。当时的候选人,理科提出俞同奎,文科提出陈大齐,法科提出马寅初。这三个候选人势均力敌,在评议会选举时,主席蔡元培投马寅初一票,因而,马得以当选为北大第一任教务长。(沈尹默:《我和北大》,载《过去的大学》,页30)

② 顾孟余(1888—1972),原名兆熊,出生于河北宛平,原籍浙江上虞。早年毕业于京师译学馆,后留学德国,毕业于柏林大学。1917年,任北京大学教授兼文科德文门主任,继而任经济系主任兼教务长。1925年,遭北京政府通缉,南下广州,先后出任广东大学校长、中山大学副委员长等职。1926年1月,当选中国国民党中央执行委员,5月被指定为整理党务审查委员。1927年3月任中央执行委员会常务委员、宣传部长。1932年,任铁道部部长。1935年11月,当选国民党中央执行委员,后任中央政治委员会秘书长。1936—1937年,任交通部部长。1938年6月,出任第一届国民参政会参政员。10月,再度出任中央宣传部部长。1941年7月,出任中央大学校长。1948年5月,翁文灏出任行政院院长,邀顾入阁,未就。次年3月,李宗仁代任总统,再邀顾接任行政院院长,顾仍未就。嗣后定居香港,一度与李宗仁、张发奎等人组织"自由民主大同盟"、"自由民主战斗联盟",创办《大道》、《中国之声》杂志。后定居美国加州伯克来,1969年返台湾定居,1972年6月病逝于台北。

③ 余文灿(1892—?),字育三,广东台山人。先后毕业于北京清华学校,美国芝加哥大学,获哲学博士学位。归国后,受聘于北京大学,任注册部主任,兼经济系教授。1926—1927年出任北京大学经济系主任。在"京师大学校"期间,曾代理北大校长,主持校务,并在李大钊被捕后,积极参与营救。后任北京交通大学事务长、浙江公立法政专门学校校长、浙江禁烟局局长。1928年,任国民政府教育部总务厅厅长。1930年,任北平税务学校校长。

④ 朱锡龄(1883—?),字畊石,江苏江宁人,美国爱丁堡大学经济学硕士,曾充前清欧洲游学生总监督处翻译官,后受聘于北京大学,任经济学教授,主讲经济学等课。1927年5月起任北大经济系主任。

4. 加强教学

对于一个大学来说，基本的教学工作是必须考虑的。蔡元培为了改造北京大学，"从聘请积学而热心的教员着手"①。实际上，蔡任职期间，既聘请了不少新人（如文科的陈独秀、胡适、梁漱溟，以及图书馆主任李大钊等），也保留了一些"旧人"（如法科学长王建祖②、经济学门主任马寅初③等）。另一方面，蔡元培又将教员分为教授和讲师两个级别。教授为专任，授课时间较多，月薪较高，而且相当稳定。讲师则非专任，授课时间较少，按照实际授课时间支付报酬。当时所聘教员，除去那些耳闻能详者外，很多名字已经陌生了，但是足以当得起"囊括大典，包罗众家"八个字。这可从1918年9月的一份《北京大学职员履历表》中略见一斑。下面，谨将其中担任本科和预科部分教员情况列表如次：

表2-3　1918年北京大学部分教员情况简表

职务	姓名	年岁	籍贯	履历	俸给（元）
教授	王建祖	40	广东番禺	北洋大学学生，美国加利福利大学毕业，曾办过清理财政事	380
教授	马寅初	34	浙江嵊县	美国耶鲁大学学士，哥伦比亚大学硕士，哥伦比亚大学院经济博士，历充交通部铁路稽核员，铁路账务调查员，财政部统一金库评议员，财政讨论会会员，明德大学商科主任，高等师范教员	280
图书馆主任	李大钊	30	直隶乐亭	北洋法政专门学校政治经济本科毕业，曾赴日留学	120
教授	胡钧	46	湖北沔阳	前清举人，两湖大学堂及德国柏林大学毕业，历充两湖师范学堂堂长、湖北各学堂教员，及北洋法政学堂、山西大学堂监督、京师各学校教授	280
教授	陈启修	34	四川中江	日本东京帝国大学法学士	280
教授	陶履恭	32	直隶天津	日本东京高等师范学校、英国伦敦大学毕业	280
讲师	陈兆焜	33	广东番禺	前清癸卯科举人，京师大学堂毕业生，美国哥伦比亚大学理财学博士，分省尽先补用通判，民国四年由政事堂分发财政部任用，历充盐务署佥事上行走	220

---
① 蔡元培：《我在北京大学的经历》，《蔡元培全集》第六卷，页350。
② 1915年11月始任。据1917年5月北京大学上报给教育部的"四周年概况报告书"，王建祖原为预科教员，主讲经济学一课。在其升任法科大学学长后，由朱锡龄继讲该课，并兼任法学通论。经济学门并于当年添授簿记学，由本校文科英文教员周典兼任；又新聘教员嵇岑孙，主讲银行论。（《北京大学史料》第二卷，下册，页3188—3189）
③ 马寅初于1916年受聘北京大学，也在蔡元培长校以前。

续表

职 务	姓 名	年 岁	籍 贯	履 历	俸 给（元）
讲师	徐墀	32	广东台山	美国伊连奈省大学毕业，朋锡文尼亚大学财政科硕士，哥伦比亚大学经济科博士，历充京奉铁路局职员，交通部部员，国有各铁路代表，朝鲜国际联运会会员，高等师范中学教员，明德大学教员	160
讲师	徐维震	38	浙江桐乡	美国法科大学毕业，法学士，前清法政科举人，历充邮传部参议厅法律参议员，海军部军法官，法制院办事，学部主事，大理院推事，高等捕获审检厅评事，交通传习所、财政学堂、国立法政学校、明德大学、朝阳大学及本校政治、经济、法律各门教员	120
讲师	周家彦	38	广西桂林	日本东京帝国大学法学士，曾任农商次长	100
讲师	王启常	31	浙江鄞县	英国伦敦大学财政学士，历充国立北京法政专门学校、商业交通各政策教员，财政部佥事	80
讲师	屠振鹏	39	江苏武进	日本第一高等学校、京都帝国大学法科毕业，农商部佥事、科长，兼商品陈列所长	80
讲师	李芳	29	江苏南通	北京大学法科经济门毕业，民国元年曾充南京临时大总统府庶务科员，二年秋考入国立北京大学法科经济门肄业，六年五月毕业，旋应中国银行聘为东三省分行行员，十月来京，任北京大学补习班教授，十一月奉校长令，调任今职	80
讲师	谢霖	34	江苏武进	日本商业学士，前清商科举人，历充中国银行总管理处总司账，交通银行总管理处会计主任，并为会计师	80
讲师	熊遂	34	江西南昌	美国伟士康新大学经济科学士，朴林士顿大学硕士，国立北京法政专门学校教员	60
讲师	姚憾	46	安徽桐城	日本早稻田大学政治经济科毕业，历充学治馆教员，筹边高等学校教务主任，国立北京法政学校主任教员，中国大学校长	60
讲师	陈廷均	26	广东新会	美国威斯康新大学政治科学士，蒲连士顿大学理财科硕士，历充财政部金融审议会专任员	204
讲师	朱祖铩	37	江苏吴县	北洋大学、美国品雪尼大学商科毕业，己酉商科举人，历充直隶学务公所实业科副科长，北京中华大学教员	144
讲师	郑寿仁	30	广东潮阳	美国沃海沃大学毕业，商学士，历充南通张季直先生英文秘书	120

续表

职务	姓名	年岁	籍贯	履历	俸给（元）
教授	白来士	37	法国	法国师范毕业，巴黎实业学校毕业	350
教授	朱锡龄	35	江苏江宁	美国爱丁堡大学经济、文科硕士，历充前清欧洲游学生总监督处翻译官	240
教授	吴曾憗	28	江苏吴县	北京译学馆最优等毕业，举人，比利国家大学经济专科学士，历充教育部编纂处编译员	220
教授	王彦祖	30	广东番禺	美国康尼路大学农科学士，哈佛大学理科硕士，历充教员	200
教授	黄振华	29	广东高要	美国哥伦比亚大学经济毕业，历充直隶商业专门学校及北京中国大学教员	200
讲师	谢恩隆	35	广东番禺	美国麻锡祖士州农林大学农科学士，又美国康奈尔大学农林硕士，又德国黎赤溪大学毕业，历充农商部技正	72
讲师	吴宗焘	25	浙江吴兴	上海吴淞中国公学大学预科毕业，本校法科经济门毕业	72

附注：履历一栏，外国学校名称均保持旧译，不作更动。经济类课程教员之选取，参照民国八至九年、九至十年两年度的《学科课程一览》。

上表所列，一共有26位，除图书馆主任李大钊外，其余25位基本囊括了当时担任经济类课程的教员。我们从"俸给"一栏可以看出，当时的教授，除王建祖（380元）因为担任法科学长，以及白来士（350元）作为外籍教员，二者属于特殊情况外，总体"俸给"水平为200—280元；而讲师中，即便是农商部次长、财政部专员，或者其他大学的校长，因为按时计酬，总体"俸给"水平仅在60—220元之间。可以说，蔡元培制定"俸给"标准，一则以学识水平定教职（教授抑或讲师），一则坚持按劳取酬，几乎不考虑任何的身份和地位差别。即使李大钊，虽然是图书馆主任，但因当时不是教授，俸给也只有120元。蔡元培之所以这样做，无非是尊重知识，重视教学，以便教员们（尤其教授）能够专心于教学和科研，恪尽

图2-12 陈兆焜

职守。不仅如此,为防止教授校外兼课过多,影响效果,1922年10月北大评议会又特别通过议案,限制教授在他校兼课,规定"至多以六小时为限,且须事先得校长之许可"①。

另一方面,我们根据上表"履历"一栏,可以发现:这26位教员中,除讲师白来士属于外籍(法国),以及讲师李芳和吴宗焘完全是本校毕业留校外,其余23位皆有国外留学背景,其中不乏毕业于美国哈佛大学、耶鲁大学、哥伦比亚大学、普林斯顿大学,德国柏林大学,日本东京帝国大学、早稻田大学等名校者。进而根据留学国别,可以得到下表:

图2-13 白来士(法)

表2-4 1918年北大经济课教员留学国别统计表

留学国家	人物	人数
美 国	王建祖 马寅初 陈兆焜 徐维震 徐墀 熊遂 陈廷均 朱祖锐 郑寿仁 朱锡龄 王彦祖 黄振华 谢恩隆	13
日 本	李大钊 陈启修 陶履恭 周家彦 屠振鹏 谢霖 姚憾	7
英 国	陶履恭 王启常	2
德 国	胡钧	1
比利时	吴曾憼	1

由上可见,23位教员中,以留学美国者最多,留学日本、英国、德国、比利时者相继次之。其中,教授陶履恭还曾先后在日本和英国接受教育。再者,可以根据他们在国外的学历学位得到下表:

表2-5 1918年北大经济课教员国外学历学位统计表

学历学位	人物(国别)	人数
博士	马寅初(美) 陈兆焜(美) 徐墀(美) 陶履恭(英)②	4
硕士	王建祖(美) 马寅初(美) 徐墀(美) 熊遂(美) 陈廷均(美) 朱锡龄(美) 王彦祖(美) 谢恩隆(美)	8

① 《开课后之北大状况》,《申报》1922年10月18日。
② 陶履恭(孟和)1910年赴英国伦敦大学经济政治学院学习社会学和经济学,1913年获经济学博士学位。

续表

学历学位	人物（国别）				人　数
学士	马寅初（美） 王启常（英） 郑寿仁（美）	陈启修（日） 谢　霖（日） 吴曾勰（比）	徐维震（美） 熊　遂（美） 王彦祖（美）	周家彦（日） 陈廷均（美） 谢恩隆（美）	12
不明确	李大钊（日） 姚　憾（日）	胡　钧（德） 朱祖鉷（美）	陶履恭（日） 黄振华（美）	屠振鹏（日）	7

从上表看，可以确定者，至少有4人在外国获得博士学位，甚至有3人（马寅初、陈兆焜、徐墀）毕业于同一所大学——美国哥伦比亚大学的经济类专业。获得硕士学位者8人，亦均毕业于美国。获得学士学位的12人，其留学国别比例，美国又占绝对优势（约58%），日本次之（25%），英国和比利时则更次之。另外，有7人在国外留学，但其学位情况暂不明确或没有获得学位，统归入"不明确"一栏，此不赘论。

综合上述三表，我们可以得出结论，当时北京大学经济类课程的师资力量相当雄厚，而且明显呈现出"海归学人"的主导态势。当然，这与现代经济学科的部分外来性、移植性息息相关。在"西风压倒东风"的情势下，借由这些海归学人，引入现代西方经济学知识和经验，开启国人新知的天窗，探求强国安邦、经世济民之道，未尝不是一件值得肯定的历史功业。

5. 学术研究

下面，再回到蔡元培对于北大的改造。他并不满足于学制的组织形式改革，以及教学师资的一般改进，而是坚持认为：大学的应有内涵和持久的生命力根本在于学术研究，而且必须要以"思想自由，兼容并包"为极则。用他的话说："大学者，囊括大典，包罗众家之学府也。……非仅为多数学生按时授课，造成一毕业生之资格而已也，实以是为共同研究学术之机关。研究也者，非徒输入欧化，而必于欧化之中为更进之发明；非徒保存国粹，而必以科学方法，揭国粹之真相。"[①]

为"研究高深学术，养成硕学闳才"[②]，蔡元培在进行上述改革的同时，极力

---

① 蔡元培：《北京大学月刊发刊词》，1918年11月10日。在这份发刊词中，蔡元培谈到"计学之干涉论与放任论"，即经济学的计划主义与自由市场主义，由此亦可见在当时一些学者概念中，"经济学"仍没有被完全接受。

② 《蔡元培呈送教育部鉴核本校现行规程文》，载《国立北京大学现行规程》，1920年11月。

营造良好的学术研究氛围,涵养大学的学术底蕴。在学校的正规教学和学术研究范围之内,主要有两方面内容:一本科四年级的学术研究,二研究所之学术研究。试分述如下:

(1)本科四年级学术研究。按照规定,本科四年级各生,在每学年之始,须与担任教员(即研究导师)商定研究题目,随时由教员指示研究方法和参考书籍。每门研究员,每月集会若干次。集会时,由本门一位研究教员担任主席,由各研究员报告其研究成绩,其他研究员以及教员皆可参与讨论质询,并由主席进行评语。

(2)研究所特别学术研究。由研究员自行选择论题,经研究所教员认可,或由研究所教员拟定若干题目,研究员从中自主选择。论题一经选定,各研究员自行研究,可随时请研究所教员指示参考书,商榷研究方法。并于一定时期终了,根据研究所得,作一篇论文,并将论文送交研究所教员阅看。通过者,交付存档,或予以刊布;未通过者,则指出应行修正之处,准许著者自行修正。研究所教员和研究员,亦每月集会若干次,对研究论题进行讨论。会议记录和讨论结果,汇成报告,送交学长,或交由刊物发表。

按照规定,对于上述两项研究员,皆以特别研究论题为主科;而在此之外,仍可再选一门或两门相关科目,作为副科。例如,经济门研究所之研究银行者,可选择国际金融作为副科,或研究公司管理者,可选择商法作为副科。副科与主科之主要区别在于,学期终了,不必作论文。①

1917年下半年,各科研究所开始筹建。12月11日,法科学长王建祖就聘请研究所师资事宜,在《北京大学日刊》上发表致全体法科教员函,其文曰:

> 敬启者。本校为宏奖高深学术起见,创设研究所,业已草定章程,分科办理。法科研究所亦正在从事组织,诸生已陆续报名,入所研究。惟是质问疑难,端赖师资,不得不延聘通儒,以当是任。素仰先生鸿通博学,乐育英才,如有学术中独得之秘,愿赐诸生,希即函知鄙人,俾便转请校长奉聘。②

---

① 以上参见《法科四年级及研究所之研究手续》,《北京大学日刊》,1917年12月21日。
② 《法科学长致本科各教员函》,《北京大学日刊》,1917年12月11日。

同日，又刊"法科研究所启事"一则，云："经济门研究所已聘定马寅初先生为银行货币教员研究员，选择是科者，前往与马先生接洽可也。"由此可知，马寅初应该是法科研究所最早聘定的研究所专职研究教员（导师）。12月22日，法科学长王建祖报告法科研究所的筹备情况，"见已就绪，可告成立"。依照其"报告书"所言，法科研究所共分三门：法律门研究所、政治门研究所、经济门研究所，以经济门主任马寅初担任经济门研究所当然之主任。当时未撤之商科学生，附入经济门研究所，不另设专所。①据1918年1月22日《北京大学日刊》，经济门具体研究科目及研究教员、集会时间等情况，大致如下表所列：

图2-14 徐崇钦

表2-6 法科经济门研究所情况简表

教　员	担任科目	每月集会次数	会　期		集会时间	备　注
			第几周	星期		
马寅初	银行货币	4	1.2.3.4	五	Pm3:30—4:30	
胡　钧	财政学	4	1.2.3.4	四	Am10:30—12:30	试办如此，随时可商改
陈兆焜	经济学	2	1.3	五	Am10:00—11:00	如时间不敷，得延长1小时
徐崇钦	商业及工厂管理法	2	2.4	四	Am 9:30	每次1小时或2小时，尚未能定
张　武	贫民生计问题②	2	2.4	五	Pm3:30—4:30	
张　武	欧战后世界经济之变迁	4	1.2.3.4	五	Pm2:30—3:30	

1918年3月21、22日的《北京大学日刊》载有当时的法科研究所研究员名单，其中经济门研究员共14人。具体名单如下：

---

① 《法科学长报告书》，《北京大学日刊》，1917年12月22日。
② 据1918年《北京大学廿周年纪念册》所列，张武（国药）当时所担任指导科目为"农业政策"及"欧战后世界经济之变迁"，与此处稍异。考其实，则当年3月27日《北京大学日刊》载"法科研究所布告"一则，明确言道："经济门研究所'贫民经济'一科，现改为'农业政策'，仍由张国药先生担任。每月会集两次。"此外，"战后世界经济之变迁"一科集会时间也有所变更，从略。

通往经世济民之路

经济学（4人）

  王少右 谢宗陶 郁 嶷 刘光颐

财政学（7人）

  陈其鹿 萧纯锦 谢宗陶 李 芳 李振寰

  蒋震龙 刘福珩

银行货币学（9人）

  李 芳 萧纯锦 杨叙然 王竞存 李宏增

  马家骧 刘福珩 蒋震龙 李振寰

图2-15 胡钧

可以说，上面这些人就是北京大学最早一批自己培养的经济学专业研究生。若干年后，他们在学界时露峥嵘者不乏其人——甚至郁嶷①、萧纯锦②、陈其鹿③等人还成为学界或政界的著名人物，对当时社会产生较大影响。

在蔡元培的主持和推动下，在五四之前，北大的学术活动日益活跃。1917年11月底，法科教务处发表"致法科全体教员函"。起因是，当时在京国立各高等学校和京师学务局"为补充中小学教员科学知识，及为普通学者引起学问兴会起见"，特别议定：每星

---

① 郁嶷（1890—1950），又名祖述，字宪章，号愤园，湖南澧县津市人，祖籍湖南桑植。曾就读湖南法政学堂、天津北洋法政学堂，与李大钊先生同窗，从事民主革命活动。后留学日本，入早稻田大学。毕业回国后，历任江宁地方审判厅厅长，湖南财政厅厅长，国民政府法制局编审，奉天省立法政专门学校教授，国立北京大学大学法律系讲师，朝阳大学、中国大学及保定河北大学教授，国立北平大学法学院讲师。1943年后，任河北省商学院教授、法律系主任，中国大学教授。著有《中国法制史》、《法学通论》、《继承法要论》等。
② 萧纯锦（1893—1968），字叔纲，江西永新县人。1912年公派美国留学，获加利福尼亚大学经济学硕士学位。归国后，先后任东南大学、建国法商学院、北京大学教授，北京女子大学、东北大学教务长，南京第四中山大学社会系主任。1933年任江西省政府委员，兼省经济建设委员会主任委员。抗战期间任省农业院院长，主持省督导粮食增产委员会工作。1941年"皖南事变"发生后，陈毅受命重整新四军，萧纯锦不顾个人安危，提供帮助，并护送陈毅安全离去。1948年，任上海诚明文学院商学系主任、大同大学教授。1949年后，任上海贸易学院、上海复旦大学教授，上海市政协委员，"文革"中被迫害致死。著有《经济学》、《国际贸易学》等。
③ 陈其鹿（1895—1981），字莘之，江苏昆山人。早年毕业于上海南洋模范中学，后考入北京大学经济系。1919年赴美留学，入美国哈佛大学工商管理研究院。1922年毕业，获商科硕士学位。归国后，从事高等教育，先后任江苏法政专门学校教员，上海中国公学大学部、福建厦门大学工商、中央大学经济系教授。1927年任江苏省农民银行监理委员，兼农工厅统计科长。1930年任浙江省政府秘书处秘书第一科科长，翌年任中央银行业务局文书主任。1946—1950年，任南京大陆银行支行副经理。1951年在天津南开大学财经学院任教授。1952年后专业从事著述写作，被聘为上海市文史馆馆员。其著作有《初级统计学》、《统计原理与实习教材》、《统计图示法》、《计划统计与核算图示法》、《统计学》、《农业经济学》、《资本主义发展史》、《英国对华贸易史》等。

期举办一次学术讲演会,"以科学之新理,科学最近发展史,中国旧学钩沉,及讲演者其他之心得为讲演范围"。时间定在每晚八点以后,以一小时半或二小时半为度。是以,法科教务处向本科全体教员征集讲演题目和讲演者。实际上,后来教员的讲演活动频率和范围,远远超过当初的预定。下面,结合1918年4月至6月份的北大《日刊》,将一些经济门研究所的讲演目录汇总成表。

表2-7 1918年4月至6月北京大学经济门研究所部分讲演目录

序号	会期	时 间	召集者	会所	摘 要
1	4月25日	上午十时半至十二时半	经济门研究所	研究所	胡钧先生讲演财政学
2	4月26日	下午三时半至四时半	经济门研究所	研究所	马寅初先生讲演银行货币
3	5月2日	上午十时半至十二时半	经济门研究所	研究所	胡钧先生讲演财政学
4	5月3日	上午十时至十一时	经济门研究所	研究所	陈兆焜先生讲演经济学
5	5月3日	下午三时半至四时半	经济门研究所	研究所	马寅初先生讲演银行货币
6	5月9日	上午十时半至十二时半①	经济门研究所	研究所	胡钧先生讲演财政学
7	5月10日	下午三时半至四时半	经济门研究所	研究所	马寅初先生讲演银行货币
8	5月16日	上午十时半至十二时半	经济门研究所	研究所	胡钧先生讲演财政学
9	5月17日	上午十时至十一时	经济门研究所	研究所	陈兆焜先生讲演经济学
10	5月17日	下午三时半至四时半	经济门研究所	研究所	马寅初先生讲演银行货币
11	6月20日	上午十时半至十二时半	经济门研究所	研究所	胡钧先生讲演财政学
12	6月21日	上午十时至十一时	经济门研究所	研究所	陈兆焜先生讲演经济学
13	6月21日	下午三时半至四时半	经济门研究所	研究所	马寅初先生讲演银行货币

虽然表中所列三位经济学教授(胡钧、马寅初、陈兆焜)的演讲内容和演讲实况,并没有留下多少直接的记述性材料。但是,从讲演时间排列的密集程度,即可感知当时北大的学术气氛有多么地活跃了。同时,为使研究活动有更好的学术平台和记录载体,北大又创办了《北京大学月刊》。也就是在该月刊的"发刊词"中,蔡元培振聋发聩地提出了他关于大学教育的著名观点——"大学者,囊括大典,包罗众家之学府也。……非仅为多数学生按时授课,造成一毕业生之资格而已也,实以是为共同研究学术之机关。"谨将该刊物第一卷1—6号经济类论文目录汇列如下:

---

① 原表标注时间为"下午十时半至十二时半",显系错误,改之。

表2-8 《北京大学月刊》第一卷1—6号经济类论文目录

序号	期号（时间）	篇　名	作　者
1	第1号（1919.1）	庶民主义之研究	陈启修
2	第2号（1919.2）	银行之真诠	马寅初
3	第2号（1919.2）	法科研究所研究录	俞逢清、马寅初
4	第3号（1919.3）	中国之希望在于劳动者	马寅初
5	第3号（1919.3）	原币	李　芳
6	第3号（1919.3）	银行之真诠（银行学之哲理）（续第一期）	马寅初
7	第4号（1919.4）	大战前欧美各国之不换纸币与我国之京钞	马寅初
8	第4号（1919.4）	战时之物价与纸币	马寅初
9	第5号（1919.11）	不动产银行	马寅初
10	第5号（1919.11）	圣西蒙及经济集中主义	王建祖
11	第6号（1920.7）	现代之经济思潮与经济学派	陈启修
12	第6号（1920.7）	国民经济之意义	陈启修
13	第6号（1920.7）	有奖储蓄存款之害及其推算之方法	马寅初

该刊第3号以马寅初为总编辑，第6号以陈启修为总编辑，所以，两期的经济类论文所占份额较多。如今，当我们翻检的经济方面的专业论文，可以很容易发现，当时马寅初、陈启修、王建祖等人的研究内容，既有纯经济理论之研究，也有经济应用方面之观照；既有对本国经济问题之探究，也有对世界经济的整体思考；既有现代经济学方法的运用，也有马克思主义政治经济学说的引进，研究视野所及，相当丰富多彩。

在上述活动以外，作为学术活动的实践和补充，一些经济学教授还主持和指导学生积极开展社会实践，组建经济社团。当时在北大组建社团蔚然成风，但在这里面，北京大学学生储蓄银行和北京大学消费公社①尤属别具一格。二者于1918年先后成立，皆由经济学专业的学生或教师担任发起，或者监理指导，与雄辩会、进德会等团体相比，颇具经济实践的特征，而效果亦十分显著。②

---

① 该消费公社由本校经济学教授胡千之（钧）于1917年年底在北大《日刊》上刊文发起，其文曰："消费公社为经济团体之一，在欧美各国已极发达。……其用意为以贱价得精美之物品，运用既久，更发现团体动作互相扶助之精神，于我国民经济中，寓社会教育之精义。……经济固为专门之科门，实普通人生日用之常识，故经济团体之组织，为各科学生将来入世所必要，非经济学者专门之事业也。各科学生利用此机会，以考察一般之经济现象，其欣幸宁有既乎？"此后，经济门学生李宏增等六十余人联名于当年12月27日召开筹备会，讨论进行事宜，公推筹备委员分任职务，并请胡千之教授指导一切。随后，又拟定了公社章程及招股简章。次年3月3日，开成立大会，举出职员，于3月20日开始出售商品。
② 据《国立北京大学廿周年纪念刊》所载，当时北京大学学生储蓄银行，除总经理（叶渊）、副经理（陈灿）、董事（吴宗焘、刘光颐、夏宗淮、陈道征、陈时申）7人由学生出任外，另设监理员3人（王建祖、胡钧、徐宝璜）、查账员2人（马寅初、徐新六），均由教师担任。

第二章 吹皱春池：五四前后的北京大学经济学科（1912—1927）

总之，在蔡元培的大力改革和积极规划下，北京大学的整体风貌全然改观，不仅经济学科的课程设置、师资配备呈现一种前所未有的良性态势，使校园内充满民主和学术的空气，更透过不同的媒体和形式，渐渐地而且深刻地影响着整个社会。用蒋梦麟的话说："北大是北京知识沙漠上的绿洲。知识革命的种籽在这块小小的绿洲上很快地发育滋长。三年之中，知识革命的风气已经遍布整个北京大学。"①或许，司徒雷登的观感更为贴切——"中国人正在使北京大学成为他们国家的知识源泉"②。

三、新文化运动和五四运动的影响

新文化运动和五四运动是中国现代文化史、思想史上一场划时代的宏伟运动，它不仅使国人在欧风美雨的吹淋下产生到一股强劲的民主科学的历史冲动，更使包括经济学在内的一些现代的新式学科获得前所未有的发展空间。③在五四运动期间，北大法科经济学门的师生们也有比较突出的表现。举例来说：一则在教员方面。五四运动发生后，校长蔡元培与北京当局决裂，愤而离校，校务吃紧。为维持学校秩序，经济学门教员徐墀、吴宗焘、李芳、王彦祖等连同其他法科教员共43人，联名发出启事，呼吁全校教职员精诚团结，以求事件顺利解决。其文曰："敬启者。当此

图2-16 马寅初

校事未定期内，法科同人等以为职教员之职务，在维持校内秩序，不宜有自相扰乱及互相排挤之事。同人等对于此种扰乱及排挤举动，决不赞仝，特此声明。"④一则在学生方面。当时在读的经济学门学生、后来北大著名的经济学教授周炳琳、赵迺抟等人不仅参与了5月4日当天的游行活动，而且作为学生运动的领袖人物，周炳琳还同游行总指挥傅斯年等人一起攻入赵家楼，将游行活动推向了高潮。

---

① 蒋梦麟：《北京大学和学生运动》，载《过去的大学》，页13。
② 司徒雷登：《在华五十年——司徒雷登回忆录》，程宗家译，北京出版社，1982年，页46。
③ 胡寄窗先生《中国近代经济思想史大纲》（中国社会科学出版社，1984年）第十六章中对于1919—1949年这30年的中国经济学发展史有一个简要的概括："从五四运动到解放前夕这三十年，是国外各色各样的经济学说的大量引进时期，翻译的作品不用说是完全照搬舶来品，即使是那些自撰的经济著作和论文，基本上均无特殊创见，大都为依样画葫芦之作，而且连葫芦也画得不一定逼真。总之，这一时期，由国内学者提出的较具卓见的经济思想是极其罕见的。"（页381）
④ 《北京大学法科同人启事》，北京大学档案，1919年5月。

在陈独秀看来，五四运动特有的精神，就是直接行动和牺牲的精神。①马寅初的看法与陈大致相同："所谓北大主义者，即牺牲主义也。服务于国家社会，不顾一己之私利，勇敢直前，以达其至高之鹄的。"②然而，除却政治影响的层面，单从学术发展的角度观之，可以说，五四运动不仅成就了一代学人的丰功伟绩，而且对后来中国人文学术的影响至为深远。

那么，刚刚经历过五四运动的北京大学，其学术风气又如何呢？这可以从1920年10月傅斯年给蔡元培的书信中略得窥见，其中云：

> 北大此刻之讲学风气，从严格上说去，仍是议论的风气，而非讲学的风气。就是说，大学供给舆论者颇多，而供给学术者颇少。……大学之精神虽振作，而科学之成就颇不厚。……若没有一种学术上的贡献接著，则其去文化增进上犹远。

傅斯年的话很清楚，当时北大的讲学风气尽管很盛，但多是"议论的风气"，而非"讲学的风气"，长此以往，并不利于科学和学术的进步发展，对国家社会、学术文化上的贡献也就甚为有限。因此，傅斯年在信中建议，希望蔡元培能在此后的时间里特别注意"北大中科学之教授法与学者对于科学之兴趣"③。后来的情况表明，五四以后北大的发展正如傅斯年所期望的那样，"学术上的贡献"、"科学之成就"与时俱进，蒸蒸日上。用蒋梦麟的话说："（五四以后）七年中，虽然政治上狂风暴雨迭起，北大却在有勇气、有远见的人士主持下，引满帆篷，安稳前进。"④下面，谨将这七年间北大经济学科发展的几个亮点择要进行论列。

1. 马克思主义经济学说传播

马克思的最早中文译名出现在1899年的《万国公报》，当时被译为"马克偲"，其学说则被译为"安民新学"。此后，关于马克思主义学说的一些论文篇章陆续被译成中文，逐渐为国人所接触，但比较零散。⑤直到1917年，十月革命一

---

① 陈独秀：《五四运动的精神是什么？》，载《陈独秀文章选编》（上），生活·读书·新知三联书店，1984年，页518。
② 马寅初：《北大之精神》，《马寅初演讲集》第4集，1928年。
③ 傅斯年：致蔡元培，原载1920年10月30日《北京大学日刊》，《傅斯年全集》第七卷，湖南教育出版社，2003年，页16。
④ 蒋梦麟：《西潮·新潮》，岳麓书社，2000年，页127。
⑤ 参见胡寄窗：《中国近代经济思想史大纲》，第十七章，页430—432。

声炮响，不仅"给中国送来了马克思列宁主义"，也为马克思主义经济学说在中国的传播带来了一次历史的契机。对第一次世界大战以及苏俄无产阶级革命模式的反思，逐渐地使一些中国知识分子接受了马列主义。再加上当时中国残酷的社会经济现实，诸如资本家的压榨剥削、严重的社会不公和贫困、沉重的人口压力等问题，长期得不到合理解决，有意无意地驱使相当一部分的知识分子逐步认同或同情马克思的剩余价值理论，乃至相信通过无产阶级革命，从改革经济基础入手，可以改变上层建筑，找到一种类似苏俄的大国复兴之路。

图2-17 马克思像

欲言五四前后马克思经济学说在中国的传播，《新青年》作为当时思想舆论界的风向标，自又不得不提及。近年金观涛等人对《新青年》中"经济"一词的使用趋势做了详细而有效的统计分析。他们把"经济"一词的使用大致分为三个时期：（1）第一至第五卷，1915年9月至1918年12月；（2）第六至第八卷，1919年1月至1921年4月；（3）第九卷至结束，1921年5月至1926年7月。结果发现，第一个时期谈"经济"时，大多指一个与政治、文化不同的领域。而在第二个时期使用"经济"一词，往往是在讨论历史唯物论，更多地在用来批评资本主义经济，畅谈社会主义经济。第三个时期，也往往用于批判资本主义和鼓吹社会主义。[①]上述三个时期（或三个阶段），其实也昭示了当时一批思想界的精英分子、知识分子的先锋代表们逐渐接受马克思主义经济学说的过程。而在这些精英、先锋们的背后，诸如资本主义、社会主义、无产阶级、资产阶级等在今天看来意识形态较为浓厚的术语言辞，也逐渐地漫延成那个时代极为普遍的社会化语言。

五四运动前，时任北京大学图书馆主任的李大钊看到苏俄革命成功，较早地接受了马克思主义学说，并公开进行宣传。二三年间，他不仅写了《法俄革命之比较观》、《庶民的胜利》、《布尔什维主义的胜利》、《新纪元》、《我的马克思主义观》等重要文章，积极地宣传十月革命和马克思主义，更在马克思诞辰一百零一周年之际，特别为《新青年》主编了一期"马克思主义研究号"。同时，他又在《晨报》副刊开辟了"马克思研究"专栏，刊登介绍马克思主义的论文。然而，李大钊毕竟是一位具有深思的学者，并不是毫无条件地盲从和接受马克思主

---

① 金观涛、刘青峰：《观念史研究——中国现代重要政治术语的形成》，页317。

义理论。他之所以接受马克思主义学说,是经过冷静思考和深入钻研的。即如他在《平民主义》和《我的马克思主义观》等著述中,一方面,对马克思的政治经济学说予以充分肯定,热情洋溢地将之介绍给国人;另一方面,对于马克斯的剩余价值理论,尤其《资本论》第一卷和第三卷某些论述之间的矛盾,也很明白地指出来。他在《我的马克思主义观》一文中写道:"解释'平均利润率的迷'在马氏书中是一个最著名的点,而因为解释此迷的原故,把他的'劳工价值论'几乎根本推翻。他的学说本身,发生一绝大矛盾,故又是一个最大弱点。……劳工价值论是马克思主义的基础,基础一有动摇,学说全体为之震撼。这究不能不算是马克思主义的一大遗憾。"①

图2-18　李大钊

图2-19　陈启修

与李大钊大约同时,也有其他一些北大教授对马克思主义的经济学说产生兴趣,并从学理上进行深入研究,取得显著成果。当时的政治系主任陈启修就是比较有代表性的一个。陈启修(1886—1960),字豹隐,四川中江人。早年毕业于东京帝国大学,师从日本著名的马克思主义经济学家河上肇②,较早地接触了马克思主义学说。归国后,受聘为北京大学政治系教授、政治系主任,同时在经济系主讲经济学理论(1920年)等课程。1924年赴苏联学习,其间又特向北大同仁介绍苏联革命的成绩,并建议北大专门划拨经费,订购关于苏联社会科学方面的名著,以资研究使用。③1925年回国,后任广东大学法学院院长、教授,黄埔军校政治教官,广州农民运动讲习所教员,国民革命军总政治部宣传

---

① 李大钊:《我的马克思主义观》,《新青年》第六卷第六号,1919年11月1日。
② 河上肇(1879—1946),日本著名的马克思主义经济学家、哲学家。1902年毕业于东京帝国大学法科政治学科。1908—1928年任京都帝国大学讲师和教授,其间留学欧洲,回国后获法学博士学位。1932年加入日本共产党,次年1月被捕,1937年3月出狱。1946年1月,逝世于京都。主要著作有《唯物史观研究》、《社会组织与社会变革》、《关于唯物史观的自我清算》、《马克思主义批判者的批判》、《狱中日记》、《经济学大纲》、《资本论入门》等。河上肇对传播马克思主义作出很大贡献,对于日本和中国的革命者影响巨大。
③ 《致北京大学同人书》,《东方杂志》,1924年第21卷第7号。其中重点提及的著作,如列宁著《国家与革命》,陈启修称其为关于马克思经济学说的"不朽之作"。此外还有《社会法与经济学》、《唯物史观的哲学》、《新宪法》、《什么是无产阶级国家中的权利》等多种。

委员，兼广州《民国日报》主笔，第二十一军政治部主任，武汉《中央日报》主笔等职。大革命失败后，东渡日本，从事译著。1930年回国，翻译出版《资本论》第一卷第一分册（昆仑书局）。该书虽非全璧，但作为我国最早的《资本论》中译本，当之无愧。其后，陈又担任东北大学、北平大学法商学院教授，国民政府主席参事室经济主任，军事委员会经济顾问等职。新中国成立后，曾任重庆财经学院院长、四川财经学院教务长等职。

图2-20　陈启修译《资本论》

翻检1919年的《新青年》"马克思主义研究号"，其中共收录署名文章8篇：顾兆熊《马克思学说》，凌霜《马克思学说批评》，起明（即周作人）译《俄国革命之哲学的基础》（下），陈启修《马克思的唯物史观与贞操问题》，渊泉《马克思的唯物史观》、《马克思奋斗的生涯》，刘秉麟《马克思传略》，李大钊《我的马克思主义观》（上）。即此可见，"德不孤，必有邻"，当时介绍和宣传苏联革命、马克思及其学说的学者并不唯李大钊、陈启修二人而已，实则还有其他一些人物。再举例言之，在当时的学生中，北大经济门学生周炳琳在五四运动之后也对苏联革命产生兴趣，并且翻译了几篇关于布尔什维克的文章。1920年1月，《国民》杂志刊登了他从英文翻译过来的一篇《鲍尔锡维克主义底研究》，将英美学者对布尔什维克主义的研究文章介绍给国人。在该杂志第二卷第二号上面，周炳琳继续探讨了"社会主义在中国应该怎样运动"的问题。当时，社会主义已经被一些知识分子"明认或默认"，他们认识到"社会主义是改造非人的生活，确立人的生活"，又"本着'知则行'底精神，想实行社会主义运动"，但是对于"社会主义在中国应该怎样运动"却不十分清楚。周炳琳在考察了"近来社会主义运动"和"俄国社会主义思想"之后，给出他的回答："挟着经济改造底热忱，加入城市底人中、乡村农民中共同生活，默运潜移，使工农都觉悟，大家起来推翻游闲阶级（Leisure Class）、坐食劳动阶级、劳而不得食的旧社会，建立共同消费、共同生产的社会"。①

图2-21　青年周炳琳

---

① 周炳琳：《社会主义在中国应该怎样运动？》，《国民》第二卷第二号，1920年6月。

但是，待周炳琳从欧洲留学回来，对于布尔什维克、对于共产革命的看法却有所转变，而更倾向于一种自由主义的超然态度。

当然，在当时的北大经济学教授中，也有人对马克思经济学说持保留态度，或反对意见——马寅初就是一个典型代表。尽管彼此观点存在分歧，但有一点可以肯定的是，当时对于马克思经济学说的讨论——或者基于马克思经济学说基本命题的思考和论辩，已然成为一种风尚。而且，很多学者的学术争鸣、观点论辩，更多地是在学术讨论层面，远没有达到国家意识形态"定于一尊"的状态。不管怎样，在五四前后，马克思主义学说就像一股洪流，深刻地激荡着那些有着忧国忧民、经邦济世理想的人们的心灵，而北大就是这股洪流的一个重要源头。

1920年3月31日，北大马克思学说研究会成立。[①]次年11月17日，该研究会又在《北京大学日刊》上发表启事，公开征集会员。当时担任马克思学说研究会的发起人和积极参与者中，除李大钊外，罗章龙[②]（1924）和朱务善[③]（1925）皆为北大经济系的毕业生。[④]1922年2月19日，该研究会组织了第一次公开讲演会，李大钊作《马克思经济学说》专题报告。

---

① 同年12月2日，李大钊、陈顾远等人又组织了北京大学社会主义研究会，旨在"集合信仰和有能力研究社会主义的同志，互助的研究并传播社会主义思想"，会员以北京大学同学为限。（《北京大学日刊》，1920年12月4日）该会并于1921年1月15日邀请著名学者罗素，在北大三院大礼堂举办了第一次公开讲演。（《晨报》，1921年1月15日）

② 罗章龙，1896年生于湖南浏阳。1917年毕业于长沙一中，次年4月与毛泽东等发起成立新民学会，后入北京大学哲学系德语预科。1920年年初，与邓中夏、朱务善等人发起组织了"北京大学马克思学说研究会"，其后又在李大钊的指导下，参加创建了北京共产主义组织，成为中共最早的党员之一。1921年中国共产党正式成立后，罗章龙任北京大学支部书记，中共北京区委委员。1934年任河南大学经济系教授，1935年任经济系主任。后又任教于西北大学、华西协合大学和湖南大学。直至全国解放。先后著有《中国国民经济史》、《欧美经济政策研究》、《经济史学原理》及《国民经济计划原理》等。1953年，任教武汉中南财经学院。"文革"后，奉调北京，被增补为全国政协委员并担任中国革命博物馆顾问。1995年因病逝世。

③ 朱务善，1896年生于湖南津市。1919年4月考取北京大学，接触马克思主义思想。其后，被选为北大学生会主席、北京学生联合会主席，并结识李大钊，在李大钊帮助下，研究马克思主义和俄国的革命经验。与邓中夏、罗章龙发起组织了北京大学"马克思主义学说研究会"。11月，朱务善又组织成立了"北京社会主义青团"。次年10月，加入"北京共产主义小组"，参加北大学生"平民教育讲演团"，并被选为主任。1921年，由李大钊、邓中夏介绍，加入中国共产党。北伐前夕，当选北京学生代表，赴粤促请孙中山兴师。1924年任《民报》国内新闻编辑，并兼编经济副刊。1925—1927年，赴苏联莫斯科孙逸仙大学、列宁格勒军政大学学习。1937年2月至1954年，因苏共肃反扩大化，蒙冤遭苏共逮捕，两度被判刑流放。1954年斯大林逝世后，得以平反昭雪。1955年获准回国，分配至中国科学院工作。1971年6月因病逝世。

④ 不仅如此，从1918—1920学年度北大经济学系的课程表看，其中还有一门名为"社会主义研究"的选修课，由张慰慈（祖训）先生主讲。张慰慈（1890—？），字祖训，江苏吴江人。早年留学美国，获哲学博士。曾任教于北京大学、法政大学、上海东吴大学、中国公学等校，是中国现代政治学的开拓者之一。主要著作有《英国选举制度史》、《市政制度》、《政治学大纲》等。

马克思学说研究会成立后,得到了校方支持。北大专门拨出西斋宿舍中两件宽敞的房子,作为学会的活动场所,学会会员们称之为"亢慕义斋"。其中"亢慕义"为德文音译,"亢慕义斋"意即"共产主义小室"(Das Kammunistsches Zimmer)。据罗章龙回忆,亢慕义斋"室内墙壁正中挂有马克思像。……四壁贴有革命诗歌、箴语、

图2-22 亢慕义斋旧影

格言等,气氛庄严、热烈。自分得房子后,大家欢腾雀跃,连日聚会。守常(李大钊)也和大家一起朗诵诗歌,表示庆祝"[①]。

"为了开展思想意识形态的斗争",马克思学说研究会"努力翻译和介绍马克思主义的书籍,宣传马克思主义"。罗章龙等人参与的德文组,先后翻译了《马克思传》、《共产党宣言》和《资本论》第一卷初稿。其中,《共产党宣言》中文油印本出来,"由于当时不便公开,同时恐译文不尽准确,只在内部传阅学习"[②]。《资本论》也由一位北大教授和德文组的同学参加翻译,从时间上看,该译本应为《资本论》的最早中译本。但此本迄今未见,若以正式出版起算,则仍应以1930年陈启修在昆仑书店出版的《资本论》为最早的版本——八年之后,郭大力和王亚南的全译本《资本论》方才问世。

图2-23 1923年北大沙滩红楼

[①] 罗章龙:《回忆"亢慕义斋"》,《北大老照片》,中国对外贸易出版社,1998年,页32—33。
[②] 罗章龙:《回忆"亢慕义斋"》,同上书,页35—36。

2. 学术组织和刊物

图2-24　经济学会讲演启事

五四运动后，"北大再度改组，基础益臻健全。……上教授治校的道路。学术自由、教授治校，以及无畏地追求真理，成为治校的准则"[①]。在学术自由、教授治校的环境下，与经济学相关的学术活动更加活跃起来。

1921年11月30日，北大经济学会正式成立。该会由北京大学经济系学生组织而成。据该会《章程》规定：经济学会之组织，旨在"本互助之精神，谋经济学术之发展"，会址设于本校，凡本校经济学生均得为本会会员。经济学会设有会务委员会，下分庶务、会计、文书、讲演、调查、编辑六股，各有专司，联合开展工作。该会活动内容主要有三项：一、每年秋季开常年大会，选举会务委员会，并规划相关活动事项；二、组织学术讲演活动，普及传播经济学知识；三、编辑学术刊物，出版《北大经济学会半月刊》。

1921年12月18日上午十点，北大经济学会在北大三院大礼堂组织了自成立以来的第一次公开讲演。主讲人是本校经济系主任、教授马寅初先生，题目为"上海一百四十个交易所"。在以后的演讲活动中，经济学会所邀请的嘉宾，除了像马寅初这样的大学著名教授外，还有一些实务界的精英。比如1923年12月7日，北大经济学会邀请著名的银行家黄子美先生来校讲演"我国银行之组织及业务"。黄子美曾服务于中国银行十余年，专司"赴外稽核"业务，对于各处情形极为熟悉。因此，经济学会特在《北京大学日刊》上发布通告，号召师生前来旁听。从演讲的主题内容上看，北大经济学会所关注的经济问题，不仅有具体的经济实务，而且对马克思主义相关学说以及世界政治等，也给予了特别关注。诸如1924年4月，北大经济学会邀请主张"赤化"的李春涛[②]作公开讲演，主题为"俄、英、意三国最近政治变革与马克思主义所谓社会革命"，结合国内外局势，探讨马克思社会革命的前景问题，引起较大反响。[③]

---

① 蒋梦麟：《西潮·新潮》，页127。
② 李春涛（1897—1927），广东潮州人。1917年东渡日本，入东京早稻田大学，学习经济。1919年，与彭湃等加入"建设者同盟"。1920年，在中国留日学生中组织"赤心社"，学习俄国革命。1921年回国，后与彭湃创办《赤心周刊》，自任主编，宣传社会主义。不久往北京，经杜国庠介绍在中国大学、平民大学、高等女师等校授课。1925年4月，辞职南下，投身国民革命。1925年10月，参与国民革命军第二次东征；同年底，筹办《岭东民国日报》，任社长。1927年4月，在国民党"清党"中被杀害。
③ 目前所见，还有如下两条讲演记录：（1）1923年4月18日，王建祖讲演"经济物品与非经济物品之界"；（2）1923年4月25日，顾孟余讲演"现代经济之几种观察"。（分别见《京报》同日报道）

图2-25　20世纪20年代的北京大学经济学会

良好的学术研究和探讨，必然需要一定的学术媒体作为支撑。北大经济学会的另一项活动内容，就是编辑出版《北大经济学会半月刊》。1922年12月，该刊正式发行，"集思广益，博采兼收，欲以谋经济之繁昌，求学术之发展"①。根据此前稍早该会委员联席会议决定，共拟刊行两种出版物，其一，即为本刊，"登载本会会员著述、翻译及调查报告，与每次讲演笔记等件"；其二，"每年年终，刊行《北大经济学会年刊》一册，登载学术论文、调查报告、讲演录、会员录，及会务纪事等件"。②然而，在该半月刊发行一年多时间后，曾因故中辍，而于1924年12月重新开办。在重办的第一期（总第29号）卷首，当时的经济系主任顾孟余教授亲致"祝辞"一篇，对"青年经济学家"们提出殷切希望。该"祝辞"中有云：

> 北大经济学系学生所组织之经济学会，本月又将重办其经济半月刊，为研究学术之机关，并征稿于余。余以诚意祝半月刊之进步，并将余所期望于今日之青年经济学家者，略申述之，以供学会诸君之参考。
>
> 吾等为学，对于已往之历史与学说，固宜穷其原委，而中国现代之经济问题，与国计民生，关系密切，尤宜切实研究。但研究之题目宜大，眼光宜远。……此余对于学会诸君所期望者一也。

---

① 《〈北大经济学会半月刊〉发刊词》，1922年12月17日。
② 《北大经济学会委员会纪事》，《京报》，1922年12月8日。

一国之经济与政治社会,恒有连带之关系。自古以来,从未有纯粹之经济,所谓纯粹经济,不过学者一抽象之观察法耳。因此经济问题,亦同时为政治与社会问题。今日中国之青年经济学家,如有志解决中国之经济问题,当同时对于社会与政治,有相当之研究。此余对于学会诸君所期望者又一也。

近年以来,吾国经济之变化,急转直下,且与内政外交在在相关。吾人欲肩负救国之责任,必须在学业上有充分之准备。此余愿与今日之青年经济学家共勉者也。①

在"祝辞"中,顾孟余提出了当时经济学需要注重的两点:一、既要了解已往经济之历史与学说,又要关注中国的现实问题,作切实的研究;二、眼界应该放宽,在研究中国经济问题之同时,也要研究政治和社会。最后,顾孟余拳拳以"肩负救国之责任"相期许,与当时之青年经济学子共同勉励。今日读来,仍令人心生感动。

图2-26　1923年北大代理校长蒋梦麟与经济系主任顾孟余

笔者手中存有两份1925年《北大经济学会半月刊》原件,谨将其要目汇列如下:

---

① 顾孟余:《〈北大经济学会半月刊〉祝辞》,《北大经济学会半月刊》第29号,1924年12月17日。

第二章 吹皱春池：五四前后的北京大学经济学科（1912—1927）

表2-9 《北大经济学会半月刊》第30—31号目录

期 号	篇 名	著译者
第30号	现代租税之趋势与中国租税	周杰人
	边沁之功利主义及其经济思想	王清彬
	劳动之组织（译）	邵纯熙
	社会主义与中国	金嘉斐
第31号	边沁之功利主义及其经济思想（续）	王清彬
	产业界的变动与国民的应付	曲殿元
	欧战后货币价值变动之原因及其影响	李 俊

从这两期目录来看，《北大经济学会半月刊》果真如顾孟余所期望的那样，既关注学说历史之研讨，又关注现实之经济问题；既有经济学的专业角度，又有政治和社会关怀。而尤为引人注目的，是关于"社会主义与中国"的讨论。经济系的学生金嘉斐在该文开篇处揭示了当时中国一个显著的现象——"现时社会主义在中国可谓盛极一时矣，青年学子，几无人不以提倡社会主义为事。铲除资本制度之呼声，在在触人耳鼓"。然而，该文主旨并非提倡在中国实行社会主义，而是从学理和社会环境的角度，试图辨明社会主义在中国行不通的理由。其结论如下：

图2-27 经济学会半月刊刊头

> 吾非反对社会主义者，但觉其不适合于中国社会环境耳。研究社会主义则不妨，欲以社会主义实行则不可。吾并望未来之大资本家，勿因资本能救中国，社会主义不适合社会环境，而遂置工人幸福于不问也。①

金嘉斐的观点在20世纪20年代的中国比较有代表性：一则认为社会主义在中国实行存在一定现实难度，一则认为资本和市场是解决中国经济问题不可或缺的因素，但坚决反对资本制度的残酷剥削。究其思想实质，仍属较为中庸的社会改良主义论调。

---

① 金嘉斐：《社会主义与中国》，《北大经济学会半月刊》第30号，1925年1月6日。

在学校的学术科研活动中，教员自然属于主力军。1922年11月，在陶孟和、皮宗石、王世杰、燕树棠等人的主持下，著名的《国立北京大学社会科学季刊》创刊。也就是在该刊的创刊号上，由李永霖撰写的《经济学者杜尔克Turgot与中国两青年学者的关系》一文，揭示了中西方经济学最早期接触的一段秘辛[1]，引起经济史学界的关注。

根据该刊"编辑略例"可知，该刊是当时北京大学议决刊行的四种季刊之一，涉及专业广泛，包括政治、经济、法律、教育、伦理、史地，以及其他社会科学，"但俱以含有学理上兴味者为限"。内容分类上，以论著为主，"并注重学术新书之绍介与批评"。该刊的作者，"大部分由本校教授及讲师担任"，同时采兼容并包之一，广采博收，"极愿得各方面之赞助，俾本刊得成为校内外研究社会科学者讨论学理、发挥心得之公共机关"。[2]

在《北大社会科学季刊》中，刊载的经济学类学术论文占有很大比例。今将该刊第一卷中所有经济类论文摘出，列成下表：

图2-28 北大社会科学季刊创刊号

表2-10 《北京大学社会科学季刊》第一卷经济学类论文目录

期 号	篇 名	作 者
1	钱币理论与本位政策	顾孟余
1	评社会主义运动	陶孟和
1	经济学者杜尔克Turgot与中国两青年学者的关系	李永霖
2	中国改造和他底经济的背景	陈启修
3	现代银行信用之性质	顾孟余
3	纸币统一与发行纸币制度之研究	程振基
4	由经济学上的需要供给法则而观察资本制度的生产之特质及其将来	周佛海
4	桑西门的历史观	李大钊

---

[1] 杜尔克（Turgot），今译杜尔阁，法国重农主义经济学家。两位青年学者名为高类思、杨德望。
[2] 《社会科学季刊编辑略例》，《北京大学日刊》，1922年11月13日。

若以今日之政治经济学和西方经济学的分野观之，可以说，该刊并没有"独尊一家，不及其余"——恰恰相反，在当时的《北大社会科学季刊》中，尽管每个作者有自己的观点倾向，但所有的经济学说、经济学理论都是可以在彼此平等的条件下，进行专业的学术讨论。不仅该刊的第一卷如此，其他几卷所载论文也大致如是。

大致与筹办《国立北京大学社会科学季刊》同时，为求学术科研力量的整合，实现学术研究的良性发展，1922年12月，北大又参照德国Achives模式专门成立了法政经济记录室。根据《法政经济记录室组织规则（草案）》，该室为本校社科研究所之一种筹备机关。本校法律、政治、经济三系教授，均为本记录室记录员。凡本记录室之会计、搜集材料、阅览等事件，均由记录员会议决定。本记录室的职务在于：一、搜集并购买一切关于法政经济之研究材料；二、整理上项研究材料。[①] 这样的一种筹备工作，不仅积累了相关学术研究资料，更锻炼和培养了学术研究队伍，并为20世纪30年代北大法学院（包含政治、经济、法律三系）以及社会科学研究所的学术研究奠定基础。

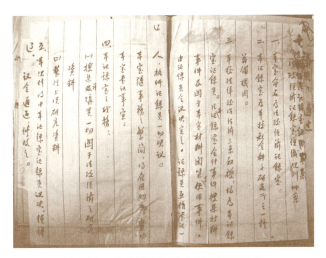

图2-29　法政经济记录室组织规则草案

另外，这一时期，北大的经济学术发展并不限于内部自身的学术砥砺，还不断开阔视野，注重加强与国内外经济学界的学术交流。例如，1922年10月，北大特别邀请日本东京商科大学教授福田惠三来校讲演，并由陈启修教授担任翻译。当时《北京大学日刊》所刊"启事"云：

---

① 《法政经济记录室组织规则》，《北京大学日刊》，1922年12月22日。

本月四日（星期三）下午二时，本校特请日本东京商科大学教授福田惠三博士在第三院大礼堂讲演，讲演题目为"马克思主义的几个基本观念"，由陈惺农教授担任译述。福田博士为日本新人会领袖人物，对于马克思一派之学说，研究甚深。甚盼本校同人届时同来听讲。此启。①

通过上面的一则"启事"，我们也可以看出，当时北大公开研究讨论马克思主义学说之风十分盛行。

最后，有必要再谈一下当时北大经济学教授对于社会的关注和社会事务的参与。北大对于国家和社会的关注、研究，从来是不落人后的。当时身为经济系主任的马寅初更是"一马当先"，身体力行。据《北京大学日刊》报道，马寅初教授拟于1919年下半年"在法科演讲吾国今日之各种重要经济问题"，并将预拟之16个讲题提前公布。大致如下：

(1) 有奖储蓄之害（含有赌博性质）及其推算法（用高等代数公式）；

(2) 经济界之危险预防法；

(3) 卖空买空及其利害；

(4) 吾国货币改革之困难（分学理与实际二段说明之）；

(5) 亡国之金券（曹、陆之计划）；

(6) 新旧银行团与吾国之关系；

(7) 预算之编制法与吾国预算之缺点；

(8) 基本金之作用与基本金之构成与计算方整理财政之方法；

(9) 公债券之发行与公债券市价之计算法；

(10) 欲使国际贸易发达，吾国财政独立，非有中央银行不为功（今日之中国银行实非中央银行）；

(11) 中国银行之缺点；

(12) 国库之管理法；

(13) 学校会计之组织法；

(14) 打破"资本、劳动与土地三要素"之说；

(15) 资本之构造；

(16) 资本与劳动。②

---

① 《北京大学启事》，《北京大学日刊》，1922年10月3日。
② 《法科之特别演讲》，《北京大学日刊》，1919年12月5日。

另据《京报》报道，1925年10月31日午后6时，北京大学教授马寅初等五十余人，在南池子欧美同学会开会，讨论关税自主问题。议决数项：（1）推定筹备员，约在京教授为发起人，函约各大学教授，组织一单纯的研究关税自主团体；（2）将从前关税种种束缚，及现在研究所得，宣布国民，俾知真相；（3）随时向外国国民宣传，引起对我同情；（4）帮助并督促中国出席关税会议代表，将以前种种束缚取消，力求做到关税自主；（5）本次会议如不能做到自主，本团体应当唤醒国民，一直反对；（6）此项团体系单纯研究关税自主问题，不涉及他事。（7）推定马寅初、陈翰笙等九人为筹备员，负责联系各校及其他筹备事宜。①

图2-30　陈翰笙

除上述的演讲、开会讨论等活动外，1924年3月，马寅初做出了一个带有历史性的举动——加入了此前一年成立的中国经济学社。1923年11月，由刘大钧、戴乐仁、胡立猷、陈达、卫挺生等12名在京经济学者组织成立"中国经济学社"。该学社宗旨有四项：（1）研究中国经济问题；（2）输入外国经济学说；（3）刊印经济书籍及论文；（4）社员间交换经济智识。②在该社成立之初，业务开展并不顺利，新增会员数量有限，很多学者采取观望态度。自马寅初加入中国经济学社后，以其在学界的杰出人望，吸引了大批优秀的经济学者加入其中，最终使该社成为民国时代最为重要的一个经济学专业团体，在近现代中国经济学发展史上写下了浓墨重彩的一笔。而对于马寅初本人来说，一方面，他对中国经济学社起到了实质的领导作用，团结了大批优秀的经济学人才，为国家的社会经济发展贡献智慧力量；另一方面，也以其突出的经济学成就、超强的胆识和人格魅力，最终奠定了他"民国四大经济学家之首"的学术地位。

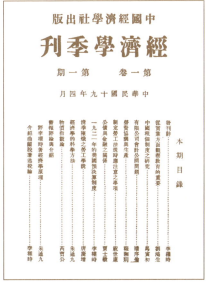

图2-31　《经济学季刊》创刊号

---

① 《各大学教授运动关税自主》，《京报》，1925年11月2日。
② 刘大钧：《中国经济学社略史》，《中国经济问题》，商务印书馆，1929年，页353。

通往经世济民之路

第三章
水涨船高：抗战前的北京大学经济学科（1928—1936）

一、短暂的"京师大学校"与复校

此两年中，遭尽无数暴力的摧残，阴谋的破坏，经济的封锁，流言的污蔑，一切一切的压迫，然而都化作过眼的云烟，独我北大，至今巍然。她所负的使命是与一切的恶势力作战，要放出那绚采的光辉，灼天的烈焰，永久的，永久的照耀人寰。

——《国立北京大学卅一周年纪念刊》

图3-1 林修竹

1927年6月18日，奉系军阀张作霖在北京就任北洋军政府陆海军大元帅，并重新组阁，以刘哲为教育总长。7月，刘哲将北京原有国立九校合并，改称京师大学校，并自兼校长。"国立北京大学之历史，遂暂归中辍。"①原有之北大第三院（政治、经济、法律三系）改为"法科第二院"，与原来的法科大学合并为新的法科，同隶属于京师大学校，并以林修竹②为法科学长。

对于合并后的京师大学校，一位北大经济系的毕业生在他的回忆文章中充分表露出愤怒之情——"重要职员多为其新任奴才，一般员役又每隶属侦骑，至于教

---

① 何基鸿：《国立北京大学沿革述略》，《国立北京大学卅一周年纪念刊》，1929年，页5。
② 林修竹（1884—1948），字茂泉，山东掖县人，近代著名的实业教育家。1902年，公派赴日留学，入日本高等工业学校学习。1911年学成归国，先后任山东高等学堂教务负责人、省教育司科长、省长公署教育科主稿，兼实业科主稿等职，并倡办通俗教育。1920年任职于山东省实业厅，1921年当选为省议员。1927年秋，被举荐为北京政府教育次长，协同总长将北京九校合并为国立京师大学，并应聘兼任法科学长，后离职赴津。1948年10月19日病逝。著作有《茂泉实业文集》、《澄怀阁诗集》等。

员，则更污我讲座。……（刘哲）凭其暴力，宰制一切，稍有反抗，即遭逮捕。"①然而，京师大学校在合并之后，也并非全然黑暗，毫无作为。目前笔者所见有一种《法科丛刊》，即为京师大学校法科刊行。该刊编辑所名为"法科丛刊社"。据《法科丛刊社简章》可知，该社由国立京师大学校法科组织而成，以"精研学术，增进文化，发扬纯正思想"为宗旨。该丛刊内容主要分为论说、译述、专门研究、本科报告、学生成绩、文艺、其他关于教育事项等，共有七类。凡属该科教职员、学生，均得为本社成员，设社长一人，由法科学长林修竹兼任。在该刊第一期（1928年3月出版）中，载有三篇经济学专业论文，其简况如下表所列：

图3-2 《法科丛刊》封面

表3-1 京师大学校《法科丛刊》第一期经济学论文目录

序 号	篇 名	著译者
1	法国重农学派与中国政治经济思想之关系	李光忠
2	论吾国应采之新审计制度	杨汝梅
3	欧战后工商元气恢复之情形（译）	王建祖

上述三篇文章的作者或译者中，李光忠和王建祖皆曾是原北京大学法科经济学门（系）教员。由此可见，当时的京师大学校法科中，还是有几位昔日教员留下来继续任教。此外，杨汝梅②是民国时期著名的会计学专家，当时也应该是京师大学校法科的教员。几十年后，当我们拂尘翻阅这三篇论文，其经济学专业含金量还是可以感觉得到的。但不管怎样，由于当时政局的纷扰，奉系军阀的政治高压，原北京大学大批教授或者离京南下（如皮宗石、陈启修、王世杰等），或者停课赋闲，继续留校任教者毕竟属于少数。整体来看，京师大学校时期的学术研究活动相当沉寂，可谓是乏善可陈。

---

① 艾和薰：《我们复校的经过》，《国立北京大学卅一周年纪念刊》，页43。
② 杨汝梅（1879—1966），字予戒、玉阶，湖北随县人。清末举人，1903年赴东京高等商业学校留学。归国后，曾任清末度支部主事。北洋政府时期，历任财政部制用局会办、审计处第三股主任审计。南京国民政府成立后，历任财政部赋税司司长、审计院审计官兼第一厅厅长、主计处主计官兼计局副局长、局长，工商部会计处会计长，北京税务专门学校教授，中国计政学会常务理事、会长。抗战时期在重庆任高等考试文官文试典试委员、军需学校审计教官、中央政治学校讲师、各县市行政讲习所教官。抗战胜利后，任邮政储金汇业局监察委员等职。

1928年夏，北伐军节节胜利，逐步逼近北京。6月2日凌晨，张作霖率领奉军向关内退却，结束了奉系控制北京的局面。①随后，国民革命军克复北京，由前大学院长蔡元培电请派员接收京师大学校各部。7月19日，国民政府会议通过决议，拟将北平国立八校合并为国立中华大学，以李煜瀛为校长。8月16日，教育部大学委员会通过北平大学区施行办法，拟于北平大学区下分设文、理、法、工等分学院。分设大学区的办法实为蔡元培所提出，并且这样的想法，在蔡元培个人对于中国大学的改革设想中由来已久。②随着北伐成功，全国统一，蔡元培终于可以将之付诸实践，试验推行。

9月21日，国民政府行政院复议决将国立中华大学改称"国立北平大学"，并通过北平大学区组织大纲。此后，又将北平大学改组为11个学院。其中，对于北京大学，基本保留京师大学校的建制，除将原北大文、理两科仍保持合并，称为"北平大学北大学院"外，原北大法科（政治、经济、法律三系）与以前之法科大学合称法学院，隶属于北平大学法学院，以谢瀛洲为院长。

图3-3　何基鸿

北伐成功后，北大师生满怀期待地希望能够恢复北京大学原来的规模建制，以图尽快从京师大学校的阴影中走出来，振兴发展。面对如此"分裂北大原有统系"的办法，北大师生自然表示反对，于是发起了声势浩大的"复校运动"，坚决抵制北平大学派来的接收人员，乃至不惜发生激烈的肢体冲突。1929年2月，经蔡元培、吴稚晖等人居间斡旋，教育部修改方案，将原北京大学改为北平大学北大学院。其中，原北大法科（含政治、经济、法律三系）改称社会科学院③，又名三院，以何

---

① 两天后，即1928年6月4日，张作霖在皇姑屯被炸身亡。同年12月29日，张学良宣布东北易帜，接受中央政府领导。至此，北伐大致完成，实现全国形式上的统一。
② 根据蔡元培1922年所拟定的办法，"全国为若干大学区，每区立一大学；凡中等以上各种专门学术，都可以设在大学里面。……大学的事务，都由大学教授所组织的教育委员会主持。大学校长，也有委员会举出。由各大学校长组织高等教育会议，办理各大学区互相关系的事务。"（蔡元培：《教育独立议》，载《新教育》第4卷3期，1922年3月）但是，蔡元培的这种设想，未必适合中国的情况，因而有不少教授是反对的。据胡适晚年谈话，1928年推行大学区制的时候，他就是反对的。李石曾曾提议，请胡适来做北平大学的校长，也被推辞了。（胡颂平：《胡适之先生晚年谈话录》，新星出版社，2006年，页135）
③ 国立北平大学秘书处：《国立北平大学工作报告（十七年十一月起至十八年七月）》，序言，1929年7月。

第三章 水涨船高：抗战前的北京大学经济学科（1928—1936）

基鸿①为社会科学院主任，后又代理经济系主任②。3月11日，北大正式开学，"本校名义上虽属北平大学，而仍维持原有之组织"③。同年7月，蒋介石入京。当月11日，北大学院院长陈大齐前往拜会，"因便请求恢复北京大学原名，蒋颇表赞许"④，成为复校成功之关键。随后，7月17日，蒋介石到北大发表演讲，高度肯定了北大的历史功绩和社会贡献，再次公开表示赞成北大复校。8月，经国民政府行政院议决，北大学院脱离北平大学独立，改回"国立北京大学"旧称，直属教育部。9月11日，举行开学典礼，23日正式上课。至此，北大复校完全实现。

图3-4　陈大齐

由于在1928年下半年发生"复校运动"，因之"迁延未曾开课"⑤，所有的常规教学和科研活动基本陷于停滞。而自1929年3月开学，"评议会，及组织、图书、财政、聘任、仪器、校舍等六委员会相继成立，各系主任亦皆选出。又分电各处，促旧教授回校。而同学方面，则各系成立学会，并提出教授名单，请求聘请"⑥。7月3日，经各系代表联系会讨论，产生各学系拟增聘教授名单。其中提出，经济系应增聘陈翰笙、李光忠、王建祖、马寅初、陈启修等为教授。⑦但是，有些经济学教授在京师大学校前后因故离校，因有现任职务，一时之间，却难以返

---

① 何基鸿（1888—？），字海秋，河北藁城人，民国著名法学家，抗日名将何基沣长兄。日本东京帝国大学法学士，历任大理院书记官、大理院推事、司法部参事、国民政府考试院编撰等职，并先后任教于国立北京大学法学院、国立清华大学政治学系。1922年4月，当选国立北京大学法律系主任。1923年9月赴英、德等国留学。归国后，再任国立北京大学法律系主任、教务长，兼第三院（社会科学院）主任、政治系主任。1930年，曾短期代理北大经济系主任。
② 此前，1929年3月15日，经教授会选举徐宝璜为经济系主任。后因1930年6月罹病去世，改由何基鸿代理经济系主任，直至当年10月选举秦瓒为经济系主任。徐宝璜（1894—1930），字伯轩，江西九江人。1912年毕业于北京大学，后考取官费留美，于密歇根大学攻读经济学、新闻学。1916年回国，先任北京《晨报》编辑，继任北京大学教授兼校长室秘书。1918年，与蔡元培发起成立北京大学新闻学研究会，被推为副会长、新闻学导师，兼《新闻周刊》编辑主任。20世纪20年代，曾在北大经济系主讲经济史课程。1930年6月，因病逝世。遗著《新闻学》，为中国现代新闻学理论方面的开山之作。
③ 何基鸿：《国立北京大学沿革述略》，《国立北京大学卅一周年纪念刊》，页5。
④《北大复校运动》，《京报》，1929年7月11日。
⑤ 何基鸿：《国立北京大学沿革述略》，《国立北京大学卅一周年纪念刊》，页5。
⑥ 艾和薰：《我们复校的经过》，《国立北京大学卅一周年纪念刊》，页69。
⑦《学生会通告》，《北京大学日刊》，1929年7月5日。

图3-5 皮宗石

校。即如原经济系教授皮宗石[①]，1928年9月应此前南下的北大法律系教授王世杰的邀请，到国立武汉大学任教。在接到校长陈大齐催请返校的电报时，武汉大学已然开学，因此只得复电说明不能回校的情况。[②] 其他一些教授，也存在类似的情况。

在复校过程中，筹措教授师资的确是个繁难的问题。在1929年北京大学开学典礼上，继代理校长陈大齐演讲完毕，由教务主任何基鸿教授报告三个院的情况，谓：第一院除心理系需要整顿外，哲学、历史、教育等系"新旧教师，均尚完备"；"第二院各系教授本已整齐，现新聘数位，亦已完备"；"最感困难者为第三院，但多数教授亦已聘定，旧教授亦将渐渐回校"。[③] 由此可见，当时"国立北京大学"的名称虽然得到恢复，但若要恢复元气，不仅需要招集旧教授，同时也需要增聘新教授，输入新生力量，才有可能实现。获得新生的北京大学，一方面需要时间慢慢平复疮痍，另一方面，也似乎在等待新的机遇，等待一些人物到来，为北大开辟一个新的局面。

二、北大"中兴"时期的经济学科发展

1. 蒋梦麟长校

1930年12月4日，即将辞任的教育部长蒋梦麟签署命令："任命蒋梦麟为国立

[①] 皮宗石（1887—1967），字皓白，别号海环，湖南长沙人。1903年，以官费赴日本留学，后考入东京帝国大学，攻读政治经济学。1905年加入中国同盟会。辛亥革命后回国。1912年与周鲠生、杨端六等创办《汉口民国日报》。不久，因反对袁世凯称帝，即被查封。后赴英国伦敦大学攻读经济学。1920年回国，应蔡元培邀请到北京大学法学院任教授，兼图书馆长。1927年8月，随蔡到南京，任国民政府中央法制委员会委员，并被任命为国立广东大学（中山大学）筹备委员会委员。1928年4月，任司法部秘书长。9月，应邀到国立武汉大学任社会科学院教授、院长。1929年6月，社会科学院改为法学院，继续任教授、院长，讲授财政学课程。1930年兼任法学院经济学系主任。1933年4月，任教务长兼图书馆长。1934年10月，兼任法学院法律系主任。1936年7月，辞去武大教务长职务，出任湖南大学校长，1941年辞职。次年7月，当选第三届国民参政会参政员。1945年5月，任国民政府教育部教育研究委员会委员。1949年7—12月，再任湖南大学校长。1950年4月，中央人民政府委员会第六次会议任命为中南军政委员会财政经济委员会委员。1954年，调任湖北省政府参事，并被选为湖北省政协常委。1967年，因患脑溢血去世。
[②]《函电》，《北京大学日刊》，1929年9月19日。
[③]《北京大学昨开学 陈大齐勉励学生勤学》，《京报》，1929年9月12日。

第三章 水涨船高：抗战前的北京大学经济学科（1928—1936）

北京大学校长。此令。"①12月23日，蒋梦麟到校视事，北大师生举行热烈的欢迎大会。在欢迎大会上，蒋梦麟提出三点希望：（1）图谋物质之建设，（2）增聘新教授，（3）扩充经费。②并表示在可能范围中，极力谋求北大之发展。由此可见，蒋梦麟早已立下整顿北大的决心。然而，欲求整顿，必先从了解现状、把握问题入手，而欲了解现状、把握问题，又必先从事调查研究。因而，在蒋梦麟最初到校的几个月里，紧锣密鼓的筹备当中，并没有公布具体的整顿方案。对于北大的全面整顿振刷，真正是从第二年4月才大张旗鼓地拉开帷幕的。

1931年4月，蒋梦麟由南京返回北平，向记者介绍了他整顿北京大学的计划。主要有两点：（一）教授薪金全数不得超过百分之五十，……今后拟减少钟点，提高教授待遇，绝对限制在外兼课，使教授有充分时间研究学问，富藏高深学问之积蓄；（二）各学院平均发展，"均有革新之必要"。③尤其在教授聘任方面，蒋梦麟煞费苦心。"若无法聘教授，则无法办北大。"④据胡适言，在教员的聘任方面，当时蒋梦麟向他们三个院长说出了一句著名的话："辞退旧人，我去做；选聘新人，你们去做！"⑤即此可见，蒋梦麟对于改革北大具有无比坚强的决心。事后观之，蒋梦麟之所以有如此坚强的"中兴北

图3-6 蒋梦麟校长

大"的改革决心，除他个人的能力和主观想法之外，还有三个方面的重要因素：其一，蒋介石的支持。在1931年4月28日的记者访谈中，蒋梦麟直言，他整顿北大的计划得到了蒋介石的赞成。蒋介石甚至对于计划中限制教授校外兼课这一点上，还明确指示蒋梦麟，不要担心，只要提高待遇即可。⑥"蒋校长"有了"蒋主席"这样强大的后盾，也就比较敢于大刀阔斧地进行改革了。其二，中华教育基金会的资金支持。据胡适回忆，蒋梦麟当时"得到了中华教育文化基金董事会的研究合作费国币一百万圆的援助，所以他能放手做去，向全国去挑选教授与研究的人才"。⑦1934年的《国立

---

① 《国民政府令》（十九年十二月四日），《教育部公报》，第二卷第四十九期。
② 《北大学生昨开迎蒋大会》，《京报》，1930年12月24日。
③ 《蒋梦麟谈话》，《京报》，1931年4月28日。
④ 《北大学生昨开迎蒋大会》，《京报》，1930年12月24日。
⑤ 胡适：《北京大学五十周年》，《北京大学五十周年纪念特刊》，1948年。
⑥ 《蒋梦麟谈话》，《京报》，1931年4月28日。
⑦ 胡适：《北京大学五十周年》，《北京大学五十周年纪念特刊》，1948年。

北京大学民国廿三年毕业同学录》中也载云："中华教育基金董事会以本校历史久长，成绩优异，愿年助国币二十万元，为增设研究教授讲座，及扩充设备之资。"①

其三，选才得人，机制科学。蒋梦麟首先选任的是文、理、法三位院长，胡适、刘树杞、周炳琳等人皆属一时之选，在政学等界皆有深广人脉。再由院长商请校长从教员中聘任教授，经双方共同认可后，进行正式任命。这样，使校、院、系三级上下畅通，有顺无阻。所以说，蒋梦麟的整顿北大计划具有一定的科学合理性。

经过一番整顿，1932年夏北京大学公布了新的组织大纲。据此大纲，北大教育以"研究高深学术，养成专门人才，陶融健全品格"为职志。②下分为文、理、法三院，法学院下再分法律、政治、经济三系。院长职责在于综理院务，由校长就教授中聘任；系主任的职责在于主持各系教学实施之计划，由院长商请校长，就本系教授中聘任。"其他学校行政，仍合三院为一。"③

蒋梦麟极力整顿校务，力图中兴北大，总体来看，自1930年至抗战爆发前，蒋梦麟对于北大的整顿和改革力度是空前的。尽管在这个过程中，难免招致一些人的批评乃至非难、破坏，但不管怎样，北大的七年"中兴"（1930—1937）未始不由于此。然在校务整顿中，由于社会变乱，学潮不断，阻力时见。即如1931年"九一八事变"发生后，北大学生群情激愤，遂有组织"南下示威"之举。但由此也造成课业停顿，正常的教学秩序无法维持。"趋舍异路，困难丛生"，在百般无奈之下，当年12月蒋梦麟曾与法学院长周炳琳偕同离校，表示不再回校任职。迨后情况稍稳，蒋、周二人方才返校。

据胡适1948年的追忆：经过半年多的筹备，1931年9月17日北大举行了新学期的开学典礼。当时全国的教育界很注意北大的"中兴"，都预料这之后的北大新阵容确可以使"旌旗变色"，建立一个"新北大"的底子。但是，次日即发生了震惊中外的"九一八事变"，9月19日大家获得了前方的消息，"我们都知道空前的国难已到了我们的头上，我们的敌人决不容许我们从容努力建设一个新的国家。……但我们在那个时候，都感觉一种新的兴奋，都打定主意，不顾一切，要努力把这个学校办好，努力给北大打下一个坚实可靠的基础。所以北大在那最初六年的国难之中，工作最勤，从没有间断。

图3-7　北大校旗

---

① 《国立北京大学校史略》，《国立北京大学民国廿三年毕业同学录》，1934年。
② 《北京大学布告》，《北京大学日刊》，1932年6月18日。
③ 《国立北京大学校史略》，《国立北京大学民国廿三年毕业同学录》，1934年。

现在的地质馆、图书馆、女生宿舍都是那个时期里建筑的。现在北大的许多白发教授，都是那个时期埋头苦干的少壮教授。"[1]应该说，在抗战前这六七年间，北大的高等教育一直在高速地前进发展，其成绩值得重视。或许可以说，如果没有这六七年间打下的坚实基础，抗战期间在西南大后方所创造的教育奇迹也一定会有所减色。

2. 欧美化的经济学科模式

下面，谨将北大复校后、抗战前经济学科发展的一些基本内容和特征，试作概括性的描述。首先，我们发现，这几年间，北大的高等教育整体上具有一定的欧美化趋势。在蒋梦麟长校之后，对校、院、系三级结构的重组，以及各级行政职能部门的权力分配与协调合作，既保留了蔡元培时代"教授治校"的精神底蕴，同时也掺入了欧美化的教育元素。其实早在1929年9月北京大学学生会所拟的《发展北大计划大纲》中，就表明了采用欧美大学制度的主张，并且提出了目标："力求发展，俾与欧美各著名大学并驾齐驱。"[2]换句话说，也就是要向世界一流大学看齐。但是，这个目标不可能一蹴而就，只能循序渐进。这种循序渐进的趋势，可以从当时的课程变化感受出来。先择取两份课表，列举如下：

表3-2　1929年9月北大经济学系课表

	必修科目				必修科目		
一年级	1经济学原理	4	秦瓒　周作仁	二年级	1财政学总论	3	秦瓒
	2簿记学	3	胡立猷		2货币学	3	宗植心
	3经济地理	2	徐宝璜		3银行学	3	周作仁
	4经济学选读	2	朱锡龄		4会计学	3	胡立猷
	5民法概论	3	陈瑾昆		5经济学选读	2	朱锡龄
	选修科目（任选二种）				6经济学原理补讲	3	秦瓒
	6宪法及行政法	4	钟赓言		选修科目		
	7政治学	3			7国际公法	4	
	8第二外国语	4			8市政论	2	
	9日文	3			9第二外国语	4	
					10日文	3	

---

[1] 胡适：《北京大学五十周年》，《北京大学五十周年纪念特刊》，1948年。引文所指的"现在"，即1948年。
[2] 北京大学学生会：《发展北大计划大纲》，第一章组织，1929年，页1。

	必修科目				必修科目		
三年级	1经济政策	3	邓伯粹	四年级	1保险学	2	钟相青
	2财政学各论	2	秦瓒		2国际金融	1	徐宝璜
	3经济学史	3	周作仁		3外国经济史	4	梁基泰
	4统计学	2	钟相青		4农业经济	2	陈翰笙
	5中国经济史	3	黎世衡		选修科目		
	6商法概论	4	李浦		5工业经济	2	朱锡龄
	7中国财政史	2	张玮		6铁道运输	4	朱锡龄
	8商业理财	2	舒宏		7水道运输	4	朱锡龄
	9证券交易	2	舒宏				
	10高级会计学	2	胡立猷				
	11审计学	2	胡立猷				

表3-3　1931年9月北大经济学系课表

第一学年	党义	2	王先强	第二学年	会计学	3	胡立猷
	经济学原理	3	赵迺抟		银行及货币	3	周作仁
	簿记学及实习	2	胡立猷		财政学总论	3	秦瓒
	政治学概论	3	浦薛凤		统计学及统计实习	3	杨西孟
	民法总则	4	燕树棠		民法概论债编物权	3	
	心理学	3	樊际昌		英文经济学选读	3	赵迺抟
	国文	4			第二外国语 德、法、日	4	
	英文	6			选修科目		
					社会学	3	许德珩
					社会进化史	3	许德珩

第三学年	国际贸易及国际金融	2	秦瓒	第四学年	经济理论	2	赵迺抟
	审计学	1	胡立猷		西洋经济史	3	周炳琳
	经济思想史	3	周作仁		中国经济史	2	不开班
	经济地理	2			马克思经济学说及其批评	3	陈启修
	财政学各论	4	秦瓒		选修科目		
	特种民事法概论	3	李浦		铁道及水道运输	3	钟相青
	第二外国语 德、法、日	4			农业经济	2	董时进
	选修科目				劳动问题	3	李光忠
	货币问题	2	周作仁		高级统计学	4	吴定良
	银行制度	2	周作仁		国际私法	2	燕树棠
	经济统计	3	吴定良		市政论	2	张慰慈
	人口统计	3	吴定良		行政法各论	3	白鹏飞
	商业理财与管理	3			论文		
	证券交易	2					
	行政学原理	3	张忠绂				
	行政法总论	3	白鹏飞				

以上两表，可以通过以下几个方面进行比较分析。首先，从选修与必修课的分配来看，在1929年9月的课表（表3-2）中，自一年级开始，便将课程分为必修课和选修课。而在1931年9月的课表（表3-3）中，第一年所有课程皆为必修，到了二年级才开始有必修课和选修课的区别。并且，从课程科目数量和学时分配上，表3-2所列经济系课表中，一年级至四年级的课程数量分布比较均衡（7∶8∶8∶5）[①]，必修课的学时比例大致为14∶17∶17∶9。表3-3所列课程，虽然一至四年级的必修课程比例与表3-2相差不大（8∶7∶7∶4），但是必修课的学时总量明显增加，相关比例变为27∶22∶19∶10。由此可见，经过调整后，经济系的课业任务显著加重。此外，在调整后的1931年的经济系课表中，随着年级的递进，三、四年级的选修课科目也呈显著增加的趋势，选择更多，则更有利于学生根据个人兴趣爱好，进

---

① 根据课表附注，选修课以二门计算。

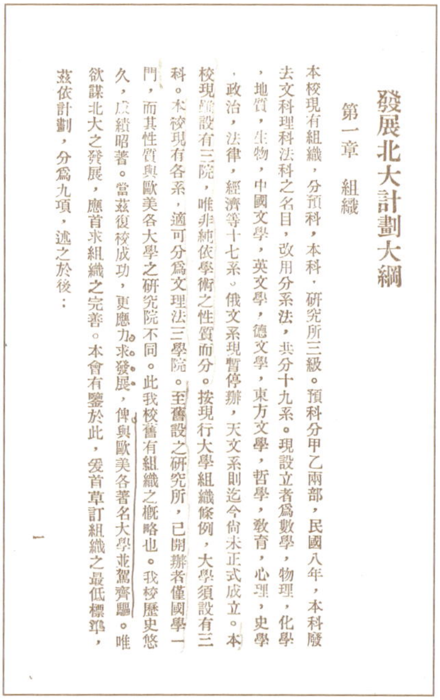

發展北大計劃大綱

第一章 組織

本校現有組織，分預科，本科，研究所三級。預科分甲乙兩部，民國八年，本科廢去文科理科法科之名目，改用分系法，共分十九系。現設立者爲數學，物理，化學，地質，生物，中國文學，英文學，德文學，東方文學，哲學，教育，心理，史學，政治，法律，經濟等十七系。俄文系現暫停辦，天文系則迄今尚未正式成立。本校現雖設有三院，唯非純依學術之性質而分。按現行大學組織條例，大學須設有三科。本校現有各系，適可分爲文理法三學院。至舊設之研究所，已開辦者僅國學一門，而其性質與歐美各大學之研究院不同。此我校舊有組織之概略也。我校歷史悠久，成績昭著。當茲復校成功，更應力求發展，俾與歐美各著名大學並駕齊驅。唯欲謀北大之發展，應首求組織之完善。本會有鑒於此，爰首草訂組織之最低標準，茲依計劃，分爲九項，述之於後：

一

图3-8 发展北大计划大纲

行专业修习。最后，在表3-3四年级科目的末尾，还特别列有“论文”一项，而这在此前的课表中是从没正式出现过的。这里的“论文”，也就是本专业的毕业论文。如此一来，我们可以肯定地说，1931年比1929年的经济系课程设计更为科学合理。

其次，从课程的名称和内容来看，外语一项，在1929年的经济系课表中，日文占有相当重要的位置，而在1931年的课表中，第一外语明确标识为“英文”，即此可见英文已然占据主导。并且，在第二外语（德、法、日）中，日文位列第三——虽然此项属于选习，但不言而喻，其位次先后，也含有某些偏好或倾向。对于专业课来说，就更明显。1929年的课表中不曾出现的“英文经济学选读”（赵迺抟）、“西洋经济史”（周炳琳）二门课程，在1931年的课表中尽皆属于必修。而其他一些选修课程的增加，也明显地使人感到西方经济学的内容日益加重。在这些课程调整变化的背后，实际上蕴涵了北大教员的结构调整，以及经济学人的代际更迭。简单言之，表3-3中的教员，如周炳琳、赵迺抟、吴定良等人，皆是留学英美、归来未久的经济学新锐，在蒋梦麟改组北大过程中受聘北大，自然会带回欧美经济学的崭新经验。尤其周炳琳作为北大法学院院长，赵迺抟作为北大经济系主任，身在其位，善谋其政，当更有利于推广欧美经济学的教育经验。

在1933年的《北大经济学课程说明书》中，将欧美化的经济学教育倾向表达得更为“坦诚”。该“课程说明书”在列举具体课程之前，特作如下说明：

一、本系之课目，系兼采欧美经济学院纯粹理论之研究，与商学院实际问题之探讨综合而成，以适应我国学术上之需要。

二、本系一、二年级之课目注重基本知识，三、四年级之课目，注重高深研究。

三、本系课目之偏于理论方面者，有读书报告之规定；偏于实用方面者，有问题实习之规定。

四、本系课目及教授方法，不仅在灌输智识，尤着重于启发自动的创作。故对于治经济学之态度和途径，有下列之主张：

1. 对于经济社会发达的背景，当根据人类学之发见及历史学的启示，作一写实的叙述。

2. 当搜集统计资料，对于从前学说之偏于性质的研究者，佐以数量的补充。

3. 当注意于新陈代谢之经济制度，不必空谈千古不灭之经济动机，尤不可错认经济法则及社会秩序有固定不变之性质。

4. 必使道德的涵义浸濡于经济行为之中，对于社会全体之福利，因经济政策之实施，而日益增进。

5. 对于经济学动态的研究与静态的研究二者方法上的便利，必使运用得宜。

上述"说明"文字，高标向欧美经济学院、商学院学习的旗帜，并以本国学术发展的需要为依归，既注重基本知识，又兼顾高深学术，既有经济理论的侧重，也有实习应用的灵活，不仅在灌输经济学智识，更在于启发自主的创造性，可以说，将经济系的教学目标概括得十分清楚。尤其所附五条主张，把北大经济系对于经济学的态度和途径，逐条分列，纲举目张，更不啻是北大经济学关于经济学教育和研究的郑重宣言——对于今天中国的经济学教育和研究，仍具有相当的启发意义。下面，再将1933年北大经济系一至四年级的相关经济学专业课程逐一列举，并附若干课程简介，俾使今人更为具体地了解当时课程的基本内容，把握其特征和趋向。

一年级

A 经济学原理　　教师：赵迺抟

根据历史的背景，统计的材料，用叙述和分析的方法，讨论现代社会经济的组织，从而研究生产、消费、交易及分配之原理。

B 近代经济史　　教师：周炳琳

从经济及社会方面描述近代农、工、商运输及财政各种事业实况，并指出其问题。并该书近代经济生活及组织中各种运动之史的由来及发展情况。意在给予初学经济科学者以历史的及现状的一般事实的知识。

图3-9 卓宜来

C 会计学　　教师：卓宜来

纲目：第一编，簿记学摘要。（1）商业交易之分析；（2）分录日记簿；（3）总账及过账手续；（4）试算表；（5）损益表及资产负债对照表；（6）决算；（7）应收票与应付票；（8）各项费用账及存货之估计；（9）折旧及呆账；（10）资本金账；（11）进货折扣、销售折扣及票据之贴现。第二编，会计学。（1）会计学之性质及其所研究之范围；（2）借方贷方之原理及各种之学说；（3）借方贷方原理应用之研究；（4）资产、负债、资本各科目；（5）简单分录簿及特殊分录簿；（6）进货簿及销货簿；（7）现金出纳簿；（8）普通分录簿；（9）账户、总账及过账手续之核对；（10）商品账；（11）账簿之整理及决算；（12）损益计算书；（13）贷借对照表；（14）商业凭单票据及有价证券与其投资问题；（15）补助账与统驭账；（16）计算表；（17）合伙企业之性质；（18）合伙企业成立时之记账；（19）合伙企业盈余之分配；（20）合伙企业之解散；（21）股份有限公司之性质及其组织；（22）股份有限公司之成立及其记账；（23）库存支票、公司债及减债基金；（24）支付凭单登录簿；（25）盈余、公债金与红利；（26）公司之结账；（27）寄售品之会计；（28）管理现金之问题；（29）贷借对照表上评价之问题；（30）成本会计；（31）非商业社团之会计；（32）财务报告书之分析；（33）清算及变产清偿；（34）审计学。

D 经济地理　　教师：薛德成

图3-10 薛德成

世界各国，因地势不同，气候各异，土有肥瘠，生产悬殊，致使各种农工商业等经济之发展发生差别。本科意在探讨各国地理上之优劣，说明其相互关系，及比较其经济之兴衰，使有志于经济建设者，得应用其智能，施于一地之改良，俾有利于其国计民生。

二年级

E 高等经济学　　教师：赵迺抟

本学年以马雪尔（即马歇尔）之《经济学原理》为代表作品，推求新古典派之基本学说，作研究最近思潮之准备。

F 货币银行　　教师：周作仁

本科目分四部分讲授：（1）货币；（2）外国汇兑；（3）商业银行；（4）特种银行。

G 财政学总论　　教师：秦瓒

内容：（1）公共经费论：经营之性质及分类；公共经费之膨胀及其原因；公共经费之影响；中央与地方经费之划分。（2）公共收入论：公共收入之史的发展；公共收入之分类；公共企业；行政收入；租税之意义及其演进；租税之分类；租税之原则；租税学说及理论。（3）公债论：公债之发展及学说；公债之负担及影响；公债之分类；公债之发行；公债之换算及偿还。（4）预算论：预算制度之史的发展；预算之编制；预算之立法；预算执行；预算之监督。

图3-11　周作仁

H 高等会计学　　教师：卓宜来

纲目：第一篇，会计系统之报告书之组织。账簿组织论；贷借对照表结构之研究；损益表结构之研究。第二篇，评价。评价之原则；流动资产之评价；固定资本之评价；折旧之问题及其各种之计算法；其他资产之评价；估计商誉之问题；负债之评价；资本之评价。第三篇，营业财务报告书之分析。损益之分析；资金应用之分析。第四篇，特种之会计。国内支店之会计；国外支店之会计；管理地产之会计；信托事业之会计；包办工程之会计；分期摊付之销货及其会计。第五篇，清算及变价。破产及清算；收管涉讼产业人之会计；变产清偿。第六篇，联合及归并。企业之联合及归并；联合贷借对照表；联合损益计算书。第七篇，特殊之问题纠正记账错误法；互相防弊之记账制度；预算问题；计算利息之问题。第八篇，会计机关之组织。一般机关内会计人员只组织及其管理；会计师之业务及其事务所之组织。

I 统计学及统计实习　　教师：刘心铨

以 R. E. Chaddock, "Principles and Methods of Statistics"为教本，并参照其他书籍，及各种实际统计补充讲解之。习题为假设的，以能包含各项原理及方法之活用为原则。

三年级

J 经济学说史　　教师：周作仁

本科目之内容：（1）经济学说史之范围及方法；（2）重商主义；（2）重农学派；（3）古典学派；（4）古典学派或正统学派；（5）社会主义派；（6）历史学派；（7）心理学派；（8）最近之发展。

K 银行制度　　教师：周作仁

本科目论述英、美、法、德等国及我国银行制度。

L 纸币问题　　教师：周作仁

本科目内容分：（1）金本位废止问题；（2）金本位恢复问题；（3）欧战后国际汇兑问题；（4）银问题；（5）我国币制问题；（6）其他问题。

M 财政学各论　　教师：秦瓒

一、租税之转嫁及归宿。转嫁学说；转嫁原理；转嫁原理之实施。二、土地税论。各国土地税制度；地价税；中国之田赋。三、所得税论。累进税学说史；所得税之理论；所得税之历史。四、公债论。绪论；公共信用之学说；公债之负担及其影响；公债之种类及形式；公债之发行；公债之换算及偿还。五、预算论。绪论；预算之编制；预算之立法；预算不足时之救济方法；预算之执行；预算之监督。

图3-12　秦瓒

N 国际贸易　　教师：周炳琳

经济理论之一部门。于述关于国际贸易本身之理论外，兼及国际价格之理论。主要问题："比较优利"或"比较成本"之理论，及其在应用上所引起之种种理论上的问题。国际付偿。国外汇兑与国际付偿之关系。不兑现纸币下之国际贸易。国际价格理论之史的发展。国际价格与各国之价格构造之关系。国际付偿中均衡之维系。不相同的币制与币价贬落所生之影响。国际交换比例之决定。

O 高等统计学　　教师：杨西孟

继续第一年统计学之课程，从数理及应用两方面作较高深之讲述。

P 成本会计学　　教师：余肇池

成本会计，范围甚广。凡管理方面之问题，会计事务之处理，以及成本之分析与核计，均属之。此课目，因限于时间，不克面面兼顾。只研究成本会计之基本理论，与基本法则。对于分批成本制（Job order Cost）与联序成本制（Process Cost），论之较详。尤注意于间接制造费之摊分法。

Q 审计学　　教师：余肇池

以资产负债表为中心，逐一研究对于其中各科目之审计法，财产估价问题，内部牵制方法，账目登记手续，单据审核步骤，均在注意之列。对于中外各界，于查账时所发生之种种特故，与所发现之种种流弊，均随时论述，以期学理与事实互相证明俾学者易于了解与记忆。

图3-13　余肇池

四年级

R 西洋列强之经济发展　　教师：周炳琳

论列英、法、德、俄、美诸强自1789年至1914年经济发展之各方面。继绪论之后，即分题分国作较详赅之论述。论题之分列略如下：农业大变革；工业大变革；商业大变革；机械运输之发展；各国商业政策之演变；各国之海外拓殖。

S 中国财政史　　教师：胡谦芝

本课内容分五期：自有史以来至周末为上古期，秦、汉、唐为中古期，两宋、元、明为近古期，清代为近世期，民国以来（至十五年止）为最近世期。关于财政只史料及制度等，详近而略远，以愈近为愈有用也。远者虽仅凭传说，或今人訾为伪书者，不敢过略；如三代之贡、助、彻，及周官之贡赋与财政制度亦述之，以其为吾国财政源流所关也。中古为我国史精华所萃，如汉兴杂税，唐改租庸调为两税制，为近今财政之本原，必详征之。宋、元、明、清，秕政綦多，极称之可为殷鉴。民国以来，则详列表册，加以说明，用备参证。

T 农业经济　　教师：董时进

一部为农业经济学之重要原理，一部为中国农业及农民之经济问题。

图3-14 董时进

图3-15 李光忠

图3-16 陈启修

U 劳工问题及劳工立法　　教师：李光忠

讲义全部拟分八编：第一编，劳工问题之性质及其发展；第二编，机器工业与劳工问题；第三编，劳工问题之心理关系；第四编，劳工问题之经济的及社会的方面；第五编，劳工运动与劳工问题；第六编，雇主与劳工问题；第七编，维持产业和平之方法；第八编，国际劳工保护。

V 预算及公债　　教师：秦　瓒

公债及预算论。Ⅰ.公债论（暂时补授）：绪论；公共信用之学说；公债之负担及影响；公债之形式及分类；公债之发行；公债之预算及偿还。Ⅱ.预算论：绪论；预算之编制；预算之方法；预算不足时之救济方法；预算之执行；预算之监督。

W 经济恐慌之理论及问题　　教师：待　定

讲题临时宣布。

X 马克思经济学说研究　　教师：陈启修

共分10章：（1）马克思主义经济学在一般经济学史上的地位；（2）马克思主义经济学说的哲学的基础，和包在一般社会学上及一般方法论上的地位；（3）马克思主义经济学上的价值论；（4）马克思主义经济学上的货币论；（5）马克思主义经济学上的工资论及资本论；（6）马克思主义经济学上的平均利润论；（7）马克思主义经济学上的地租论；（8）马克思主义经济学上的聚积论和恐慌论；（9）马克思主义经济学上的帝国主义论；（10）马克思主义经济学上的过渡期经济论。

Y 经济理论　　教师：赵迺抟

首述重商主义与重农主义之异同，进而研究英国学派、美国学派、德国学派及奥国学派之特征，最终讨论研究晚近心理派、价格经济学派、幸福经济学派及制度经济学派之发展，以及动态经济学与静态经济学之区别。

第三章 水涨船高：抗战前的北京大学经济学科（1928—1936）

从以上的课程名目及内容介绍来看，当时北大经济系的课程搭配已经逐步走向成熟。以今日视角观之，其中绝大多数属于西方经济学的内容，马克思主义经济学的课程仅有一门（马克思经济学说研究），而关于本国经济历史的内容，也仅占很小的份额。另外，在1933年的经济系课程表中，每门课后面附有教材或若干参考用书。我们将这些教材或参考用书根据语种分类统计，可以得到下表。

表3-4　1933年经济系课程教材及参考用书语种统计

	课程（教员）	中文	英文	日文	德文	合计
A	经济学原理（赵迺抟）	0	6	0	0	6
B	近代经济史（周炳琳）	0	2	0	0	2
C	会计学（卓宜来）	0	8	0	0	8
D	经济地理（薛德成）	0	13	0	0	13
E	高等经济学（赵迺抟）	0	5	0	0	5
F	货币银行（周作仁）	3	3	0	0	6
G	财政学总论（秦瓒）	4	9	0	0	13
H	高等会计学（卓宜来）	0	12	0	0	12
I	统计学及统计实习（刘心铨）	0	2	0	0	2
J	经济学说史（周作仁）	1[①]	5	0	0	6
K	银行制度（周作仁）	3	3	0	0	6
L	纸币问题（周作仁）	3	8	0	0	11
M	财政学各论（秦瓒）	2	19	0	0	21
N	国际贸易（周炳琳）	0	3	0	0	3
O	高等统计学（杨西孟）	0	2	0	0	2
P	成本会计学（余肇池）	0	6	0	0	6
Q	审计学（余肇池）	0	6	0	0	6
R	西洋列强之经济发展（周炳琳）	0	3	0	0	3
S	中国财政史（胡谦芝）	8[②]	0	0	0	8

① 该书《经济思想史》，为中文译本。作者为苏联人鲁平，季陶达翻译。
② 该门"中国财政史"课程比较特殊，参考书目列有"正史九通"，权当2种统计。

续表

	课程（教员）	中文	英文	日文	德文	合计
T	农业经济（董时进）	0	4	0	0	4
U	劳工问题及劳工立法（李光忠）	3	5	0	0	8
V	预算及公债（秦瓒）	0	8	0	0	8
W	经济恐慌之理论及问题（待定）	0	0	0	0	0
X	马克思经济学说研究（陈启修）	0	0	1	2	3
Y	经济理论（赵迺抟）	0	8	0	0	8
合计	——	27	140	1	2	170

统计发现，在当时的经济系课程教材或参考用书中，绝大多数（140/170≈82.4%）直接采自英文，国文教本次之，并且在数量上远逊于英文版的教材；德文和日本则更属零星。由此我们更可以断言，当时北大的经济系教学内容是相当欧美化的。

而从具体所采用的书籍来看，诸如马歇尔（Marshall）、凯恩斯（Keynes）、塞里格曼（Seligman）等西方经济学巨子的著作自然都被囊括其中。① 不仅如此，我们将经济系的课程参考教材与同属北大法学院的法律系和政治系相比较，其他二系所使用的英文的教本或参考书远没有经济系多。因此，我们又可以说，在当时的北大社科类专业里面，经济系的教学内容也是最欧美化的。

3. 思想控制加强

在北大经济系的课程不断欧美化、走向成熟的过程中，另外一个值得注意的现象，就是思想控制空前加强。这主要表现在马克思主义经济学说在大学课堂上的逐渐式微。

早在1928年3月北大复校初步成功之后，思想统制的趋势就日益显露出来。尤其，1928年7月17日，蒋介石在北大进行公开演讲，特别强调思想的统一。其言曰：

---

① 如赵迺抟的"高级经济学"课程指定的参考用书有以下5种：（1）A. Marshall, *Principles of Economics*, 8th Edition. （2）P. T. Homan, *Contemporary Economic Thought*. （3）J. M. Keynes, *Memorials of A. Marshall*. （4）J. M. Keynes, *Essays in Biography*. （5）L. L. Price, *A Short History of Political Economy in England*, Revised Edition.

第三章 水涨船高：抗战前的北京大学经济学科（1928—1936）

如大家能服从三民主义，诚心诚意地服从主义，亦可既往不咎。……学界诸君，信仰政府，要遵教育方针，以三民主义为基础，三年后必得成效。如仍照前一样，对政府有不满意时，即集合开会不上课，或有对社会政治上发生事故时，即集合游行示威，或教职员学生间不合意时，即相率罢课。……如学界行动一旦陷于错误，即可使四万万人民，二百万武装同志，均陷错误。……以后无论何种运动，须以三民主义为中心。不要如前之共产主义、三民主义、无产主义、国家主义等，思想不统一，致国家亦不统一。……望努力做思想统一工作，否则有亡国之虞。①

其用意很明显：三民主义应该成为思想统一的唯一标杆，共产主义、无产主义、国家主义等思想和主义，皆在取消之列。即便是大学校园，也必要以三民主义统一思想，唯"三民主义"独尊。另外，我们将复校前后北京大学（北大学院）的招生简章进行对比，发现：在北京大学复校以前，乃至在京师大学校时期，明显带有意识形态的科目从来没有在招生简章中出现过。而在北大复校成功后第一年的招生简章——即1930年5月经过修订的招生简章②中，"党义"不仅赫然列在北大的招生考试科目中，而且位居所有科目之首，要求该科必须及格，方可录取。③这样的思想统一、党化教育之举，除了方便国民党的

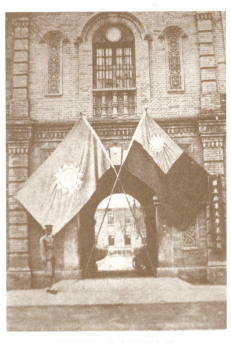

图3-17 北大三院大门

一党独裁专政外，其主要的后果，毫无疑问地，势必会扼杀高等教育的生命力，不利于思想和学术的多元化发展。

在国民党的政治和思想高压下，虽然马克思主义的经济学说在大学教育中的比重越来越少，但并没有在北大的课堂内外完全绝迹；或者说，虽然不可能占据主

---

① 《蒋介石在北大演说 欲国家健全须思想统一》，《京报》，1928年7月18日。
② 《国立北京大学入学考试规则》，《北京大学日刊》，1930年5月30日。
③ 甚至在1933年6月修订的招生简章中，还特别规定，"党义"一门"必须及格"。（《北京大学史料》第二卷，中册，页881）

流,但毕竟还是留下了一隙学术空间。举例来说:在教员方面,1931年上半年,北大经济系的"经济学原理"一课改由陈启修教授担任。而在此前一年左右,陈启修在昆仑书店正式翻译出版了《资本论》的一卷,在学界引起不小的轰动。陈启修作为著名的左派教授,其鲜明的马克思主义经济学立场是为学界熟知的。他能继续在北大的讲坛上大讲特讲马克思主义经济学说,本身就很能说明问题。不仅如此,他在"经济学原理"一课上,又打破以往的经济学原理的"四分法"(生产、交易、分配、消费),试图找到一条综合的创新之路,糅合西方经济学和马克思政治经济学。再如学生方面,著名的经济学家千家驹[1]1932年毕业于北京大学经济系,他在给胡适的一封信中,向胡直言他对《资本论》的偏好,说"《资本论》这部书,无论如何是经济学界划时代的一部著作"。接着,他又"坦白"道:

  老实说,我在北大的六个年头中,有四年以上的时间是花在读《资本论》及马克思其他著作上的(《资本论》第一、二、三卷都看过两遍)。这次我做的一篇毕业论文,就是《马克思的货币理论》。我想如果趁机能够把第二、三卷译出来,那我这几年也终不算虚度了。[2]

在繁重的课业压力下,千家驹竟然可以用三分之二的时间来阅读《资本论》,并且可以用马克思主义经济学说的某些部分作为论题,撰写毕业论文。这一方面说明北大学术气氛仍具有相当的自由和宽容,另一方面也说明,在当时的政治高压下,对于马克思主义经济学说保持浓厚兴趣并能够悉心钻研的北大学生,不乏其人。其后,1935年千家驹又曾在北大经济系任教,担任讲师。因此说,在当时北大以欧美经济学教育模式为范本的追求中,马克思主义经济学的内容也长期地成为北

---

[1] 千家驹(1909—2002),笔名钱磊,浙江武义人,著名经济学家。1926年考进北京大学,同时参加中共地下活动。1931年,担任"北大学生南下示威"宣言的起草人,强烈谴责南京政府对日不抵抗政策,后来在南京被捕,押回北京。北大非常学生会成立时,他被推举为主席。1932年毕业于北京大学经济系。1935年,任北京大学经济系讲师。后任广西大学教授,《中国农村》、《经济通讯》主编,香港达德学院教授。1936年,参加全国各界救国联合会,担任理事。抗日时期,在香港从事民主运动,并为《大公报》撰写社论。胜利后,主办《经济通讯社》,兼任达德学院教授。1945年8月,加入中国民主同盟,任南方总支部秘书长。1949年参加筹备并出席中国人民政治协商会议第一届全体会议。其后,历任中国人民银行总行顾问,清华大学、交通大学教授,政务院财经委员会委员,中央工商行政管理局副局长,中央社会主义学院副院长,中国科学院哲学社会科学部学部委员,中国社会科学院顾问等职。第二至五届全国政协委员,第六、七届全国政协常委,民盟第五、六届中央副主席。1989年6月,客居美国洛杉矶。三年后回国,居住深圳。2002年9月逝世。

[2] 《千家驹致胡适》(1932年7月6日),《胡适论学往来书信选》,河北人民出版社,1998年,页20。

大经济学科发展史的重要组成部分。这也再次说明，在20世纪上半叶，马克思主义经济学说虽然不为"主流"经济学界普遍接受，但马克思经济学说所描述的经济社会现实，以及所提出的一些经济分析方法，乃至经济术语名词，却是无法回避的客观存在；而且为中国一些知识分子解释或解决中国现实政治、经济和社会问题，提供了一个难得的分析工具。所以，在当时提倡欧美化经济学教育的北大课堂上，马克思主义经济学说成为一个挥之不去、货真价实的"共产主义幽灵"。

图3-18 千家驹

另外，我们还发现，在1932年的一份公开出版的《大学投考指南》中，对当时的经济学科作了如下介绍：

> 自从社会主义经济学发达以来，政治组织就和经济组织连合在一起。这种实际上的趋向，就把政治和经济的相互错综的发展促成社会的发展。于是国家几乎要变成谋经济发展的工具。法律固然是为了经济关系的基础变动而修改，为了经济社会的现象发展而进步；法学也就为了这个关系而接近了经济学，经济学也就成为研究法学的人的预修学程。①

上面这段介绍文字，一方面指出了当时"社会主义经济学"的发达状况，同时，又十分强调经济学在研究其他人文社会科学——尤其法学——方面的基础性价值。它深刻揭示出，"社会主义经济学"（或马克思主义经济学说）在民国大学的人文社会学科中不仅长期地占有一席之地，而且是一种普遍的教育现象。

三、周炳琳和赵迺抟的合作

周炳琳和赵迺抟是北大"中兴"过程中的两名功臣，二人都是北大经济学系（门）的毕业生，并且长期在北大经济学系担任教授，兼为行政首领，对北大经济学科的发展产生巨大而深远的影响。下面，先简述二人基本情况，再介绍一下他们这一时期对于经济学科发展上的一些贡献和努力。

---

① 卢绍稷：《大学投考指南》，上海勤奋书局，1932年，页70—71。

通往经世济民之路

图3-19 五四期间周炳琳在街头演讲

周炳琳（1892—1963），字枚荪，浙江黄岩人。1913年考入北京大学预科，1916年升入法科经济学门。在北大学习期间，周炳琳不仅成绩优异，而且思想活跃，追求民主政治，倡导男女平等，成为新文化运动的积极分子。未毕业前，即崭露头角。1918年夏，周炳琳与徐宝璜、朱一鹗等人一起编辑《国立北京大学廿周年纪念册》；次年3月，又与邓中夏、许德珩、罗家伦、康白情等人共同发起北大学生平民教育演讲团，随后在北京、河北等地进行公开演讲，启迪民智，号召民众自觉争取合法权利。①1919年5月4日，周炳琳更是作为学生领袖，走在游行队伍前列，与傅斯年、许德珩等人攻入汉奸曹汝霖的住宅赵家楼。

1919年7月1日，由李大钊、王光祈、曾琦等人发起的少年中国学会在北京召开成立大会，周炳琳成为最早的一批会员之一。少年中国学会是五四时期青年社团中"会员最多、历史最长、影响深远"的一个著名社团，对近现代中国社会政治、经济、文化等方面产生重要影响——这可以从该社团的成员名单看出来，会员中为今人所知者，除李大钊、周炳琳外，还有许德珩、宗白华、田汉、张闻天、张申府、刘仁静、左舜生、恽代英、毛泽东等人。但是，这些成员后来或由于政见不同，有的成为左派，有的成为右派；或由于职业不同，有的成为政客，有的成为学者。在这其中，周炳琳的经历很耐人寻味。

1920年夏，经蔡元培、胡适等人亲自推选，周炳琳受民族资本家穆藕初先生资助，与汪敬熙、康白情、罗家伦、段锡朋一起赴美深造。不久，周炳琳进入哥伦比亚大学。两年后，获得哥伦比亚大学文学硕士。在美期间，1921年6月，周炳琳和赵迺抟、周作仁、冯友兰、罗家伦等人曾招待赴美参访的蔡元培校长，并在哥伦比亚大学图书馆前合影留念。

---

① 据《北京大学日刊》载，1919年4月27日周炳琳等人在地安门外护国寺讲演，周炳琳讲演"什么是国家？"。五四运动期间，5月18日，周炳琳又在分布于北京四城的讲演所进行讲演，主题为"山东与全国之关系"。同期进行讲演的还有：邓康（青岛交涉失败史）、张国焘（欧洲和会与世界和平）、廖书仓（国民与民国的关系、青岛关系我国之将来、政府为甚么要抽税、盐税之批评、甚么叫做法律）等。（分别参见1919年4月29日、5月21日《北京大学日刊》）

第三章　水涨船高：抗战前的北京大学经济学科（1928—1936）

图3-20　1921年6月周炳琳、赵迺抟、周作仁等人与蔡元培在哥伦比亚大学合影
一排左起：第1人周作仁，第2人罗家伦，第4人周炳琳，
第5人蔡元培；二排左起：第1人冯友兰

在美国哥伦比亚大学毕业后，周炳琳又前往欧洲，先后在法、英、德等国继续从事研究。1925年，学成回国，即在北大经济系担任教授。当时正值国共合作，李大钊同时作为共产党和国民党的北方负责人，招募新党员。在李大钊的介绍下，周炳琳最终选择加入了国民党。次年1月，周炳琳离京南下，出任武昌商科大学教授。半年后，复回北京大学任教。同年8月，再次南下，在广东国民政府参与党务整理工作，同时担任中山大学教授。1927年，出任武汉国民政府组织部秘书长一职。后经"宁汉合流"，1928年南京国民政府成立，周炳琳回到浙江，负责指导全省党务工作。1929年，毅然辞职北上，出任清华大学经济学系教授，前后约两年时间。在此期间，由于清华发生风潮，校长一职虚位，教育部先后几次催周炳琳接任清华大学校长，周均坚辞不就。

1930年年底，蒋梦麟担任北京大学校长，进行重组北大的工作，约请周炳琳回母校服务，并出任法学院院长一职。据当时新闻报道，至迟在1931年4月蒋梦麟即已聘定周炳琳为北大法学院院长[1]，当年7月8日正式公布。从这时起，直到1949

---

[1]《蒋梦麟明日返平》，《申报》，1931年4月22日。该报道云："蒋梦麟定二十三日返平，北大理、法两院长，已聘定理刘树杞、法周炳琳，文院将自兼。（二十一日中央社电）"

通往经世济民之路

图3-21　法学院院长周炳琳

年前,除去两次短暂地出任政府公职外(1934、1937),周炳琳长期担任北京大学法学院院长,而且成为民国时期任职时间最长的国立北京大学法学院院长。对于周炳琳在院长任上所为之成绩,历来均有高度评价。在1937年的一篇报道中言:"(北大法学院)在各校法学院中,亦可称翘楚,教授既循循善诱而思想更极纯正,绝无不肖份子,混入其间,学生除埋头攻读外,对于时事问题,亦颇关心。故课程方面,理论与实际并重,以免除学非所用之苦。"①再如1948年的一段介绍北京大学的文字中,特别谈道:"周氏十五年来的英明措施,驱除了以往的乌烟瘴气。"②可见,北大法学院在周炳琳担任院长期间不仅面貌发生很大革新,而且有了长足发展,其成绩是有目共睹的。

改组后的北大法学院,包括法律、政治、经济三系,人数众多,责艰任巨。身为法学院院长,周炳琳之所以会使法学院三系取得改观和进展,并获得广泛赞誉,一方面,自然与他本人的聪明才智、深谋远虑和超强的个人能力分不开,另一方面,自然也与三位系主任的支持分不开。法律和政治两系主任暂且不论,经济系赵迺抟与周炳琳可以说是"一生的挚友"——他们二人在北大经济学科的百年发展史上写下了浓墨重彩的一笔。

赵迺抟(1897—1986),字述庭,号廉澄(或怜尘),浙江杭州人。1915年,赵迺抟考入北京大学预科,1918年以成绩优异,免试升入本科经济学门。因此说,赵迺抟和周炳琳虽然不是同级,但也算是北大同学。1922年夏,赵迺抟北大毕业后,以第一名的成绩考取了浙江省官费留学。1923年,进入美国哥伦比亚大学政治科学院,主攻经济理论③,师从米切尔(Mitchell)和塞里格曼(Seligman)教授。1924年,即以《重商主义与重农主义的比较研究》为题(导师米切尔教授),获得哥伦比亚大学文学硕士学位。随后,赵迺抟继续攻读经济学博士学位,导师为当时哥伦比亚大学经济系主任塞里格曼教授。1929年,赵迺抟获得哥伦比亚大学经济

---

① 佚名:《北京大学鸟瞰》,《现代青年》,1937年6期。
② 《谈北京大学》,《读书通讯》,1947年第124期。
③ 20世纪20年代,像周炳琳和赵迺抟这样,在美国的很多中国留学生倾向选择经济或实业专业。据1920年杨振声在给胡适的信中谈到,当时在哥伦比亚大学"有中国学生百二十余人,內北京大学学生十二人,来此者多学经济、实业"。(《杨振声致胡适》,《胡适来往书信选》上册,中华书局,1979年,页101—102)

学博士学位。次年，其博士论文《理查德·琼斯，一位早期英国的制度经济学家》在纽约正式出版，以其突破性的学术成就，在美国经济学界产生重要影响。1931年年初，赵迺抟回到中国，先是在南京中央政治学校任经济学教授；9月，受北大校长蒋梦麟和法学院院长周炳琳之邀，被聘为经济学系教授、主任。

和周炳琳担任法学院院长的经历比较类似，赵迺抟自1931年出任北大经济系主任后，便长期担任此职[①]；但有一点不同的是，赵迺抟几乎从未担任任何校外公职，一直坚守在北大经济系的教学岗位上。可以肯定地说，赵迺抟是民国时期北大任职时间最长的经济系主任。

图3-22　经济系主任赵迺抟

就这样，抗战前七年，在周炳琳出任北京大学法学院长和赵迺抟出任经济系主任以后，他们二人携手其他经济学系的教授，"驱除了以往的乌烟瘴气"，铸就了北大经济学发展史上一段难得的辉煌。

首先，我们择要介绍一下这一时期的课程情况。这里面有一个前后变化的过程。在1929年成功复校后，而在周炳琳、赵迺抟掌舵北大经济学科之前，北大经济学系的课程设置，主要分为三大类：国民经济方面（如经济学原理、经济学史、经济史、经济地理、经济政策）、财政学方面（如财政学总论、财政学各论），以及商业方面（如会计、银行、货币、商业理财）。经济系的同学们以关注国民经济方面的居多，财政学、商业方面则次之。因此，相应的经济学原理、经济学史、经济史等理论经济学的课程在当时北大经济学系的课程中占有优势比重。

在所有经济系的课程中，又以"经济学原理"一课最为引发学生兴趣，也最能反映经济学教育的学术趋向。在京师大学校（1927）以前，讲授该门功课的教师主要有王建祖和皮宗石两位教授。所用教材，主要是阿尔弗莱德·马歇尔（Alfred Marshall）的《经济学原理》（*Principles of Economics*）。复校之后，该课先是由秦瓒教授主讲。所用教材，主要采用查尔斯·纪德（Charles Gide）的《政治经济学》（*Political*

图3-23　马歇尔

[①] 在复校之后、赵迺抟担任经济系主任之前，系主任为秦瓒（1930.10—1931.8）。

Economy）。所采经济学术流派前后有所变化，但不管怎样，基本上都属于西方经济学的基本理论，或说是"资本主义"经济学原理。1931年上半年，"经济学原理"一课改由陈启修教授担任。陈则有意地要做些改变。据当时的一位经济系学生记述，陈启修在第一次上课的时候，就向大家报告了他的讲课目标。主要分两层：第一层，一般的目标，试图打破以往经济学原理的"四分法"（生产、交易、分配、消费），另立"二分法"，即经济现象的体系、经济现象的解剖。第二层，特殊的目标，又包含两个具体指向：一、资本主义的经济学和社会主义的经济学混合着讲；二、务去"形式主义化"和"公式主义化"等毛病。陈启修的这种想法，其实有点想将一般意义上的西方经济学和马克思主义政治经济学进行糅合的意味。但是，陈启修当时却找不到与他想法相合的经济学教材，因此，他只能自己动手，一边研究，一边编辑讲义。

上面这些情况，在周炳琳和赵迺抟主持下，自1931年下半年起，发生了明显变化。对于1931年下半年北大重组——或曰经济学系重组后的经济学课程情况，在前面已经有所交代。[①] 经过对比，我们发现：1931年下半年后，北大经济学系的课程设计，主要是兼采"欧美经济学院纯粹理论之研究，与商学院实际问题之探讨"的教育宗旨，并且以"适应我国学术上之需要"为依归，改变了陈启修的"西方经济学与马克思主义经济学说相糅合"的做法。在全部经济学系的课程中，一方面，既注重理论经济学科目的基础性作用，另一方面，也十分强调财政、金融、贸易、商学等应用经济学的实践观照；一方面，以当时欧美主流经济学家的经典著作为教本，直接引进西方经济学的前沿知识，另一方面，结合中国实际，关注中国现实问题，诸如严重的阶级对立、贫富分化、社会不公等问题，因而也部分保留了极具批判性的马克思主义经济学的内容。

不仅如此，在赵迺抟等人主持下，又积极充实本系课程，增加学生理论与实用上的基础功力，不断对教学内容进行改革。1935年下半年，经济系的课程尤其有大幅增改。诸如经济理论方面，原来仅有经济原理、经济学说史两课，当年则调整为：一、经济学说史，由系主任赵迺抟亲自讲授，重在介绍英美各经济

图3-24　卢郁文

---

① 参见本章第二节"欧美化的经济学科模式"。

学说；二、现代经济思想，由德籍教授李乃禄讲授，专讲奥地利学派及历史学派之经济理论，以及大战后之新理论；三、劳工运动及社会主义史，由卢郁文讲授。此外，更增设民国财政史及财政问题、中国经济史研究、中国现代经济问题等切于当前财政经济问题的课程数项。①总之，上面这样的学科设计思路，大致维持到1949年前后，属于民国时期北大经济学科发展较为成熟时期的基本模式。

为求经济学术之进步，师生之间互相切磋砥砺，在周炳琳、赵迺抟等人的谋划下，北大经济系在基本的教学之外，还特别增设了教师的"课外指导"环节。有幸地，1935年的一份《北京大学周刊》收载了当时的一份课外指导时间表，迻录如下。

表3-5　1935年度北大经济系教师课外指导时间

教师	星期一	星期二	星期三	星期四	星期五	星期六	总计时数	地点
赵迺抟		Am 9-10	Am 9-10	Am 9-10	Am 9-10		4	本系教授室
秦瓒		Am 9-10	Am 9-10	Am10-12		Am 9-10	5	
周作仁		Pm 4-5	Pm 3-5				3	
卓宜来		Am10-11		Am10-11			2	
周炳琳			Am10-12	Am10-12	Am10-12 Pm 3-5	Am10-12	10	

资料来源：《北京大学周刊》第177号，1935年11月16日。

我们从上表中发现，当时经济系的几位主要教授（赵迺抟、秦瓒、周作仁、卓宜来、周炳琳），不论是法学院院长，还是经济系主任，都特别安排时间，对学生给予课外指导。而且，我们还发现，身为法学院院长的周炳琳，尽管其院务和校务繁冗，在表中所列各位教授中，他担任课外指导

图3-25　北大三院教室一景

---

① 《北大本年度各院系增设课程》，《北平晨报》，1935年9月20日。

的时间却最多,足足有10个小时。即此可见,当时的经济学系教员们对于教书育人,培养青年经济学人,倾注了大量心血,功不可没。

在课堂教学、课外指导之外,北大经济学系赵迺抟、秦瓒等人还经常组织师生外出参观,以广见闻,并引起社会媒体关注。关于此类活动的记载,经常见诸《北平晨报》。即如1935年4月4日《北平晨报》报道云:

> 本报特讯 北京大学法学院经济系三年级生,前定参观市政府财政局,嗣因教授秦瓒届时偶染微恙,遂致延期。昨(三日)秦教授病已愈痊,乃于上午十时率该年级学生全体乘汽车两辆,往财政局参观。适局长程远帆氏,亦因微感不适,未能到局,乃由该局第一科陈科长招待。在接待室稍事休息,陈科长将该局组织系统、工作概况,作简赅之报告后,即开始参观。由各科科长及编审处主任梁君随行,指示一切。计所参观为第一科之会计股、编审股、票照股,第三科之登记处、市金库等各处。同学颇多问询,各科长一一解答。最后参观属于第二科之捐税股,该科李科长将本市地税征收情况,详为讲述。时已界下班钟点,秦教授乃率同学辞谢而出云。①

类似这样的参观活动还有很多,主要是针对高年级同学举行的。这些参观活动,使同学们对社会经济现实有了更为近距离的接触,也深化了课堂所学的理论知识,成为经济学术研究的"源头活水"。

在蒋梦麟改组北京大学以后,研究生教育不仅趋于规范,而且水平也有所提升。先是1932年国立北京大学设立研究院,招大学毕业生入院研习。研究员分为文史、自然科学、社会科学三部,最初任命陶履恭(孟和)为社科部主任。②1934年6月16日,又遵照教育部大学研究院暂行组织规程,改组本校研究院,分文、理、法三科研究所,以校长蒋梦麟兼任研究院院长,以周炳琳为法科研究所主任。下面,我们不妨从1932年的一份研究生考题来蠡测一下当时的情况。

在1932年10月的一份《京报》上面,载有当年北大研究院经济专业的研究生考题,大致如下:

---

① 《北京大学经济系学生昨参观财政局》,《北平晨报》,1935年4月4日。目前所见,至少还有此前的两篇报道:1931年1月10日《北大经济系三年级学生明日参观各机关》,1932年5月29日《北大经济参观团昨日由津返平》。
② 《国立北京大学校史略》,《国立北京大学民国廿三年毕业同学录》,1934年。

(一) 经济理论——要求全作

(1) 对于利嘉图氏之分配学说,能详为解释而予以精察之批评否?

(2) 申述动态经济学与静态经济学之区别。

(二) 经济史——要求全作

(1) 若干经济史家,认近代欧美各国经济发展之关键,在资本与资本主义之成长,因而将全部西洋经济史分成"资本主义生产以前"与"资本主义生产"两大时期,并将"资本主义生产"时期分为若干阶段,其说当否?试姑依是划分,叙述两大时期中农工商业实况,及其发展异趋之情形,并论究其原因。

(2) 英、法、德、俄、美,世界称欧美五大强国也。其经济发展同受十九世纪初年以来西洋社会一般新的推动力之策,进行复各有特别优异处,评国力者尤注意于此,试述其概要,并申论之。

(三) 实际问题——要求每科选出两题全作

(1) 统计学:

子、问平均数有几种,并说明各种平均数之特性,及其功用。

丑、关于指数之功用及其编制上应采取之手续,能详言之否?

(2) 货币银行:

子、试述购买力平价说,并批评之。

丑、论欧战后各国中央银行及商业银行发展之趋势。

(3) 财政学:

子、何谓资本偿却学说?试评述在何种状况之下,租税可以资本偿却?

丑、试述土地税论所主张之论据,并批评此学说在理论上及实际上之缺点。①

上面这份考题,首先,从试卷结构上看,共分经济理论、经济史、实际问题三个部分,每个部分的具体题目和要求又各有侧重。第一部分"经济理论",侧重考察学生对主要的经济学流派,以及经济学的基本理论等方面的把握。第二部分"经济史",则侧重考察学生对于重大经济历史问题的了解和分析。二者合在一起,基本上都属于今天的理论经济学的范畴。第三部分"实际问题",重在考察知识应用能力,既考察学生对于相关经济学分支学科的概念理解、专业术语把握,也考察学生

---

① 《北大研究昨考竣 社会科学试题昨发布》,《京报》,1932年10月15日。

对于一些现实经济问题的分析能力。这样三个部分结合，也就是"基础+应用"的考试模式，比较能够考察学生的全面水平，较为科学，有利于选拔优秀的经济学研究人才。其次，从试卷的考题内容上看，鲜明地体现了西方经济学的侧重取向。这也再次说明了，当时的经济学教育模式从骨子里都是西方（欧美）取向的，这体现了当时经济学界普遍的一种"以西方经济学知识分析和解决中国问题"的决心和努力。

另外，我们在北大档案中发现了一份1933年的北大经济系研究生名单，一并列表如下：

表3-6　1933年北大研究院社会科学部经济学类研究生研究科目及导师名单

姓　名	题　目	科目（导师）	科目（导师）
熊正文	经典学派经济学说与马克思学说之比较	经济理论（赵迺抟）	经济史（周炳琳）
方铭竹	题未定	银行（周作仁）	经济学史（赵迺抟）
王立箴	题未定	农村经济学（赵迺抟）	农业经济史（周炳琳）
刘玉田	题未定	经济学史（赵迺抟）	经济史（周炳琳）
王衍礼	题未定	经济学史（赵迺抟）	国际金融（秦瓒）
陈家芷	世界经济恐慌	经济史（周炳琳）	经济学史（赵迺抟）
马宝珍	题未定	国际贸易（秦瓒）	国际金融（秦瓒）
李应兆	题未定	经济学史（赵迺抟）	经济史（周炳琳）
杨宜春	题未定	经济理论（赵迺抟）	经济学史（赵迺抟）
艾和薰	题未定	英伦古典学派经济学说（周炳琳）	国际贸易（周炳琳）

资料来源：《北京大学史料》第二卷中册，页1370。

根据上表，我们还可以归纳出当时经济学专业研究生的课目：经济理论、经济史、经济学史、银行、农村经济学、农业经济史、国际金融、国际贸易、英伦古典学派经济学说，一共有9门课程。相应地，经济学专业的研究生导师主要有：周炳琳、赵迺抟、周作仁、秦瓒，一共有4位教授。很明显，当时的导师数量与研究生数量，以及需要开设的研究课程数量之间，很不成比例，因而采取的是一种"联合导师制"。若干年后，这批经济学专业研究生的名字，大多已经陌生，但我们还是发现了比较熟悉的名字——熊正文。从表中可见，他当时是赵迺抟和周炳琳先生联合指导的研究生。毕业之后，熊正文先生曾经出任法学院院长周炳琳的秘书，并长期在北大任教，为北大经济学科的历史传承作出很大贡献。

图3-26　1934年北大经济系毕业同学合影

在正常的本科和研究生教育之外,经济系主任赵迺抟还对北大学生组织的经济学会给以特别的关注和支持。先是在1929年上半年,国立北京大学复校初步成功之后,北大经济系学生便开始了重新组织经济学会等活动,4月3日正式成立。新成立的学会宗旨,在1923年的经济学会宗旨基础上更加充实,由原来的"本互助之精神,谋经济学术之发展",发展为"本互助之精神,以研究经济学术,讨论经济问题为宗旨"。相应地,组织分工方面,也由原来的庶务、会计、文书、讲演、调查、编辑六股,调整为文书、交际、事务、出版、研究五股。其中"出版"和"研究"两股,从名称上看,使人明显感到当时的经济学会欲图在学术研究上采取更为切实的行动。

图3-27　1931年北大经济学会合影

前排右起:第4人周作仁,第5人秦瓒,第6人朱锡龄,第7人何基鸿

此外，1929年的经济学会简章在会员征集方面，起初与1923年的《北大经济学会简章》并无明显区别，主要以本系同学"赞成本会宗旨者"为当然会员。但在一年后，即1930年11月，北大经济学会又特作修订，明确表示："本会会员，并不以经济系同学为限。他系同学，其愿于课余研究经济，并赞成本会宗旨，皆可入会。"显然，为了充实学会力量，会员的征集面有所扩大。

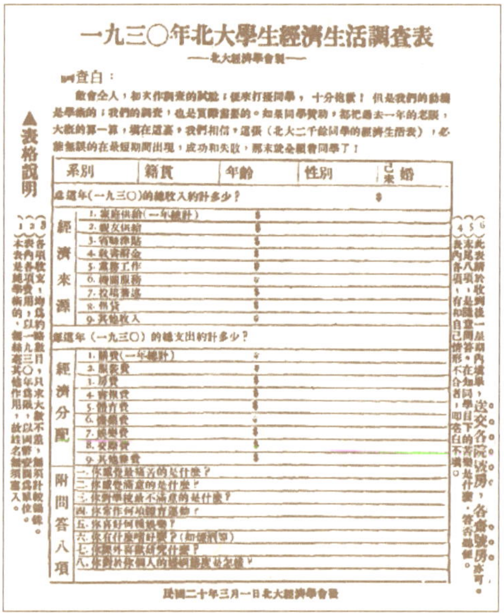

图3-28　北大经济学会调查表

在北大经济学会重组成立后，首先做的一项比较有影响的事情，就是1930年上半年的"北大大学生经济生活调查"。在专门为这次调查活动所发布的"启事"中，经济学会的同学们开宗明义地申明："这次调查的动机，完全是学术的，毫无其他作用。"调查的具体内容包括：（1）为要知道我们北大二千余同学的经济来源是怎样？（2）为要知道我们同学是怎样消费他的收入？（3）为要知道同学目下生活上的苦乐是什么？其中第二项，涉及消费内容和消费能力，主要是参照德国统计学家恩格尔（E. Engel）统计"工人消费律"的方法（即"恩格尔系数"）。由此可见，当时北大经济系的同学们已经能够运用西方经济学的一些基本方法进行经济调查和研究活动。

在调查研究之外，北大经济学会又着手编辑《经济学年刊》。北大日刊载有当时的"征稿启事"，内中云：

> 本会发刊之议，远在一年以前，迄以多故，未能实现。兹复经本会议决，决于假中，汇集新旧稿件，编印成册，暂名"经济学年刊"。倘稿件余裕，再改为"经济学季刊"或"月刊"。凡我师友，务希继续惠赐大著，以光篇幅。是所至盼。此致
>
> 　全体教职员诸先生、同学诸君公鉴
>
> 　　　　　　　　　　　　　　北大经济学会启
> 　　　　　　　　　　　　　　二十年六月三日[①]

---

① 《北大经济学会编辑经济学年刊征稿启事》，《北京大学日刊》，1931年6月12日。

1934年经济学会再次发生改组，"自改组之后，工作甚为积极"。10月28日，该会特邀请本系主任赵逎抟教授、政治系陶希圣教授，在北大二院大礼堂，作新学期的第一次公开讲演。赵逎抟的演讲题目是"中国公经济之组织"，陶希圣的讲题是"明代之开矿狂"。①一则属于中国现实经济问题，一则属于社会经济史之专题，皆属重要的学术议题。因而，届时二院大礼堂观众人满为患，听者甚众。

在北大经济学会的发展过程中，由于经费有限，以及学生毕业流动等因素，学会的工作开展有时也会陷入停顿。就拿前述"经济学年刊"等出版物来说，往往很难持续发展，屡次发刊，又屡次停刊，再又断断续续地发刊，很多次"不过都是出了一期就结束了"。经济学会也不过"只剩下了一个虚名，除了每学期的迎新和送旧以外，什么也没有表现过"。②但是，即便如此，经济系的学生们还是不断地争取机会，试图保持下这个园地，"绝谈不到负着什么大的使命，……只想利用它来发展我们写作的能力，同时自己有什么心得，不妨公布一下，让大家知道"。面对同学们的这种学术热情，系主任赵逎抟表示了较大的支持力度。他在复刊的《北大经济学报》（1936年）第一期卷首，特别地写下了五条对于经济学会会员的意见，以资鼓励。具体如下：

（1）在自由主义衰微之今日，"国家"或"政府"在经济生活上所占之地位日见重要，所以民族经济之建设，必有赖于整个的计划与统制。

（2）一国之产业政策或经济政策，必以大多数人民之福利为前提，不应受任何党见之支配。

（3）经济的科学，尚在发展的时代，吾人当搜集统计资料，对于从前学说之偏于性质的研究，佐以数量的补充。

（4）经济学之研究，当注意于新陈代谢之经济制度，从时间及空间阐明其相对性，切不可错认社会秩序及经济法则为固定不变的事理。

（5）经济学之研究，必须有静态经济学的训练，及动态经济学的运用，方能于静中观变，于变中求通。③

---

① 《北大两教授公开讲演　今晨在二院大礼堂》，《北平晨报》，1934年10月28日。
② 《北大经济学报发刊词》，《北大经济学报》第一期，1936年12月31日。
③ 《赵主任的话》，《北大经济学报》第一期，1936年12月31日。

我们将赵迺抟的这五条意见,与前面经济学习课程说明书前的五条"主张"进行对比,发现其中思想精神,一以贯之,十分吻合。由此,我们大致可以推定,1933年北大经济系课程说明书前的基本观点出自赵迺抟;当然,这其中也包含有周炳琳的一致看法。我们还可以看出,不管是在正规的课堂教学研究中,还是课外的学会研讨中,身为经济学系主任的赵迺抟,特别注重积极引导,希望造就更多的、符合时代需要的经济学人才。

然则,在上述对于经济学系的规划发展工作之外,赵迺抟本人的学术研究活动也取得不少成就。1931年,赵迺抟被聘为北大"研究教授"——这样的教授名称,是比一般教授相对较高的"殊荣"。据《北京大学史料》第二卷,1933年,赵迺抟关于上年度的研究教授报告大致如下:

> 上年度除任课、指导并率领毕业生赴日参观外,对于研究工作,成有"商业循环之理论"一篇,其纲要如下:
>
> (1) 经济组织与商业循环:1、经济均衡;2、商业经济;3、价格制度;4、经济活动的指导;5、商业循环的限制;6、经济组织上国际间的差异。
>
> (2) 商业循环的姿态或阶级:1、四种不同的姿态;2、所以先研究繁盛期的理由;3、繁盛的原因;4、繁盛之累积及其终局;5、经济的势力与商业的消长;6、商业循环的影响。
>
> (3) 商业循环之各派学说:1、自然物质说;2、人类情绪说;3、社会制度说。
>
> (4) 研究之方法:1、实际上商务报告及影响;2、理论上各派学说;3、统计的分析。[①]

从赵迺抟的上述报告中,我们可以窥知:(1) 赵迺抟身为经济系主任,除日常任课外,还要指导教学参观等工作,有时甚至还会亲自带队。(2) 在任教外,学术研究是很重要的内容。当时他对于"商业循环理论"的研究已经初见轮廓。1936年,他的这篇文章发表在《北京大学社会科学季刊》)第六卷第二期上面。[②]

与赵迺抟相比,这一时期,周炳琳除履行法学院院长的行政职务,以及经济学

---

① 《北大文理法三院研究教授工作报告业于日前公布》,《北京大学史料》第二卷,页1624。
② 1929年7月31日《北京大学日刊》发布"北大社会科学季刊委员会征文启事",因为该刊自1926年第四卷第二号以后一直中断,于是决定继续编辑出版。

教授的教职之外，撰写的经济学方面的专业论文并不多。尽管如此，他并不是没有做任何的学术研究，恰恰相反，周炳琳把更多的精力和时间投入到对国家和民族命运的思考上面，并亲身参与诸多社会政治活动，发挥重要影响，通过具体的行动和言论，践行着经济学人经世济民的社会使命。

胡适曾在日记中对周炳琳评价道："他是国民党员，但终因北大的训练，不脱自由主义的意味"。[1]"自由主义"，即不受任何党派或阶级利益的狭隘之见约束，而能本着自由民主、公平正义的精神对待一切事物。这样的评价，是对周炳琳思想特征的精彩概括和高度评价。前已述及，周炳琳自海外留学归来，在李大钊的

图3-29　1934年周炳琳国际贸易期末试题底稿

介绍下，加入了国民党。此后，终其一生，他都是国民党员。但他在政治上，颇能超然于党派之外，本着民主宪政的原则思考中国的现实问题。同时，周炳琳具有五四一代特有的经邦济世的赤子情怀，满腔热忱地追求中国独立富强的道路。可以说，周炳琳的一生，部分地代表了"五四运动"或"五四一代"历史宿命；他所具有的民主和自由的精神思想，也是五四精神典型而生动的体现。

抗战前，周炳琳的政治态度可以从他与《独立评论》的关系中看出来。《独立评论》是在"九一八事变"发生后，以胡适为首的一些自由主义知识分子主办的一个政论刊物，在当时全国的思想界具有重要而广泛的影响。周炳琳不仅是《独立评论》的15名发起人之一，而且《独立评论》的经营执照也是通过周向北平市国民党党部办成的。每当《独立评论》上所发表的文章惹上政治"麻烦"，编辑们基本首先想到的都是向"周枚荪"求助。[2]另外，在《独立评论》上面，周炳琳也时有文章发表。其中，《我对于中国共产党的批评》[3]一文，很能代表他提倡宪政民主、

---

[1]《胡适日记全编》第六册，1931年7月31日，安徽教育出版社，2001年，页140。
[2] 据《独立评论》的编辑章希吕日记，1936年《独立评论》第229期刊载张奚若《冀察不应以特殊自居》一文，引起社会轰动，尤引起北平国民党部不满，因而派人连夜查封刊物。他首先想到的是，"马上打电话给周枚荪先生商量办法"。（《章希吕日记》，载《胡适研究丛录》，生活·读书·新知三联书店，1989年，页272）
[3] 周炳琳：《我对于中国共产党的批评》，《独立评论》第62号，1933年8月6日。

而不以党派为制限的超然态度①；另外几篇文章，则对日本侵略中国的野心进行了深刻揭露和无情批评。

1934年5月30日，国民政府任命周炳琳为河北省政府委员，兼河北省教育厅厅长。②周炳琳旋即接受任命，在河北省教育厅长任上主政半年。在此期间，所遗法学院院长、法科研究所主任二职，皆由蒋梦麟代理。③在教育厅长任上，周炳琳以学者参政，黾勉为之。但由于周炳琳具有强烈的民族意识，极力反对日本的所谓亲善教育（奴化教育），引起日本人的不满，百般诋毁，"受数次驱逐及威吓，而氏屹不为动"。④半年后，周炳琳将河北省教育厅相关手续交代完毕，于1934年12月10日再次回到北大，继续担任北京大学法学院院长。当时在与记者的谈话中，周炳琳讲道：

图3-30　周炳琳在河北省教育厅长任上发表讲话

本人离北大数月，至省厅帮忙，按本人之素志，本不欲插足政界。余以教育部王部长（笔者按：即王世杰）委托，不得不勉为其难。所幸尸位数月，对冀省教育，虽未有若何建树，而亦无是非颠倒之设施。⑤

由此可见，周炳琳之所以出任河北省教育厅长一职，实与昔日同事、当时教育部长王世杰的"委托"很有关系。不过，从周炳琳的语气来看，这次任职经历似乎并不十分愉快。

1937年4月12日，在国民政府行政院第308次会议上，任命北京大学法学院长周炳琳为教育部常务次长。⑥但

---

① 参见孙家红：《周炳琳：书生意气　赤子情怀》，《北大的学子们》，中国工人出版社，2006年，页32—33。
② 《国民政府命令（中华民国二十三年五月三十日）》，《河北教育公报》，1934年6月30日。
③ 据1934年7月8日《北平晨报》报道，北大法学院院长一职暂由蒋梦麟代理，"将来正式院长人选，……当于下学年开学前发表"。一般推测，当时的政治系主任张忠绂最有希望，但迟迟没有公布最终人选。半年后，周炳琳又回本任。
④ 《北大举行五四十七周年纪念会》，《申报》，1936年5月13日。
⑤ 《北大法学院长周炳琳今复职并召集职教员谈话》，《京报》，1934年12月10日。
⑥ 周的前任是钱昌照，因需专办资源委员会事务，筹备抗战物资，乃辞去本职。

是，起初周炳琳并不愿意接受此职。个中理由，据其当时向记者所言，一则在于此前河北省教育厅副厅长的经验，对于行政事务"实感厌倦"，二则在于当时寇氛紧张，华北危急，"正待维持之时，尤不愿离开北大，踏入政途"。然在"盛情难却"之下，又逢北大有一年休假之期，于是，周决定在本学期课程结束后"前往一视"。①原计划在学校课程结束后，再行赴京，但恐时间过迟，最后将所授功课提前两周结束。5月中旬，周炳琳接受《实报半月刊》采访，他向记者讲述了自己的求学和工作经历。②5月21日，周炳琳赶赴南京，就任教育部常务次长。当日《北平晨报》特刊专门报道一篇。其文云：

新任教部常次周炳琳昨赴京履新　蒋梦麟等到站欢送

新任教育部常务次长、北京大学法学院院长周炳琳，顷以教部迭次电催南下履新，乃于日期将所授功课结束完毕，并分别举行考试，已于昨日下午六时乘平沪通车赴京。平大医学院院长吴祥凤，特于昨日正午十二时假春华楼欢宴周氏，并邀请平大校长徐诵明、秘书长陈伸平，及其他各院长周建侯、张贻惠等作陪，至二时始毕。下午五时半以后，相继至东车站。往站欢送者，计有北大校长蒋梦麟、文学院长胡适、理学院长饶毓泰、课业长樊际昌、四川大学校长任鸿隽、清华大学校长梅贻琦、教务长潘光旦、秘书长沈履、理学院长吴有训、文学院

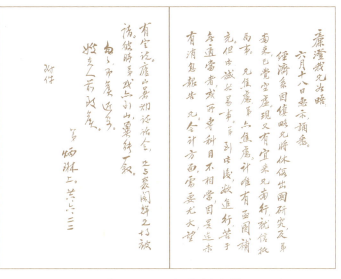

图3-31　1937年6月22日周炳琳致赵迺抟函（局部）

---

① 《新任教部常次周炳琳　任命状日内可寄平》，《北平晨报》，1937年4月14日。
② 《人物志——周炳琳》，《实报半月刊》，1937年第15期。记者江肇基在访谈稿中对其简洁地描述道："这是一个标准的中年人，学者的气味很浓厚，沉着的态度，可以看出他决不是敷衍的人。服饰也很朴素，一个大学院长的地位，才穿着一件砖灰色的国布夹袍。面孔圆圆的，两道很浓的眉毛压在眼睛上，活托出一副好学深思的神气。"

长冯友兰、燕京大学校长陆志韦、师大校长李蒸、教育学院院长李建勋、北平研究院秘书崔敬伯,及北大各系主任、教授、学生等百余人。届时因故,乃改由永定门车站开行。周氏遂赶赴永定门,于六时十分车南下,仅蒋梦麟、樊际昌、胡适等数人赶往送行,其余欢送人员均由东车站分别散去。①

5月24日,周炳琳正式履任。②在周炳琳走后,北大法学院院长一职,暂仍由周兼任;其后,改由校长蒋梦麟兼任,实则仍虚位以待周之归来。周炳琳虽然暂时离校,出任教育部常务次长,但心中一直在挂念北大经济系的工作。当年6月22日,周炳琳还就经济系的师资队伍建设问题,特地写信给赵迺抟,进行商讨。

四、危城中的坚守

1931年9月18日,日军悍然发动"九一八事变",侵略我东北三省。消息传来,北大师生无比愤怒,并且很快做出反应,组织北大反日会,商讨应对策略。9月21日下午6时,在北大二院大礼堂召开了北大教职员对日委员会执行委员会第一次会议。出席者有法学院院长周炳琳、法律系主任戴修瓒,以及樊际昌、刘树杞、曾昭抡、毛准、马裕藻、王烈、杨廉等人,并推举周炳琳为大会主席。众人经过会议,议决以下五项内容:

(1) 致电中央党部及国民政府:A.请严重抗议,要求日本立刻撤兵,恢复原状;B.在未撤兵以前,不与谈判;C.命令地方政府,不得与日本就地直接交涉;
(2) 函张学良副总司令不得与日本直接交涉;
(3) 推举周炳琳、胡适之、燕召亭起草上述函电;
(4) 推举杨廉起草本会组织规程。
(5) 二十二日午后四时,仍在大学会议室开会。

次日,又召开第二次会议,仍以周炳琳为大会主席,并议决事项若干。在会议上,周炳琳以大会主席身份提议组成平津学术团体对日联合会,北大派代表参加

---

① 《北平晨报》,1937年5月22日。
② 《新任教部常次周炳琳昨已到部视事》,《中央日报》,1937年5月25日。

图3-32　北大二院大礼堂外景

该会,并在北大设立分会,开展对日工作。后经议决,即以周炳琳为北大参加平津学术团体对日联合会代表。另外,又通过了组织规程,并推举蒋梦麟、刘树杞、周炳琳三人为常务委员。随后,又进行了分工,以周炳琳为交际组主任,章廷谦、王烈、燕树棠、何基鸿等人分别为文书、事务、宣传、研究各组主任。①

1931年12月4日,北大教职员又在二院大礼堂举行会议,讨论对日问题。到会者,有蒋梦麟、周炳琳、胡适、陈启修、燕树棠等七十余人。大会以周炳琳为主席,报告开会意义。其言云:"对日问题,已到万分严重,国府一再退让,似有放弃从前所宣布'最低限度原则'之模样。同时,国联亦处处表现袒日,明日为国联讨论中日问题作最后决定之日,在此紧要关头,我们不能不有所表示。"随后,许德珩提议组织全市民大会,进行示威,因为事涉重大,没有通过。接着由法律系燕树棠教授提议组织代表团,赴京向政府质问六事:(1)反对锦州为中立区;(2)请政府明白宣布划锦州为中立区之条件;(3)请政府宣布有无丧权辱国之外交方针;(4)警告顾维钧,毋步章宗祥、陆宗舆之后尘;(5)誓死不承认中日间关于东三省一切未解决之条约;(6)不承认东三省新政权。该项提议顺利通过,并推举周炳琳等5人为赴京代表。胡适又提议组织对日问题研究会,亦获通过。最后,大会决定发布宣言,表示反对日本侵略的坚决态度。②

---

① 《北大教职员对日委员会执行委员会第一、二次会议议事录》,《北京大学日刊》,1931年9月24日。
② 《北大教职员推举代表赴京》,《京报》,1931年12月5日。

图3-33 1934年北大经济系师生合影
前排左起：第4人秦瓒，第5人周炳琳，第6人蒋梦麟，第7人赵迺抟，第8人周作仁

1933年春，热河失陷，日兵步步进逼，飞机时至，形势益加严重。国立各校及各学术机关均有南迁之议。5月22日，日兵包围北平，离城仅数十里，各校被迫停课。后以缔结华北协定，各校于秋季继续开学。1934年，在当年的北大毕业同学录上，北大人写下了一段充满慷慨和悲愤的动人话语：

> 今之北平，已处边壤。一旦有事，首当其冲。此苟安之局不知能几何时。我校师生顾念三十五年前所以创校之故，惟有益自淬励，期以学术上之成功，为中华民族增光采。书生报国之正，其在此乎，其在此乎？！①

在当时的严峻形势下，有一句十分流行的话："偌大华北，竟放不下一个安静的书桌！"爱国不忘读书，读书不忘爱国，爱国和读书二者，本是可以合为一体的，但在战云密布、警报频传之际，安静读书只能是一种奢望了。

---

① 《国立北京大学校史略》，《国立北京大学民国廿三年毕业同学录》，1934年。

第三章 水涨船高：抗战前的北京大学经济学科（1928—1936）

1936年5月4日，在"鸡鸣不已，风雨如晦"之中，北大举行了五四纪念会，特别邀请当年的学生领袖周炳琳等人公开演讲。周炳琳在演讲中叙述了此前在北大的学习经历，以及参加五四运动的盛况，并劝学生安心向学，以备将来报效国家之用，"有条有理，短小精悍，一如其人"。①

不管怎样，正如胡适所说，当时的北大师生们虽然都知道空前的国难已经来临，但大家仍"打定主意，不顾一切，要努力把这个学校办好，努力给北大打下一个坚实可靠的基础。所以北大在那最初六年的国难之中，工作最勤，从没有间断。"②"在时局动荡中，北大却为安定华北人心，抵抗文化侵略，故作镇静地雄镇北平，埋头研究和建设，争取到抗战前七年的光阴。"③

图3-34 北大校旗

---

① 《北大举行五四十七周年纪念会》，《申报》，1936年5月13日。
② 胡适：《北京大学五十周年》，《北京大学五十周年纪念特刊》，1948年。
③ 张榆生（友仁）：《介绍国立北京大学——献给准备投考的千万青年同学》，《读书通讯》，1948年158期。

通往经世济民之路

第四章
滚滚东流：抗战时期及复校后的北京大学经济学科（1937—1949）

> 它将自由的传统的学风，从战前转到战时，再转到战后，从北方的文化城展开到西南的山地，它在风雨飘零中，度过艰难的岁月，幸能发荣滋长。它行将成为历史的名词，但它的精神永远长留。它所造就出来的，将持续它一贯的精神的人群，为真理奋斗。呵！母校，可爱的母校！
>
> ——沈石《西南联大群相》

一、从长沙临时大学到西南联合大学

在1937年7月4日的《京报》上，国立北京大学研究院公布了当年的研究生招考办法。其中，法科研究所经济学部的考试科目有：（一）外国语，（二）经济理论，（三）经济史，（四）统计学，（五）货币学，（六）银行学，（七）财政学。前四门科目被定为必考科目，后三门则可根据报考方向，任择其一。同时公布的还有法科研究所经济学部研究科目和导师名称，大致如下：一，经济理论（赵迺抟、周作仁、裘开明[①]）；二，经济史（陶希圣、周炳琳）；三，财政专题研究（秦瓒、赵迺抟、崔学伯）；四，币制专题研究（周作仁、赵迺抟、侯树彤[②]）；五，农业经济专题研究（裘开明、赵迺抟）。[③]但是，三天之后，即爆发了"卢沟

[①] 裘开明，1898年生于浙江镇海。1922年毕业于华中大学，后任厦门大学图书馆馆长。1924年赴美深造，攻读图书馆学和经济学。1925年毕业于纽约公共图书馆学院，获图书馆学学士学位。1927年获哈佛大学经济学硕士学位。在美进修期间，兼在哈佛大学图书馆中文部工作。毕业后留校任中文系讲师，兼图书馆中文图书编目员。1928年哈佛燕京图书馆成立，他出任第一任馆长至1965年。在任馆长期间，曾于1930年回国，任中央研究院北平科学研究所研究员。1931年回哈佛燕京图书馆工作。1933年考获哈佛大学经济学博士学位。1936年回国，任北京大学教授，次年任清华大学教授。1938年再回哈佛燕京图书馆，其后又在美国波士顿美术博物馆、美国图书馆协会远东图书馆、明尼苏达大学东亚图书馆和香港大学图书馆任顾问。1970年以后任哈佛燕京图书馆中文善本图书研究顾问。1977年卒于美国马萨诸塞州剑桥。

[②] 侯树彤，1905年生，河北宁河人。英国利物浦大学经济学博士，博士论文题目：《中国的货币与银行问题》。曾任北京大学经济学系讲师，燕京大学经济学教授兼法学院院长，国民参政会第一届参政员（1938）。代表性著作有：《东三省金融概论》（太平洋国际学会，1931年），另有论文多篇。

[③]《北大研究院招考办法公布》，《京报》，1937年7月4日。

第四章　滚滚东流：抗战时期及复校后的北京大学经济学科（1937—1949）

桥事变"，随之抗日战争全面展开，正常的教学秩序已经无法维持了。

为了应付战局，免使教育沦斁，教育部长王世杰和常务次长周炳琳等人商议，决定在长沙建立临时大学。8月28日，部长王世杰密谕北京大学校长蒋梦麟、清华大学校长梅贻琦和南开大学校长张伯苓，指定三人同为长沙临时大学筹备委员会常务委员，同时任命杨振声为长沙临时大学筹备委员会秘书主任。①当时北大、清华、南开三校在中国高等教育界成绩素著，声名显赫，而且各有特点，为求更好地进行长沙临时大学的筹备工作，需要推举一个总负责人出来。8月30日，胡适写信给张伯苓和梅贻琦，特为转达蒋梦麟关于临大全校负责人选的意见。在此之前，蒋梦麟专门写信给胡适和周炳琳，并请胡适代为说项。在信中，蒋梦麟极力推举张伯苓先生担任长沙临时大学"对内对外负责的领袖"；若有张先生不能亲到长沙之时，则请梅贻琦先生为代表。②此议遂定。

临时大学的学系设置，"自始即用归并办法。凡属三校共有者，固应归并，即一校内性质相近者，亦予归并。意在节省开支，提高教育效率"③。1937年9月28日，临大第二次常委会议推定梅贻琦、陈岱孙、方显廷等13人为课程委员会委员，并由梅贻琦负责召集。同时确定，当年10月25日开学，11月1日正式开始上课。④10月2日，在第四次常委会上，通过了课程委员会所拟订的学系方案：临时大学共设17学系，并推定各学系教授会主席一人，"负责进行编制课程、分配工作及筹划设备等事宜"。其中，关于法商科者，分经

图4-1　教育部长王世杰关于设立长沙临时大学的密谕

---

① 《教育部关于任命长沙临时大学负责人的密谕》，《国立西南联合大学史料》（四），云南教育出版社，1998年，页3。
② 《胡适函张伯苓、梅贻琦关于临大筹备各事》（1937年8月30日），《清华大学史料选编》（三-下），清华大学出版社，1994年，页20。
③ 《长沙临时大学筹备委员会工作报告书》（二十六年十一月十七日），《北京大学史料》第三卷，页11。
④ 《长沙临时大学、国立西南联合大学常务委员会会议记录——第二次会议》（1937年9月28日），《国立西南联合大学史料》（二），页5。以下仅标明会议序次，以及出处页码，余不赘。

济系、政治系、法律系和商学系,共有4个学系。①两天后,又在第五次常委会上推选出各学系教授会主席。经济系主要由原北大经济学系和清华大学经济学系组成,以清华大学教授陈岱孙(总)为经济系教授会主席。商学系则是南开大学商学系的延续,以南开大学教授方显廷为商学系教授会主席。②

1937年10月1日,长沙临时大学正式开学上课。根据此前安排,法商学院的上课地点选在长沙韭菜园圣经学校。然一切皆属草创,临时措置,条件相当拮据。除食宿、图书等物质条件严重缺乏外,最要紧而最缺乏的是教员和学生。当时大批教授仍滞留在北平,未及南下。11月20日,经济系教授赵迺抟、周作仁方才随同郑天挺、罗常培、罗庸、魏建功、陈雪屏、王烈等人,从天津搭乘"湖北"轮南下,后又绕道香港、广西,最后于12月4日抵达长沙。③我们有幸在《北京大学史料》中发现了一份1937年下半年的教职员名录④,今据之将临大经济商业学系的教员名单列举如下:

北京大学经济学系

教　授:赵迺抟　秦瓒　周作仁

清华大学经济学系

教　授:陈岱孙　赵人儁　余肇池

专任讲师:张德昌

助　教:王秉厚　周新民

南开大学

教　授:陈序经⑤

从中可以看出,当时师资相当缺乏。原国立北京大学经济系的教员中,只有赵迺抟、秦瓒、周作仁三位教授在列。随后,又有其他几位教授陆续赶到长沙。大约1938年1月,周炳琳也赶到长沙临时大学,而这时南京已经沦陷,临时大学又准备南迁昆明了。

师资状况既如此缺乏,则所能开出的课程自然也十分有限。尽管如此,当时

---

① 《第四次会议》(1937年10月2日),《国立西南联合大学史料》(二),页7—8。
② 《第五次会议》,《国立西南联合大学史料》(二),页9。
③ 郑天挺:《滇行记》,《北京大学史料》第三卷,页488—492。
④ 《长沙临时大学教职员名录》(1937),《北京大学史料》第三卷,页22—23。
⑤ 据陈序经教授之子陈其津先生所记,当时临大经济系教员中,以陈序经到校最早。(陈其津:《我的父亲陈序经》,广东人民出版社,1999年,页107)

第四章 滚滚东流：抗战时期及复校后的北京大学经济学科（1937—1949）

北大、清华、南开三校经济学系（含商学系）的教授们，仍力求让同学们接受较为完整的经济学教育，合作开课，共撑危局。今从《国立西南联合大学史料》中将1937—1938年度的经济学系课表摘录如下，以见一斑。

表4-1　长沙临时大学经济学系1937—1938年度课程表

学　程	学　分	教　师	学　程	学　分	教　师
经济概论	6	陈岱孙	经济思想史	6	赵迺抟
初级会计	6	余肇池	货币银行	6	周作仁
高级会计	6	余肇池	高级货币银行	6	周作仁
成本会计	4	丁佶	国际贸易汇兑	6	秦瓒
初级统计	6	李卓敏	经济理论	6	赵迺抟
欧洲经济史	6	张德昌	经济理论讨论（甲）		陈岱孙、王秉厚
近代欧洲经济发展史	6	张德昌	经济理论讨论（乙）		陈岱孙、王秉厚
财政学	6	陈岱孙	经济理论讨论（丙）		陈岱孙、王秉厚
高级财政学	6	秦瓒			

上表所列，是三校经济学系（含商学系）教员开设课程之全部，除丁佶、李卓敏[①]外，其余教授所担任之课程，均有两门或两门以上。即此一点，就很能说明当时的"教员荒"了。然在短暂的长沙临时大学时期，另外一个严重的问题是：由于烽火连天，交通阻隔，大批学生无法及时赶到学校上课。笔者采用1937年暑期《国立北京大学毕业纪念册》中的学生在籍名单和1937年下半年长沙临时大学的学生名录，将经济系学生人数进行了初步统计，结果见下表：

表4-2　抗战爆发前后国立北京大学经济学系在籍学生比较

抗战前年级	人　数	临时大学年级	人　数	差额（百分比）
一年级	63	二年级	25	38（60%）
二年级	35	三年级	25	10（29%）
三年级	21	四年级	12	9（43%）

[①] 李卓敏（1912—1991），广东番禺人。1930年毕业于金陵大学，后赴美留学。1936年获加利福尼亚州大学伯克莱分校经济学博士学位。次年回国，先后任南开大学、西南联合大学、中央大学教授。1945年后，任中国善后救济总署副署长、中国善后物资保管委员会主任委员。1951年赴美国，任教于加利福尼亚州大学伯克莱分校并担任国际工商系主任。1963年筹办香港中文大学，并担任香港中文大学首任校长。1978年离任返美，1991年去世。

我们经过比较发现,在这一时期,由于各种原因,当时有很多学生未能及时赶到长沙。到校比率缺额,少则接近30%,多则达到60%。事实上,后来随着三校迁往西南,也有若干原国立北京大学的学生从沦陷区或战区奔赴昆明,继续在西南联合大学求学,在此不必赘述。

图4-2 方显廷

1938年1月20日,在长沙临时大学第四十三次常委会议上议决,聘请周炳琳为总务长,以方显廷①为临时大学法商学院院长,皆"在本校迁移昆明后执行职务"。同时,推定秦瓒、庄前鼎、杨石先等7人为昆明办事处负责人员,以秦瓒为办事处主任,筹备迁移昆明的相关事宜。②2月15日,周炳琳夫妇、赵迺抟、郑天挺、魏建功等人坐车南下,赶向西南大后方。经过半月的旅程奔波,3月1日终于抵达昆明。③4月,接准教育部令,临时大学正式更名为"国立西南联合大学"。4月19日,在到达昆明的第一次常委会上,议决:"法学院院长方显廷先生来信请辞院长职,应照准。请陈序经先生为本校法学院院长。"④所遗商学系主任一职,改由丁佶教授担任。同时决定法学院暂时设在蒙自,成立分校,任命陈総(岱孙)为蒙自分校教务分处主任。大约在此前后,周炳琳因奉命整顿中央政治学校,携贺麟赴渝,联大总务长一职改由杨振声教授暂行兼代。⑤

下面,再将西南联大法商学院尤其经济学系的行政组织和人员变动情况,作一简要概述。自1938年4月始,法商学院算是正式成立,下分法律、政治、经济、商学四系。1941年5月6日,复经联大常委会议决,将此前从历史社会系中分离出来的

---

① 方显廷(1903—1985),浙江宁波人。幼时丧父,家境贫寒,1917年进入上海厚生纱厂学徒,深得厂长穆藕初先生赏识,资助其就读于南洋模范中学高中。1921年,资送赴美国伊利诺斯州威斯康星大学深造,主修经济学。后转入纽约大学、耶鲁大学,获经济学博士学位。1929年1月受聘于南开大学,任社会经济研究所研究主任,兼文学院经济系经济史教授。1946年赴上海,中国经济研究所任执行所长。1947年年底,受聘参加联合国亚洲及远东经济委员会工作,任经济调查研究室主任。1968年退休,任新加坡南洋大学教授。1985年病逝于日内瓦。
② 《第四十三次会议》(1938年1月20日),《国立西南联合大学史料》(二),页35。
③ 郑天挺:《滇行记》,《北京大学史料》第三卷,页488—492。
④ 《第五十八次会议》,《国立西南联合大学史料》(二),页46。
⑤ 总务长一职,由杨振声暂时兼代,两月之后,杨请辞,乃以沈履为总务长。1940年1月6日,沈履辞职,继由郑天挺担任。

第四章 滚滚东流：抗战时期及复校后的北京大学经济学科（1937—1949）

社会学系，改隶联大法商学院。由此，联大法商学院下属共有政治、经济、法律、商学、社会5个系别。① 院长一职，则长期由陈序经教授②担任，前后任职长达5年时间。至1943年6月，陈序经教授因公赴美讲学，改由陈岱孙教授暂行代理。其间，1938年11月③和1942年7月④，陈序经教授两次短期离校，也曾由陈岱孙教授暂代院长职务。1943年6月21日，联大第二六四次常委会议决，在陈序经院长离校赴美讲学期间，以陈岱孙暂代联大法商学院院长职务。次年8月17日，联大法商学院院长一职，正式改由周炳琳担任。"在周先生未到校前，所有本大学法商学院院长职务，请陈岱孙先生暂行兼代。"⑤

图4-3　陈序经

在组织关系上，北大、清华、南开三校既有合作，也有分立。即如在法商学院下面，商学系原属南开旧部，无甚更改；经济系则由原北大经济系和清华经济系合并而成，联合组成教授会，由联大常委会由教授中推举教授会主席或系主任。自长沙临时大学时期算起，经济系主任一职，长期由陈岱孙担任（1937年10月至1945年11月15日）。1945年11月，陈岱孙因派赴北平，负责接收清华大学校舍事宜，因而改由赵迺抟代理联大经济系主任。⑥1946年1月，赵迺抟应北平临大补习班之聘，也北上而去，再改由徐毓枬代理经济系主任。及至4月，徐毓枬因事请假离校，经济系主任一职于是改由杨西孟暂代。然则，尽管在联大层面上，经济系教授会合并北大、清华两校而成，专业招生、教学上也有所联合，但另一方面，两校经济系又各有系属，仍自成立一独立学系。北大经济系长期仍以赵迺抟为系主任，清华则长期以陈岱孙为经济系主任。

---

① 《关于文学院之社会学系改隶法商学院的布告》（1941年5月6日），《国立西南联合大学史料》（一），页139。
② 陈序经（1903—1967），字怀民，广东文昌县人。1909年，随父就读于新加坡。1925年，获复旦大学学士学位。1926年，获美伊利诺斯大学硕士学位，两年后再获该校博士学位。归国后，任教于岭南大学社会学系。1938年任昆明西南联合大学法商学院院长。1944年8月，应美国国务院的邀请赴美讲学一年。1948年8月，出任岭南大学校长。1956年，任中山大学副校长。1962年，任广州暨南大学校长。1964年，调任天津南开大学副校长。1967年，在"文革"中被迫害致死。1979年5月，获得平反。
③ 《第九十四次会议》（1938年11月16日），《国立西南联合大学史料》（二），页74。
④ 《西南联大常委会关于陈岱孙暂代法商学院院务的通知》，《国立西南联合大学史料》（四），页135。
⑤ 《西南联大关于周炳琳等人任职的布告》，《国立西南联合大学史料》（四），页46。1945年7月，周炳琳离校赴渝，负责联大在重庆的招生事宜，法商学院院务再次由陈岱孙暂代。（《第三三八次会议》，页383）
⑥ 1942年2月11日，陈岱孙因事赴渝，经济系主任一职曾由周炳琳教授暂代。

二、弦歌不辍——教育史的奇迹

抗战八年,国难深重,北大、清华、南开三校师生随着战争局势的变化,不断播迁流徙,最终在西南一隅落脚,使原本较为冷清的西南边陲蓦然间蒙上了一层浓厚而特有的文化色彩。在这八年中,尽管警报频传,物价飞涨,生活条件日益恶劣,联大师生们,或者殚心学术创造,推陈出新,勇于开拓,或者投笔从戎,浴血疆场,或者积极参政议政,推动抗战建国之伟业,本着书生报国之理想,始终以天下为己任,不仅在艰苦的抗战历程中,使中国的高等教育发出一道道人性的吉光;而且,尤为难得地为抗战胜利以来、近七十年的中国赢得世界性学术荣誉埋下不少优秀的种籽。

图4-4　国立西南联合大学校门

长期以来,联大八年所取得的教育成绩,被誉为中国教育史上的一个奇迹。而在这个"教育奇迹"的光环之下,对于具体学科发展史的内容梳理,似乎并不算多;相反,往往把精力持续地花在若干已知的突出人物身上,或者更多地将眼光放在当时的社会活动、政治影响上面。谨此,我们对联大时期经济学科——尤其北大经济学系——的战时状况进行梳理,为将来进一步的研究做些铺垫。

1. 教员与课程设置

前已述及,联大在相关学系的组织设置上,采三校合并的原则,力求教学资源尽可能优化配置。对于原北大经济学系、清华经济学系和南开商业学系(及经济

第四章 滚滚东流：抗战时期及复校后的北京大学经济学科（1937—1949）

研究所），在课程设置、师资配备上，即是如此。三校经济商业学系的教员，除了彼此专业有所分别外，皆统一进行分配课程，互相合作。因而，我们今天看到的联大课程表中，往往是"混而一之"，只见全面的课程设计搭配，并没有在三校之间"各自为政"，单独设计课表。这对当时学生是一个极大的便利，换句话说，三校经济商业方面教员的课程，他们都可以听到。而从专业学习的角度看，这些课程的设置，也基本都保持一个相对完整的知识体系。下面，我们根据《国立西南联合大学史料》，从中将抗战八年间的经济商业学系课程逐年列表，以使读者有个全面了解。

表4-3 西南联合大学经济商业学系历年课程统计表

学年度	课程/教师	备注
1937—1938 下学期	经济概论/陈岱孙；财政学/陈岱孙；初级会计/余肇池；高级会计/余肇池；成本会计/丁佶；审计学/丁佶；初级统计/李卓敏；国际贸易汇兑/李卓敏；近代欧洲经济发展史/张德昌；欧洲经济史/张德昌；高级财政学/秦瓒；经济思想史/赵迺抟；经济理论/赵迺抟；货币银行/周作仁；高级货币银行/周作仁；经济概论讨论-甲/王秉厚；经济概论讨论-乙/王秉厚	蒙自分校
1938—1939	经济学概论/陈岱孙、王秉厚；经济学概要/秦瓒；欧洲经济史/张德昌；近代欧洲经济史/张德昌；货币银行学/周作仁；高级货币银行学/周作仁；财政学/陈岱孙；高级财政学/秦瓒；经济思想史/赵迺抟；经济理论/赵迺抟；初级会计/丁佶；高级会计/丁佶；成本会计/徐维嵘；会计制度/徐维嵘；国外汇兑/李卓敏；国外汇兑问题/李卓敏；国外贸易/李卓敏；近代货币问题/林维英；统计学/戴世光；现代经济/赵迺抟；经济学概论讨论-甲；经济学概论讨论-乙；经济学概论讨论-丙；经济学概论讨论-丁	工学院2门必修除外
1939—1940	经济学概论演讲-甲/陈岱孙；经济学概论演讲-乙/萧蘧；经济学概论讨论/周新民、萧嘉魁；会计学/丁佶；货币银行学/周作仁；统计学/戴世光；财政学/陈岱孙；欧洲经济史/张德昌；高级欧洲经济史/张德昌；高级会计/徐维嵘；国际汇兑/伍启元；经济思想史/赵迺抟；工商组织与管理/丁佶；高级经济理论-上/周炳琳；高级经济理论-下/周炳琳；成本会计/徐维嵘；政府会计徐维嵘；高级统计/戴世光；高级货币银行/周作仁；国际贸易与金融/萧蘧；高级财政学/秦瓒；社会主义/赵迺抟；中国货币问题/林维英；国际汇兑问题/伍启元；国际经济政策/伍启元	工学院1门必修除外
1940—1941	经济概论-甲/萧蘧；经济概论-丙/陈岱孙；会计学/贺治仁；货币银行学/周作仁；初级统计-甲/杨西孟；初级统计-乙/戴世光；欧洲经济史/张德昌；高级会计/贺治仁；高级统计/杨西孟；高级欧洲经济史/张德昌；经济思想史/赵迺抟；国际汇兑/伍启元；财政学/陈岱孙；高级货币银行学/周作仁；经济理论/周炳琳；商业循环/赵迺抟；现代经济学派/赵迺抟；国际贸易与金融/萧蘧；国际经济政策/伍启元；中国货币问题/伍启元；高级财政学/秦瓒；中国财政问题/秦瓒；土地经济/李树青；中国土地问题/李树青；经济概论讨论班/周新民；中国经济地理/鲍觉民；成本会计/贺治仁	工学院1门必修除外

续表

学年度	课程/教师	备注
1941—1942	经济概论-甲/陈岱孙；经济概论-乙/萧蘧；会计学/贺治仁；货币银行学-甲/周作仁；货币银行学-乙/滕茂桐；初级统计-甲/杨西孟；初级统计-乙/戴世光；欧洲经济史/张德昌；高级会计/贺治仁；高级统计/杨西孟；高级经济史/张德昌；经济思想史/赵迺抟；国际汇兑/伍启元；财政学/陈岱孙；中国土地问题/李树青；高级货币银行学/周作仁；经济理论/周炳琳；国际贸易与金融/萧蘧；国际经济政策/伍启元；高级财政学/秦瓒；中国财政问题/秦瓒；社会主义/赵迺抟；成本会计/丁廷槩；银行会计/周绍溱；高级经济学（研）/徐毓枬；现代经济名著选读（研）/徐毓枬；工商管理/丁馨柏；政府会计/周绍溱	工学院1门必修除外
1942—1943	经济概论-甲/萧蘧；经济概论-乙/徐毓枬；经济概论-丙/陈岱孙；会计学/周覃祓；会计学实习；货币银行学-甲/周作仁；货币银行学-乙/滕茂桐；初级统计-甲/杨西孟；初级统计-乙/戴世光；统计学实习-甲；统计学实习-乙；欧洲经济史/陈岱孙；高级会计/周覃祓；高级会计学实习；高级统计/杨西孟；高级经济史/张德昌；经济思想史/赵迺抟；国际汇兑/伍启元；工商组织与管理/周新民；财政学/陈岱孙；高级货币银行/周作仁；经济理论/周炳琳；商业循环/赵迺抟；国际贸易与金融/萧蘧；国际经济政策/伍启元；高级财政学/秦瓒；中国财政问题/秦瓒；银行会计/周绍溱；政府会计/周绍溱；农业经济/李树青；现代经济名著选读（研）/徐毓枬；成本会计/姚嘉椿	工学院1门必修除外；先修班除外
1943—1944	经济概论-甲/陈岱孙；经济概论-乙/陈岱孙；会计学/周覃祓；会计学实习；货币银行学/周作仁；初级统计-甲/杨西孟；统计学实习-甲；欧洲经济史/周炳琳；高级会计/周覃祓；高级会计学实习；成本会计/姚嘉椿；高级统计/杨西孟；经济思想史/赵迺抟；国际汇兑/伍启元；财政学/陈岱孙；高级货币银行学/周作仁；经济理论/周炳琳；现代经济思潮/赵迺抟；国际贸易与金融/伍启元；经济政策/伍启元；高级财政学/秦瓒；中国财政问题/秦瓒；银行会计/周绍溱；政府会计/周绍溱；土地经济/李树青；高级经济/徐毓枬；近代经济作家（研）/伍启元；现代经济名著研究（研）/徐毓枬；国际经济政策（商）/伍启元；工商组织与管理/迟镜海	工学院1门必修除外；先修班除外
1944—1945	经济概论/陈岱孙；经济概论讨论组-甲；经济概论讨论组-乙/萧嘉魁；经济概论讨论组-丙/萧福珍；经济概论讨论组-丁/朱声绂；经济概论讨论组-戊/朱声绂；会计学/周覃祓；会计学实习/孔令济；货币银行学/周作仁；初级统计-甲/杨西孟；初级统计-乙/戴世光；初级统计学实习-甲/孙禩铮；初级统计学实习-乙/叶方恬；人口统计/戴世光；经济统计/戴世光；欧洲经济史/周炳琳；高级会计/周覃祓；高级会计学实习/孔令济；成本会计/姚嘉椿；经济思想史/赵迺抟；工商组织与管理/迟镜海；财政学/陈岱孙；高级货币银行学/周作仁；经济理论/周炳琳；社会主义/赵迺抟；国际贸易与金融/伍启元；经济政策/伍启元；高级财政学/秦瓒；中国财政问题/秦瓒；银行会计/周绍溱；政府会计/周绍溱；土地经济/李树青；土地问题/李树青；高级经济（研）/徐毓枬；现代经济名著研究（研）/徐毓枬；数学经济（商）/杨西孟；高级统计-甲/杨西孟；高级统计-乙/杨西孟	工学院1门必修除外；先修班除外

学年度	课程/教师	备注
1945—1946	经济概论/陈岱孙；经济概论讨论组-甲/萧嘉魁；经济概论讨论组-乙/萧福珍；经济概论讨论组-丙/朱声绂；经济概论讨论组-丁；会计学/周覃祓；会计学实习/孔令济；货币银行学/周作仁；初级统计-甲/杨西孟；初级统计-乙/戴世光；初级统计学实习-甲/孙禩铮；初级统计学实习-乙/叶方恬；人口统计/戴世光；经济统计/戴世光；欧洲经济史/周炳琳；高级会计/周覃祓；高级会计学实习/孔令济；经济思想史/赵迺抟；财政学/陈岱孙；高级货币银行/周作仁；经济理论/周炳琳；商业循环/赵迺抟；国际贸易与金融/伍启元；经济政策/伍启元；高级财政学/秦瓒；银行会计/周绍溱；政府会计/周绍溱；高级经济（研）/徐毓枬；现代经济名著研究（研）/徐毓枬；经济名著研究（研）/徐毓枬；经济数学（研）/杨西孟	工学院1门必修除外；先修班除外

根据上表，我们再将每一学年的课程总数和任职教员总数进行统计，还可以得到下面一表：

表4-4 西南联大经济商业学系课程、教员数量比较表

学年度	课程总数	教员总数	平均担任课程量
1937—1938	17	9	1.89
1938—1939	24	11	2.18
1939—1940	26	12	2.16
1940—1941	27	14	1.93
1941—1942	28	17	1.64
1942—1943	32	16	2.00
1943—1944	30	14	2.14
1944—1945	38	19	2.00
1945—1946	30	17	1.76
平均值	28	16.22	1.72

综合以上两表，我们发现：（1）抗战初期（1937—1938），联大经济学专业的情况很不容乐观。尽管所开课程比较有限（仅17门），但是由于教员人数过少（9人），导致教师教学任务十分繁重（平均值为1.89）。随着抗战进入相持阶段，这种状况似乎有所纾缓。但教员人数的增加速度，落后于所开课程总量的增长速度，致使1938—1939、1939—1940年度教员平均担任课程量仍然较高。及至1941—1942年度，所开课程达到28门，已经相对完整，由于教员人数有所增加，因

而每位教员平均担任课程量最少（1.64）。在随后几年，教员规模相对稳定，但由于课程开设较多，致使每位教员的平均任课数量并没减少。比较引人注目的是，在历年中，1944—1945年度教员总数最多，所开课程也最多，平均下来，每位教员平均担任课程数量为两门，仍然居高不下。（2）从课程名称看，大致说来，八年间课程设置日渐丰富，搭配不断科学化。这一特征，我们可以1940—1941年度的课程表为例稍作补充解释。由表4-5可以看出，就如抗战前北大的经济系课程那样，当时的经济类课程分为必修和选修两种，一、二年级（尤其一年级）的专业课程较少，但均为必修的基础课；三、四年级（尤其四年级）课程门类较多，但多属于选修的专业性课程，可以根据个人爱好，自主选择。（3）经济学专业实习对于一些实践性较强的课程来说，十分必要。但是，在抗战初期，联大经济系学生专业实习的机会几乎为零。因此，从课程设计来看，当时除一般性的课堂讲授之外，还附设了经济概论等课程的讨论内容，但这是远远不够的。随着抗日战争进入相持阶段，

表4-5 1940—1941年度西南联大经济商业学系课程表

课程	必/选修	学期	学分	教师	课程	必/选修	学期	学分	教师
经济概论—甲	Ⅰ，Ⅱ		6	萧 蘧	高级货币银行学	4		6	周作仁
经济概论—乙	Ⅰ，Ⅱ		6	陈岱孙	经济理论	4		6	周炳琳
经济简要	Ⅰ		4	伍启元	商业循环	4	上	2	赵迺抟
会计学	Ⅱ		6	贺治仁	现代经济学派	4	下	2	赵迺抟
货币银行学	Ⅱ		6	周作仁	国际贸易与金融			6	萧 蘧
初级统计—甲	Ⅱ		6	杨西孟	国际经济政策	4		6	伍启元
初级统计—乙	Ⅱ		6	戴世光	中国货币问题	4	上	3	伍启元
欧洲经济史	Ⅲ		6	张德昌	高级财政学	4		6	秦 瓒
高级会计	3		6	贺治仁	中国财政问题	4		4	秦 瓒
高级统计	4		6	杨西孟	土地经济	3,4	上	3	李树清
高级欧洲经济史	3		6	张德昌	中国土地问题	3,4	下	3	李树清
经济思想史	3		6	赵迺抟	经济概论讨论班			6	周新民
国际汇兑	3		4	伍启元	中国经济地理		下	3	鲍世民
财政学	Ⅲ		6	陈岱孙	成本会计		下	3	贺治仁
备注：表中Ⅰ、Ⅱ、Ⅲ为必修课程；1、2、3、4为选修课程。经济简要为工学院必修。									

西南社会相对稳定一些，大约在1942—1943学年度，联大增加了会计学、统计学等专业的实习课程。与此同时，经济系的师生们也开展了一些社会经济调查活动。

（4）从教员配备来看，表中所列，如陈岱孙、周作仁、杨西孟、戴世光、赵迺抟、周炳琳、伍启元、秦瓒、丁佶、李卓敏、余肇池等等，皆属三校经济学优秀师资，不仅在当时中国经济学界占有重要的一席之地，而且对后来的中国经济学界影响甚巨。此外，如孔令济、孙禩铮等人，皆属联大毕业后留校任教，这也反映了当时联大师资的一个方面——出于战时需要，不得不"就地取材"。

图4-5　1945年国立西南联合大学经济系商学系教授会同仁摄影
前排左起：第3人伍启元，第4人杨西孟，第5人周作仁，第6人周炳琳，
第7人赵迺抟，第9人陈序经，第10人徐毓枬，第12人秦瓒，第13人戴世光

对于当时诸位经济系教师讲课情形，李钟湘先生曾有一段精彩的回忆文字，谨录如下，以见当日教师之风采。

> 系主任陈總（岱孙）教授，高硕英俊，鼻梁稍歪，经常口衔烟斗，以致口唇下搭，处事明快决断，不苟言笑。经济系同学人数虽多，但毕业时问题最少，同学选课时不容马虎所致。他授经济概论和财政学，上课均在大教室，每课必早到五分钟，立在讲台上，上课铃一响，即把当日主题大书于黑板之上，开始讲授。因为听课同学太多，每每有些因上一堂课下课迟或教室远而迟到，则必再约略重复一次，以免迟到同学无法笔记。把他的话按次笔记，便是一本很好的讲义。

赵迺抟（濂澄）教授经济思想史、西洋近代思潮及商业循环，讲到亚当斯密（Adam Smith），把《原富》一书如何修正用字：wear and bare改为bear and wear都说清楚。以中国之Marshall自居，同学不称赵先生，而以Marshall Chaw称之。他学问渊博，举止安详，每以藏书丰富自傲，喜欢旧诗。……

萧蘧（叔玉）教授讲经济概论与国际贸易，因为讲解过于详细，每学期很少能讲完。秦瓒（缜略）教授教高级财政学和中国财政史，他不高兴上课时，一学期上不了几小时；如果认真起来，一学年不会少一分钟，而且上课一定先同学而到。他曾反驳胡适先生的"井田制度是孟子面壁造谣"的说法。考试的时候，坐在教室手捧报纸，惟恐前面同学吃亏。但以他讲解之有条理，同学上课的兴趣，再加上最低八十九分，根本没有一个人会去抄袭。杨西孟教授的高、初级统计学，也是一门叫座课业，他常常慨叹我们的数学根基太差，比起德国人差的太远。高级统计学如果数学根基不够，真难懂，几乎认为是在讲玄学。他也授数理经济。

周作仁教授讲授高、初级货币银行，态度之认真，真是罕见，一小时下来，力竭声嘶，满身粉笔灰。据传周教授当年丢弃了天津金城银行经理，而悄悄到北大教书，金城银行曾登报寻人。家住在呈贡，有时背负几斤老米，下火车还要跑十几里路。平日寡言笑，但三杯酒落肚，议论大发，由国府主席到法学院长为止，惟对系主任绝不妄加一辞，说是为保留风度。他对同学非常客气，但考试之认真，有如他的作人。

周炳琳（枚荪）教授讲授高级经济理论，教材用A. Marshall的Principles of Economics，坐在系办公室逐句讲解，没有考试，每学期交一篇读书报告，最好用英文写，准列甲等。枚荪教授一身正气，赵濂澄教授誉之为"大气磅礴，有所不为，代表北大精神"。

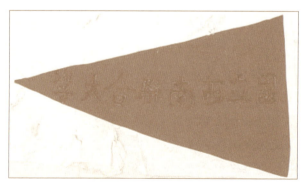

图4-6　国立西南联合大学校旗

戴世光教授也讲初级统计学，并兼主持人口普查研究所。伍启元教授授"国际经济政策"。伍教授读书过多，腹笥渊博，经济政策旁征博引，对罗斯福总统的四大自由，备极推崇。但因广东口音过重，字音难辨，笔记也最难记。往往讲一个问题有三点,却只说了两点,有的同学追问第三点,他说第二点包含两点。他和杨西孟先生,常常对当时经济政策有所建议,往往是"不幸而言中"。

腾茂桐教授伦敦经济学院毕业,以正统派理论授经济概论。丁佶教授系商学系主任,他教会计学最令人难过关,可惜他不善游泳,以致在大普基灭顶,由贺治仁副教授接任。而毕业同学谋事的烦事,便落在经济系主任陈岱孙教授的肩上。

徐毓楠教授是英国剑桥大学经济学博士,讲授"高级经济学"、"经济名著选读",大半是高年级或研究生所选读。当时把Keynes的"充分就业"观念,也带进了联大。此外,还有张德昌教授在联大授课未久而离去,姚嘉椿、周覃祓先生是讲师,助教四五人。①

2. 学生培养

1938年下半年,很多学生从沦陷区赶到西南大后方,联大"学生人数骤增,课程设备,一切均有增加"。②"在艰难困苦中,反易养成好学勤读之习。每值课后,群趋图书馆,宏大之阅览室,几难尽容。"③但是西南联大的学生情绪一则会受到物价不断上涨的困扰,二则会受到前方战事的影响,因而也会有"低潮时期"。据当时学生回忆:

> 随着物价的上涨,同学兼差的日渐多起来。又加上整个局势的逆转,三十年(即1941年)春天以后,同学大都消沉下来。少数人埋头于功课,其余的时间极无聊,整天坐茶馆打bridge,跳舞也时兴起来了。宿舍形成了无数个碎布隔离的小天地,代替了时局分析政治讨论会的,是"红学"的演讲。
>
> 旅行的团体少起来,自治会选不出代表,或者即使选出来,也是默默无闻。有许多耐不住这窒息的,纷纷离开了学校。这是联大在生活情绪上的低潮时期。在学习上,也缺少以前的紧张蓬勃的气概。④

1940年下半年,由于国民党正面战场上的失利,日军大举入侵,造成西南后方紧张,为躲避战火,联大复有迁校四川之议。8月28日,联大常委会推定周炳琳等

---

① 李钟湘:《西南联大始末记》,《传记文学》,第39卷2期,1981年8月。
② 梅贻琦:《抗战期中之清华》(1939年5月1日),《清华校友通讯》五卷三期,载《清华大学史料选编》三-上,1993年,页20。
③ 《国立西南联合大学要览》(1942年12月21日),《北京大学史料》第三卷,页67。
④ 《八年来同学的生活和学习》,《国立西南联合大学史料》(六),页630。

"赴川勘察校舍,以备本校迁川之用"①,后来决定法学院迁往四川澄江上课。②大约在四川澄江上课的这段时间,也就是联大同学们的"消沉"时期。这样的消沉或低潮时期持续了将近两年,直到1943年,"同学重新又恢复敢说敢骂的情绪,壁报活动重又兴盛,自治会的选举重又热烈的竞争了,大家重又由小圈子里走了出来"。③

在战时,图书资源相当匮乏。即使原清华大学在战前有所准备,提前将部分藏书运出北平,但在运输途中损失惨重。为此,长沙临时大学时期即成立图书委员会,并在各系指定采买书籍的负责人。其中经济商业学系由方显廷教授负责。④到了西南,"书荒"问题仍十分严重。在当时联大图书馆主任严文郁给胡适的信中,有所披露。其言道:

> 现在教员学生无书,全仗着图书馆供给,大有书荒之势。每日未开馆之前,人已站满,开馆之后,座无虚席,向隅者仍然不少,惜因设备不够,所以不能使人人有读书的地方。⑤

尽管如此,联大同学们仍然努力争取读书的机会,汲汲寻求新知。因而,联大图书馆便成了大家"趋之若鹜"的地方。根据联大同学们的回忆,当时"图书馆要抢位子、抢灯光、抢参考书,教室里有人隔夜就占有位子的。拥挤在图书馆前的同学,有一次竟为云南朋友误认为是挤电影票的"。⑥

图4-7 国立西南联合大学图书馆外景

---

① 《第一五三次会议》(1940年8月28日),《国立西南联合大学史料》(二),页148。
② 《第一五九次会议》(1940年10月30日),《国立西南联合大学史料》(二),页156。
③ 《八年来同学的生活和学习》,《国立西南联合大学史料》(六),页630。
④ 《长沙临大购买图书、仪器及其他事项办法》(1938年2月4日第四十八次常委会通过),《西南联合大学史料》(六),页279。
⑤ 《严文郁致胡适》(1939年11月11日),《胡适来往书信选》,中册,页442。
⑥ 《八年来同学的生活和学习》,《国立西南联合大学史料》(六),页630。

第四章 滚滚东流：抗战时期及复校后的北京大学经济学科（1937—1949）

即便在十分艰难的环境下，西南联大仍然保持"弦歌不辍"，为国家和社会培养了大批优秀人才。谨将西南联大时期北京大学经济系历年毕业生人数统计如下表：

表4-6　西南联大时期北京大学经济系历年毕业人数统计

毕业年份	毕业人数	毕业年份	毕业人数
1938	7	1942	7
1939	26	1943	4
1940	14	1944	1
1941	8	1945	1

1939年7月4日，在国立西南联合大学校务会第六次会议上，决定"本校暂不办研究院，三校得酌量，本分工合作原则，各办研究所"。[①]北京大学实则自1939年度起继续办理研究院，"通知旧生复学，并酌收新生"。[②]随后，在联大经济系主任陈岱孙致教务长樊际昌的信中，将三校经济商业学系分工合作情况，进行了大体介绍：除三校皆有"经济理论"一门外，北大担任"财政与金融"，清华担任"国际经济"，南开担任"经济史"、"工业"、"农业"三门。并且选定了具体科目的研究生入学考试专业命题人，分别为：（1）经济原理（包括经济思想史），赵迺抟；（2）货币银行，周作仁；（3）统计，戴世光；（4）国际贸易，伍启元；（5）财政学，秦瓒。[③]

另据1941年《国立西南联合大学清华、北大、南开研究院招考广告》，当时的法科研究所经济学部（北大、清华）和商科研究所的经济学部（南开），皆招收经济类的研究生。其研究方向有二，大致如下：

（一）法科研究所经济学部

（1）经济理论组（北大、清华）；（2）国际经济组（清华）；（3）财政与金融组（北大）

[①]《国立西南联合大学校务会议——第六次会议》，《国立西南联合大学史料》（二），页461。
[②]《国立清华大学、国立北京大学、私立南开大学研究员暂行办法》，《国立西南联合大学史料》（三），页446。
[③]《关于西南联大三校法科研究所分工合作事宜陈岱孙给樊逵羽的信函》（1939年7月12日），《国立西南联合大学史料》（三），页529—530。

（二）商科研究所经济学部

（1）经济理论组（南开）；（2）经济史组（南开）；（3）农业经济组（南开）；（4）工业经济组（南开）；（5）统计学组（南开）

在同年的招生简章中，载有当时联大法科研究所经济学部的考试科目。其中北大招生的经济理论组和财政与金融组，其考试科目分别如下：

（1）经济理论组（包括国际贸易与货币之理论）

a. 国文；b. 英文（作文及翻译）；c. 经济原理（包括经济思想史）

注：凡投考本组者，应加答一二题目关于高等经济理论（财政学）

（2）财政与金融组

a. 国文；b. 英文（作文及翻译）；c. 经济原理（包括经济思想史）；d. 货币与银行；e. 统计学；f. 财政学

但是，在西南联大史料中，关于北大经济学系研究生的情况记载较少，仅见1943年度北京大学法科研究所经济学部招收研究生的记录。当年招收研究生只有一人——易梦虹，导师为赵迺抟，论文题目为《国家收入政策之比较研究》。据言当时所招收研究生，"多未竟业即离去，复员后毕业生仅一人"①，也就是易梦虹一人而已。

在上述通过正规的本科和研究生教育所培养的毕业生之外，还有一个重要的渠道，即经过联大教授指导、成功考取的留美公费生。1940年8月，举行第五届留美公费生考试。1943年2月，公布考取学生名单。在这份名单中，有两名经济类学生十分值得注意，谨将此二人当时的留学考试成绩摘录如下：

表4-7　1943年张培刚、吴保安第五届留美公费生考试成绩

姓名	考试科目（成绩）					研究及服务成绩	总平均
张培刚	经济学原理（67）	工商组织及管理（58）	成本会计（79）	货币银行（68）	劳动问题（76.5）	85	72.09
吴保安	经济思想史（87）	经济史（78）	经济学原理（73）	西洋史（95）	经济地理（84）	80	82.88

资料来源：《第五届录取留美公费生考试成绩一览表》，《国立西南联合大学史料》（三），页492。

---

① 国立北京大学讲师讲员助教联合会编：《北大院系介绍——经济学系》，1948年，页47。

表中所列二人，张培刚①和吴保安②考取的均是美国哈佛大学。张培刚当时考取的是工商管理专业，导师为武汉大学的杨端六教授和清华大学的陈岱孙教授；吴保安考取的是经济史专业，导师为南开大学的方显廷教授、北京大学的周炳琳教授和陈岱孙教授。张培刚后来作为发展经济学奠基人，赢得世界性声誉，吴保安则成为著名的世界史大家，皆属学界翘楚，一时无匹。

3. 书生报国

八年抗战期间，国立西南联合大学作为当时中国规模最大、实力最强的高等教育机构，为国家培养了

图4-8 青年张培刚

大批优秀的毕业生，为抗战建国的事业输送了成千上万的生力军，体现了一种可贵的教育救国的理想和实践。不仅如此，身处战争阴云笼罩下的大学教授们，一方面孜孜不倦地教书育人，另一方面，也不断地追求学术上的进步和超越。在1938年《国立北京大学四十周年纪念论文集叙目》中，北大的教授们发出豪言壮语："敌人所能摧残的是我们学校的物质，所不能毁灭的是同人们的治学精神！……我们这时候应抱的态度，除去决心投笔从戎、效命疆场以外，人人能够孜孜不倦的忠于所学，便是惟一报国的途径。"③该纪念论文集中，收载有经济学系教授赵迺抟的一篇文章，题目为《近四十年来经济科学之新发展》。

在1945年12月的一份布告中，联大的校友们对抗战期间联大所取得的教育和学术成就，做了这样的总结：

> 九年了，联大究竟造成了多少人才？究竟对国家有多少贡献？我们实在无法用数字表达出来，也难用世俗的方法予以衡量。但是九年中，它却能维持一

---

① 张培刚（1913—2011），湖北黄安人。1934年，毕业于武汉大学经济学系，随后进入中央研究院社会科学研究所，任助理研究员，从事农业经济研究工作。1941年，考取清华庚款留美公费生，进入美国哈佛大学工商管理学院。1943年，获得哈佛大学硕士学位。1945年，获美国哈佛大学经济学博士学位。1946年回国，担任武汉大学经济系教授，兼系主任。1947年，博士论文 Agriculture and Industrialization（农业与工业化）获"大卫·威尔士奖"后被收入《哈佛经济丛书》。1948年，出任联合国亚洲及远东经济委员会顾问及研究员。1949年回国，担任武汉大学经济系主任。1953年，调入华中工学院（现为华中科技大学），任华中科技大学经济学院名誉院长，兼经济发展研究中心主任。
② 吴保安（1913—1993），后改名吴于廑，1913年出生于江苏宝应。1935年毕业于东吴大学。抗战爆发后，辗转到达昆明，入读南开经济研究所研究生。1941年考取第五届留美公费生，入哈佛大学文理科研究院深造。1944年和1946年在哈佛大学先后获文学硕士和哲学博士学位。1947年回国，任教于武汉大学历史系。20世纪60年代，与周一良共同主编我国第一部大型世界通史教材。
③《国立北京大学四十周年纪念论文集叙目》，《北京大学史料》第三卷，页485。

个学术的水准,它确实能维护着优良的研究学术的作风,而始终未尝低落或向坏的方面变更,这水准使中国在艰苦的战争中依然在国际上博得不少的声誉,这作风保证了中国学术进步的可能。在各个部门都趋于腐化的这些年月里,对祖国的前途,我们永远不肯绝望,就因为有这一座学府作砥柱于中流。它虽然像日蚀的太阳要被浮云所掩遮,而光明则始终未曾熄灭,永远保持着它普照的热力——那就是中国的希望。①

图4-9 杨西孟

因为联大所取得的突出学术成绩,赢得了广泛的社会赞誉。当时的中国青年学子"视为学府北辰"②,不断地从沦陷区或其他地方群趋而至,追求新知。

当然,西南联大的贡献,并不限于高等教育方面。当时的教授们时刻保持着对战争形势的关注,并且依靠他们的专业知识,对国内、国外的政治经济形势作出分析和判断,发表观点,引导舆论,参与决策。即如1945年11月,已经辞去北大校长、就任行政院副院长的蒋梦麟给梅贻琦写信,商调伍启元、杨西孟两位教授到重庆,襄助研究中国经济上之出路。结果,傅斯年和梅贻琦联名复信,指出:当时经济系教授业已奉派赴平接收清华大学,赵迺抟教授也应北平大学补习班之聘,不日亦将北上,是以杨西孟和伍启元两位教授不得不暂时兼课,难以分身,"须俟本年十二月中旬,本学期结束后,始能赴渝"。③另外,我们在《西南联合大学大事记(1937.7—1946.7)》中发现有如下记录:

(1) 1942年4月16日,西南联大之国际形势系统演讲拉开序幕。首由钱端升主讲《国际关系之思想背景》,随后由周炳琳讲演《战后经济秩序》、伍启元讲演《国际关系之经济背景》,余下还有邵循恪、王赣愚、何保仁等人分别进行主题演讲。同年11月12日,适逢孙中山诞辰纪念,当日上午又在昆北食堂集会,由周炳琳讲演《废除不平等条约之时代的意义》。

---

① 《昆明西南联合大学校友会为母亲遭受枪击屠杀惨案告全国同胞书》(1945年12月),《北京大学史料》第三卷,页427。
② 《蒋梦麟致胡适》(1943年1月2日),《胡适来往书信选》,中册,页550。
③ 《蒋梦麟函梅月涵》、《梅贻琦、傅斯年函蒋梦麟》,《国立西南联合大学史料》(四),页418—419。

(2) 1943年3月19日起，中国国际同志会云南分会举办现代问题系列讲座，邀请西南联大教授进行公开演讲，于每星期三、四、五晚举行。受邀演讲的联大经济系教授有：杨西孟讲《当前的物价问题》，滕茂桐讲《国际计划经济与国家计划经济》，伍启元讲《经济战争与现代战争》，戴世光讲《中国与印度》。

(3) 1944年4月7日，联大法商学院主办的宪政系统讲演开始。首场由陈序经讲《中华民国与宪法》，陈岱孙讲《宪政与预算制度》，周炳琳讲《宪政中的经济政策》，赵凤喈讲《宪政与司法制度》等。

(4) 1945年3月，联大学生自治会举办时事问题演讲会，以《战后的中国》为主题，每星期五在昆北食堂举行。首日受邀请讲演的联大经济系教授有：伍启元《战后的中国经济往何处去》、周作仁《战后的币制问题》。①

以上四条记录，涉及内容比较广泛，主讲人也都是著名学者，反映出当时联大法学院经济系的师生对于时政经济的密切关心和积极研究的态度。这几条简略的记录，只能是冰山的一个小角，当时联大经济学系师生对于国家社会的关心，以及积极的报国济世的情怀和行为当远不止此。今收录在此，也只能是略见雪泥鸿爪而已。

图4-10　1939年国立北京大学经济学会全体师生合影

---

① 《西南联合大学大事记》，《北京大学史料》第三卷，页540、544、548、554。

在六十多年后，当我们无数次反观国立西南联合大学的教育发展史，或惊叹于当时无数的学人为了抗战的胜利，不惜抛头颅洒热血的壮举，或惊叹于他们对于学术研究的痴情专注及所取得的杰出成就，至今罕能匹敌。我们同时也知道，西南联大的校训为"刚毅坚卓"，这四个字深刻地说明了，当时西南联大或者说中国高等教育所面临的艰难苦境，唯有以"刚毅坚卓"的精神，锲而不舍的坚持和努力，方足以克服之。我们在《国立西南联合大学史料》中发现了一件可贵的材料——当时联合大学各系教员的工资薪金表，谨将其中关于经济系的部分摘录如下：

表4-8 1945年联大经济系教员工资薪金表

职　名	姓　名	薪　额	应支金额	所得税	印　花	党员会费	实支金额
教授兼院长	周炳琳	590	590	22.30	2.40	22.80	542.50
教授兼主任	陈岱孙	600	600	23.10	2.40		574.50
教授	赵迺抟	590	590	22.30	2.40		565.30
教授	周作仁	590	590	22.30	2.40		565.30
教授	秦瓒	590	590	22.30	2.40		565.30
教授	伍启元	530	530	17.50	2.40	18.00	492.10
教授	杨西孟	490	490	14.50	2.00	15.00	458.50
教授	徐毓枬	450	450	12.10	2.00		435.90
教授	戴世光	480	480	13.90	2.00	14.40	449.70
讲师	周绍溱	90	90		0.20		89.80
讲师	迟镜海	60	60		0.20		59.80
讲师	姚嘉椿	60	60		0.20		59.80
教员	萧嘉魁	180	180	1.70	0.80		177.50
助教	萧福珍	140	140	0.90	0.80		138.30
助教	金起元	140	140	0.90	0.80		138.30
助教	叶方恬	130	130	0.70	0.80		128.50
助教	朱声绂	130	130	0.70	0.80		128.50
助教	孙禩铮	130	130	0.70	0.80		128.50
助教	孔令济	130	130	0.70	0.80		128.50

从中可见，当时教授的薪额普遍为590元，即便是身为院长的周炳琳，也是如此。教授中，以陈岱孙薪额最高，为600元。其余教授、助教、教员、讲师等人，薪额各有差等，最少为60元，仅为最高额之1/10。但是，上面的金额数字只是一个相对值，这里面还涉及货币实际购买力（或薪津实值）的问题。只有弄清当时教员的薪津实值，方能了解联大教员们的生活状况。

1946年9月14日，联大经济系教授杨西孟在储安平主编的《观察》上发表《九年来昆明大学教授的薪津及薪津实值》一文，将抗战前后的教授待遇做了详细的统计分析。其中，列有一统计表，迻录如下：

表4-9 昆明大学教授的薪津及薪津实值

	生活费指数	薪津约数（元）	薪津实值（元）
1937年上半年	100	350	350.0
1937年下半年	108	270	249.5
1938年上半年	115	300	260.8
1938年下半年	168	300	178.5
1939年上半年	273	300	109.7
1939年下半年	470	300	63.8
1940年上半年	707	300	42.4
1940年下半年	889	330	37.1
1941年上半年	1463	400	27.3
1941年下半年	2357	770	32.6
1942年上半年	5325	860	16.5
1942年下半年	12619	1343	9.9
1943年上半年	19949	2180	10.6
1943年下半年	40449	3697	8.3
1944年上半年	82986	9417	10.0
1944年下半年	143364	17867	10.7
1945年上半年	430773	56656	10.9
1945年下半年	603990	112750	18.5
1946年上半年	514290	141660	27.3

从上表可以看出，"自抗战以来，由于物资剧烈上涨，而薪津的增加远不及物价上涨的速度，于是薪津的实在价值如崩岩一般的降落"。"昆明是抗战期中全国物价的最高峰，而昆明教师的货币薪津又被压得特紧，所以昆明的薪津实值要算后方最低的了。"在该文末尾，杨西孟教授感慨系之："回视抗战中高度通货膨胀下的昆明生活，恐怕大家都会感觉有如噩梦一场。这份数字也许可以认为梦中事的一种记载吧。"①然而，就是在这样的艰苦环境下，联大教授们做出了令后世惊艳的卓绝成绩。因此，联大在中国的高等教育史上不得不说是一个奇迹。

1945年8月15日，日本天皇宣布投降，中国的抗日战争随之结束。在倭患解决之后，国内民主建国、反对内战的呼声日渐提高，希望通过国民党和共产党的和谈，以及多党派的民主协商，实现中国的和平统一。同年10月1日，西南联大周炳琳、陈岱孙、陈序经等十位教授为国共商谈一事，联名致电蒋介石和毛泽东，呼吁两党民主和谈，结束一党专政，进行政治协商，尽快实现统一，开展国家建设，避免内战发生，涂炭生灵。其中言道：

> 一党专政固须终止，两党分割亦难为训。敢请先生等立即同意召集包括各党各派及无党无派人士政治会议，共商如何成立容纳全国各方开明意见之联合政府，再由此联合政府于最短期内举行国民大会代表之选举，定期召开国民大会，以制定根本大法，以产生立宪政府。必如此，一切政治纠纷乃可获致圆满之解决，而还政于民之口号乃不至徒托空言。②

图4-11　傅斯年

这十位教授的联名通电，表达了国人企望和平之心声，在当时社会上产生了空前影响。与此同时，国立西南联合大学也将结束历史使命，回复旧都。但是，为了做好复校的各项准备工作，联大常委会议决定，先派复员接收人员先行布置一切，待在昆明结束当年课程，再行北返。1945年10月19日，蒋梦麟发布"启事"，表示"业已辞去国立北京大学校长职务，所有国立西南联合大学常务委员兼职，自应一并解

---

① 杨西孟：《九年来昆明大学教授的薪津及薪津实值》，《观察》第一卷第三期，1946年9月14日。
② 《西南联大张奚若等十教授为国共商谈致蒋、毛电文》，《国立西南联合大学史料》（一），页204—205。当时为首签名的是张奚若，除上述几位外，签名的教授还有朱自清、李继侗、吴之椿、汤用彤、闻一多和钱端升。

第四章 滚滚东流：抗战时期及复校后的北京大学经济学科（1937—1949）

除"。而在此前一日，即10月18日，联大业已接到教育部人字第52727号训令，任命傅斯年为联大校务常务委员。①随后，教育部任命胡适为北京大学校长，在胡适未返国期间，由傅斯年代理北大校长一职，负责主持接收复员等工作。

然而，由于国民党坚持一党专政，压制爱国学生的民主运动，1945年12月1日，在西南联大制造了空前惨烈的"一二·一惨案"。闻一多在纪念文章中言道：

> "一二·一"是中华民国建国以来最黑暗的一天，但也就在这一天，死难四烈士的血给中华民族打开了一条生路。……愿四烈士的血是给新中国的历史写下最初的一页，愿他已经给民主的中国奠定了永久的基石！②

在这场反抗专制独裁的运动中，联大经济系学生张友仁③等表现出大无畏的英雄气概，坚持保护学校，同反动派作坚决的斗争。然而，"一二·一"运动在联大内部产生了深刻影响，在如何对待国民党政府的问题上，教授之间发生不少分歧，由此也导致三校之间民主合作的形式原则等

图4-12　国立西南联合大学经济系1946级话别会合影

无法再维持下去，加速了联大的解散。据冯友兰回忆，"一二·一"运动结束后，"联大在表面上是平静无事了，其实它所受的内伤是很严重的，最严重的就是教授

---

① 《蒋梦麟辞职书》（1945年10月19日），《国立西南联合大学史料》（四），页5—6。
② 闻一多：《"一二·一"运动始末记》，载《联大八年》，新星出版社，2010年，页44。
③ 张友仁，生于1923年，著名经济学家，浙江黄岩人。1947年毕业于北京大学经济系，后留校任经济系助教。1950年入中国人民大学研究部为政治经济研究生。1952年毕业后历任北京大学经济系讲师、政治经济学教研室副主任、主任、副教授、教授、博士生导师。从事社会主义政治经济学、社会主义经济理论发展史、中国社会主义经济发展的研究工作。曾到加拿大、荷兰、西德、丹麦、法国、英国、美国等国大学访问和讲学。主要著作有：《计会主义经济理论发展史》、《政治经济学（社会主义部分)》（获北京大学首届优秀教材奖）、《中国大百科全书·经济学》政治经济学（总论）（副主编）、《政治经济学辞典》（编审组成员）。译文有：〔英〕《论财富的分配》、《计划经济学》、〔德〕《大城市的未来—柏林、巴黎、伦敦、纽约的经济方面》、《社会主义经济思想简史》。

会从内部分裂了，它以后再不能在重大问题上有一致的态度和行动了。从五四运动以来多年养成的教授会的权威丧失殆尽了。原来三校共有的'教授治校'的原则，至此已成为空洞的形式，没有生命力了"。①

继"一二·一"运动之后，横压在昆明上空的独裁乌云并没有散尽，围绕制裁罪犯的问题，联大教授会委托周炳琳、燕树棠等人起草诉状，向最高司法当局提起诉讼，要求严惩杀人凶手。一波未平，一波又起，1946年7月15日，联大教授闻一多在参加完李公朴先生追悼大会发表演讲后，在归家途中遭到国民党特务射杀身亡。此事虽发生在联大解散之后，但在当时社会上，尤其在联大师生中引起极大反响。面对敌人的枪口，联大的教授们并没有退缩。7月27日，公开举行李、闻二先生追悼大会，由张群担任总主席，吴玉章、孙元良、周炳琳等人组成主席团，并由周炳琳负责主祭。

就在1945—1946年间发生的一系列学潮和社会事件中，联大学生对于国家的前途和命运有了各自不同的认识，有的对国民党政府仍抱有幻想，有的对共产党的理想逐渐产生同情；与此同时，他们对于联大教授们的印象和评价也带上一层褒贬的色彩。1946年7月，国立西南联合大学的一些左翼学生编辑了一本名为《联大八年》的小册子。其中关于各位教授的描述，即可见其一斑。谨摘录如下：

周炳琳先生　　一口洪亮的声音，配上明晰而有条理的言词，确是一位少有的人才。五四时代，他与傅斯年、罗家伦等先生同为学生运动少有的健将，周先生现在还常常对党化教育、思想教育、孔祥熙及中训团之类发发牢骚。然而究竟因为自己承认年龄上与青年人有了距离，所以"一二·一"运动史一变而为压迫学生复课的能手。周先生是北大经济系教授兼法学院长，联大法学院长陈序经先生去国以后，一直也是他代理。教"经济思想史"一课，讲书时，用英文原本边念边译，一般学生对此科有"大三英文"之称。

赵迺抟先生　　北大经济系主任，教"经济思想史"一课。每隔年，他有一科"社会主义和商业循环"。讲课好像背书似的，一点钟的笔记总要写上四五张十二开的新闻纸。赵先生是北大复校委员之一。

杨西孟先生　　北大教授，在经济系教授高级统计学及数理经济，四川江津人。从前是学数学的，所以讲课偏重于统计理论，材料很多。杨先生非常关心现在中国的财政问题，他主张第一要"均"，曾与其他经济系教授共同发出

---

① 冯友兰：《三松堂自序》，第十章"西南联合大学"，人民出版社，2008年，页305。

呼吁并贡献方策，但政府都置若罔闻。

陈岱孙先生 清华法学院长兼经济系主任，这位二十六岁回国时即任清华法学院长的"老教授"，曾在哈佛以总平均成绩超过历届毕业生获得奖章，至今陈先生在哈佛的成绩，据说只有一人能与其相较。陈先生平常最难讲话，脸上不露一丝笑容，只有在办公室里才接见同学，但讲话也决不超过三句。你如果是在学校章程以外找他啰嗦，他会取下从不离嘴的烟斗，说一声"出去"。讲话直如背讲稿，有条不紊，没有一句废话，记笔记最感方便。

图4-13 陈岱孙

伍启元先生 经济系教授，曾在伦敦政治经济学院攻读。讲授国际贸易与金融和经济政策，还指导研读经济名著。他一直研究着新正统学派的经济理论。对于现实问题的研究和分析极感兴趣，在报纸上你会常看到伍先生有关物价问题的文章。伍先生曾以其带浓重广东口音的国语大声疾呼要有一个配合公平经济政策的政治方针。他以为要解决目前的经济财政问题，除了征收累进的过分利得税和没收大富们的财产外，别无二途。伍先生还很年轻，同学们都以为像伍先生这样对实际问题有研究的学者，大概会由学而仕。[①]

图4-14 伍启元

1946年5月4日，国立西南联合大学校务委员会梅贻琦常委宣布联大正式结束。从此，西南联大成为历史，并且慢慢衍化成为"中国教育史上不朽的丰碑"。但从较近的时间段限来看，在这随后的三四年时间里，由于国共内战从一触即发，演化为疆场血战，国内时局动荡，摆在即将北返的北大师生面前的，仍是未知的命运；北大的经济学科发展，仍要经历一波三折的时代考验。

---

① 《教授介绍》，《联大八年》，新星出版社，2010年，页214—221。

附：伪国立北京大学的经济学科概况

图4-15　汤尔和

"七七事变"发生后，国立北京大学的教职员纷纷南下，先是筹组长沙临时大学，随后又在昆明成立西南联合大学。对于北平原国立北京大学之地，起初留有孟森、马裕藻、钱玄同、周作仁四人，作为留平教授，看护校产，联系同仁。随着日军进城，逐渐控制国立各高校，迫使北大校务完全停顿。与此同时，日本侵略者积极筹划在教育界扶植亲日势力，组建傀儡政权。1937年12月，原北京医学专门学校校长汤尔和[①]受命出长伪教育部，决定合并原国立北京大学、北平大学各学院，组成新的国立北京大学，是为"伪国立北京大学"。

伪国立北京大学是日本占领北平时期的特殊产物，究其本质，毫无疑问地属于日本推行文化侵略政策的工具。因此，我们在政治上应该予以否定。但是，从历史的角度来看，伪国立北京大学固然属于历史的客观存在，并在人员和组织建制方面与原国立北京大学存有若干联系，因而在事实上我们自又不能对其视而不见。再者，伪国立北京大学虽然说不上有多大的学术贡献，但是其毕竟属于中国近现代教育史上一段难以抹去的内容，也为抗战时期沦陷区的学子们提供了一些读书学习的机会，开展了一定的学术研究活动，所以，从学术研究的角度来看，将之作为一个教育史的专题来研究，也未尝不可。本此宗旨，笔者谨将伪国立北京大学关于经济学科方面的内容作一简单梳理。

1937年12月，伪国立北京大学成立之初，设置文、理、法、工、农、医六个学院。1938年2月至7月，农、医、工、理四学院相继开学。11月28日，颁布《（伪）国立北京大学组织大纲》，同日任命汤尔和兼国立北京大学总监督。1939年1月

[①] 汤尔和（1878—1940）原名鼐，字调鼐，又字尔和，晚年号六松老人，浙江杭州人。1900年，就读于杭州养正书塾，以陈黻宸为师。1902年，在上海与陈黻宸创办《新世界报》。次年留学日本，毕业于日本金泽医学专门学校，又入德国柏林大学学医，获博士学位。1910年回国，任浙江谘议局议员。同年创办浙江病院，自任副院长，兼内科医师，并兼任浙江高等学堂校医。1912年10月，筹办国立北京医学专门学校，自任校长。1929年3月，再次赴日留学，获日本帝国大学医学博士学位。1930年后，历任东北边防军司令长官公署参议、东北政务委员会委员、行政院驻北平政务委员会委员、伪华北临时政府教育总长等。译著有《组织学》、《生物学精义》、《精神病学》、《东省刮目论》、《满铁外交论》等。

第四章 滚滚东流：抗战时期及复校后的北京大学经济学科（1937—1949）

3日，汤尔和正式就任伪国立北京大学的总监督。同月14日，在农学院举行开学典礼，并以是日为"（伪）北京大学复兴纪念日"。1940年11月，汤尔和病逝，暂由华北政务委员瞿益锴暂代。1941年4月，改监督为校长，聘钱稻孙为校长。

伪国立北京大学的法学院成立时间较晚，先是借中南海福禄居筹备，后又借用中法大学一部分房屋，作为法学院院址。1941年9月1日，正式开学，办公地址选在东皇城根三十九号。据同年4月8日公布的《（伪）修正国立北京大学组织大纲》规定，（伪）国立北京大学法学院下设四系：法律学系、政治学系、经济学系、商学系，以方宗鳌为法学院长，以余天休[①]为经济学系主任。实际上，如同其他院系一样，伪北大法学院也是合并原国立北京大学和北平大学的相关院系而成。其中，商学系属原国立北京大学所无，纯是北平大学合并进来。因此，我们下面的叙述和讨论将基本限于经济学系。[②]

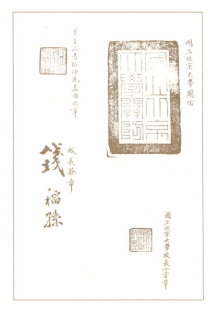

图4-16 伪国立北京大学关防及校长钱稻孙签章等

1. 课程设置

在1941年秋伪北大法学院成立之初，即集合若干专家拟定了学科课程。全套课程主要参照和采用东京帝国大学之最新学科模式，"并经体察中国及东亚之情况而定，以求适应时代之需要"[③]。从全院政治、经济、法律、商业四个系别来看，

[①] 余天休（1896—1969），广东台山人，早年留学美国，获法学博士学位。20世纪20年代曾在北京大学社会学系任教，组织创立"中国社会学会"，并担任第一任会长。1941年出任伪北京大学经济系主任，兼教授。著作主要有：《社会学大纲》、《经济学原理》、《世界联邦政府》，以及论文多篇。

[②] 与此同时，在伪北大农学院下面，还设有农林经济学系，以及农村经济研究所。据《农村经济研究所规程》，该所研究目的如下：一、调查中国农村实际状况，加以科学的研究；二、探讨中国农村经济之综合指导原理及其方法。所设职员包括所长、副所长、事务主任各1人，研究员、助理员、事务员、书记各若干人。所长以农学院院长兼任之，副所长由校长就研究员中聘任之。所长商承校长综理所务，副所长辅佐所长掌理一切研究事项。研究员以所长之推荐，由校长聘任之。所长并得遴选各学院之教授、副教授，推荐于校长，聘为兼任研究员、专任之研究员，均为农学院教授之额外人员。助理员由所长任命之，辅助研究员处理研究事项。（《伪国立北京大学法学院一览》，民国三十年度）

[③] 方宗鳌：《（伪）国立北京大学法学院学科课程说明书汇编引言》，1943年8月。

各系第一年课程，大抵讲述社会科学之概论，授以各门基本知识。自第二年起，则循序渐进，次第显示其专门特色。当时的课程设计者认为：各系学科虽属分立，但彼此关系相当密切。作为学习者，不应偏重其本系知识，应该兼通其他社科知识。所以，我们在当时的各系课程表中看到，同属法学院下，法律学系课程中，列有经济学、公司法及合作社法、经济政策、票据法、财政学、保险法等，且皆属必修课程；政治学系下面，也有经济学、经济政策、财政学、统计学、经济学史、中国土地问题等课程。可见，当时在课程教授中，讲求既要注重本系课程，同时兼授其他相关社科知识；而在课堂讲授之外也强调实习指导，"期使学力及经验均有相当成就，成一实用人才"。①

据伪北大法学院院长方宗鳌所述，该院成立后，其中经济学系的课程最早得到全面开设，政治、法律二系则后之。②下面，将1943年伪北大经济学系的课程进行列表：

表4-10　1943年伪北大经济系课程时数表

第一学年	时	第二学年	时	第三学年	时	第四学年	时
经济原论	4	经营经济学（第一部）	2	经营经济学（第二部）	2	经营经济学（第三部）	2
经济政策总论	4	农业政策	2	商业政策	2	工业政策	2
法制概论	4	会计学（第一部）	2	会计学（第二部）	2	会计学（第三部）	2
哲学概论	2	金融论（第一部）	2	金融论（第二部）	2	交通政策	2
政治学概论	2	财政学（第一部）	3	财政学（第二部）	3	殖民政策	2
日　文	8	一般经济史	3	东亚经济史	3	社会政策	2
国　文	2	经济地理	2	统计学	3	东亚经济思想史	4

---

① 方宗鳌：《（伪）国立北京大学法学院学科课程说明书汇编引言》，1943年8月。
② 其中言道："经济系曾于三十一年春奉令特收编级生，各年级课程业已同时设立外，其他各系之三四年级课程，目下虽未开班，亦为份年分门各撰说明，以示完整，而便参考。"（方宗鳌：《（伪）国立北京大学法学院学科课程说明书汇编引言》）据此判断，经济系一至四年级课程最早得到全面设立。所谓编级生，似乎应为抗战前原北京、北平大学在籍，而于抗战后没有撤离沦陷区，后经收编登入相应学系和年级者。

续表

第一学年	时	第二学年	时	第三学年	时	第四学年	时
欧 文	4	世界经济状况	3	经济学史	3	产业法	2
体 育	2	民法概论	4	商事法概论	4	日 文	2
		日 文	6	刑事法概论	2	实 习	2
		○心理学	2	日 文	3	特别讲义	4
		○社会学	2	○配给论	2	○经济哲学	2
				○合作社论	2	○中国土地问题	2
						○现代中国经济问题	2

注：有○号者为选修科目。

通过上表，我们发现其与抗战前北大经济学系的课程存在很大不同。最明显的，"日文"在课程中占有绝大比重，而且从大一到大四皆属必修。相反，"国文"和"欧文"皆列位其次。甚至在一年级时，"日文"不仅位列在前，而且其与"国文"的比重竟然达到4∶1（8∶2）。相形之下，"国文"仅有一年级的两个学时，竟然沦落得连"欧文"（四个学时）都不如。这样一来，"日文"俨然已经取代"国文"，简直要成为中国人的"母语"了！日本人吞并中国的狼子野心昭然若揭，百辞莫辩。另外，我们发现课程表中还有"东亚经济史"、"东亚经济思想史"、"殖民政策"三门必修的专业课程，联想到日本军国主义一贯鼓吹的"大东亚共荣圈"，我们可以判定：这样的课程设置，无非也是为了他们的侵略政策服务的。

然而，暂时平息一下激动的民族情感，我们有必要对当时课程的内容作进一步的了解。下面，谨据1943年下半年的《（伪）国立北京大学法学院学科课程说明书汇编》，将其中经济系的主要课程内容作些摘引：

第一学年

1. 经济原论

本课程注重全部经济学之概括的介绍，内分经济概论、经济史略、生产、交易与配给、分配、消费，及近代国民经济与国家财政各项实际问题之泛论。其目的为使一般初学者认识近代经济生活之意义，俾作将来研究高深学理之基础。

2. 经济政策总论

本课程讲述一般之经济政策，尤注重于近时统制经济现象之本质。凡与本政策有密切关系之问题，如农业、工业、商业、货币、金融等政策，均在一并讨论之列。

第二学年

1. 经营经济学（经营学）第一部

本课程首部以经营事业之基本经济原则，对生产、消费、价值、价格等学说详加讨论。次及现代各种经营事业之概况、企业之分类及组织等。最后讨论企业之财政问题，如资本之来源、资本之招集、盈利之计算、盈利之分配、公积金等。

2. 农业政策

本课程讲述如何促进农业发展，增进人民利益，其主要内容，为农村问题、农民问题、农产问题，以及耕地整理、肥料取缔等项。

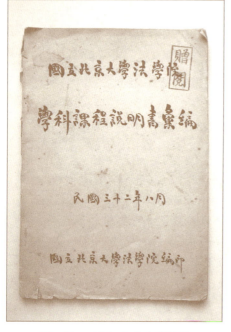

图4-17　（伪）北大法学院课程说明书汇编书影

3. 会计学（簿计）第一部

本课程授以簿记之基本原理并注重其实务，由浅入深，由简而繁，使学生真正明了簿记各种方法。第一步论复式簿记之借贷原理。第二步论简略之记账程序，由日记簿、过账、试算以至结账。第三步分章讲解特种日记簿、统制账户、分类账簿、决算时之整理项目及报表之编制与内容。划分账簿为四组，分别说明各组之应用方法，使学生逐组实习。第四步论现代企业采用西式簿记之实际应用方法、所得税实务、合伙及公司所特具之账户与账簿。

4. 金融论（货币银行）第一部

本课程研究货币、信用及银行之一般管理。中国与各国之通货及银行制度，皆在探讨之列。

5. 财政学（总论）第一部

本课程分绪论、财政学史、岁入、岁出、公债、预算等部讲授，主要理论与学说之阐明，视为财政学分论之大导言，亦无不可。

6. 一般经济史

本课程内容共分四编：（一）导论，讲述一般经济史之意义、发展史、学派、研究法等；（二）初民经济史；（三）中国经济史；（四）欧洲经济史。目的在使学生对于一般经济史能有一清楚之概念，并对于如何研究中国经济史，亦可略窥门径。

7. 经济地理

本课程讲述关于自然和人类经济活动之交互作用及经济之地理限制性等，基于此交互作用之原理，以说明各地方之经济文化种种之现象。

8. 世界经济状况

本课程之主旨，以讲述世界经济之概念为主要之目的。首先概括的授以世界经济之基础理论，次则采取当现阶段下世界经济现象之分析中，以之把握世界经济之实态之方针。

第三学年

1. 经营经济学（工商管理）第二部

本课程讲述于工商事业之管理问题，如各种公司厂所事务之管理及职工之管理等，引据各国现行工商管理制度，以为研究张本。与管理工商有关之法规，亦在讨论之列。

2. 商业政策

本课程以研究国家对外经济政策为主旨，先讲授各时代世界政治经济情况之递嬗，国际贸易学说之变迁，及各国对于国际贸易之政策手段及目的。继以现代中国之政治经济环境，并其应采之对外商业政策。

3. 会计学 第二部

本课程研究会计高深学理及实施问题，除指导学生多读关于会计学之书籍及实习各种问题外，对管理方面之问题，如财政、组织、表册、分析等有关会计者，亦详加讨论。

4. 金融论（投资信托）第二部

本课程主旨在研究投资与信托之原理实务，及其有关法理。如资金之性质、利息之构成、市场之组织、证券之分析，与信托之理念、起源、种类、经营，以及我国资本市场、信托业务之发展近况，皆讨论之。

5. 财政学 第二部

本课程在原理方面，研究高深学理，撮其要旨，辨其得失，就实用方面，指示财政原则之应用与国民经济之关系，财政制度之异同与国家政体之关系。次批评中国现行财政制度，并泛论改良方策。

6. 东亚经济史

本课程目的，在阐明东亚各国经济之特征，及其经济发达变迁，并其交互之影响等。

7. 统计学

本课程之目的，在授以统计资料之征集方法，统计图表之编制、平均数离差、正态与偏态相关系数之计算方法，尤注重于指数之编制与其应用，更对于长期趋势、季节变迁、商情预测等，阐明其关系。并引用原理及其计算方法，以备实际应用。

8. 经济学史

本课程目的，在使学生对经济哲学得一有系统之认识，以历史之演进为经，以各派经济思想之发展为纬，自重商主义始，以迄现今，分期探讨之。

9. 商事法概论

本课程目的，在授以商事法之基本知识。凡商法之意义、沿革、法系与立法制度，商人、商业与营业之性质，商号、商业注册与商业账簿之效用，以及公司、票据、海商、保险四大商事单行法规之内容规定，均与以系统之研讨。

10. 配给论（选）

本课程分交易所及仓库两部。交易所论注重于交易所在一国金融界及货物配给上所占之地位，以及关于各项交易所之问题。仓库论包括仓库业任配给程中之重要经济效用、中外各国仓库业之状况等。

11. 合作社论（选）

本课程目的，在授以合作社基本知识。凡合作思想、理论、合作运动发展史，及合作社经营实务等，皆在讨论之列。

第四学年

1. 经营经济学（广告学）第三部

本课程内容，首先阐明广告之本质及变迁，次论广告战之准备问题。（如广告政策、广告费、市场调查等）广告作成之研究等项，亦在讨论之列。

2. 工业政策

本课程讲述保护工业及发展工业之方策，其主要内容为劳资协调、工业统制、工人福利、工人教育、技术教育等问题。

3. 会计学（第三部）

本课程之主旨，在使学生习得成本计算方法，如原料所需、人工所需，及其他各种成本之计算手续，皆讨论之。

4. 交通政策

本课程分绪论、本论二部。绪论讲交通之范围种类及其经营之特权与责任等。本论讲铁路与海洋两大交通之工具、技术、业务、法规诸问题。其重要政策，皆于讲述法规时阐明之。

5. 殖民政策

本课程以讲述殖民政策之一般的概念为目的。首先授以世界新秩序理念之一般概念，以资确立学生一般之世界观。次则授以殖民政策之一般概念之方针。

图4-18　伪国立北京大学校旗

6. 社会政策

本课程目的，在使学生了解社会政策之本质与运用。内容以关于劳工之社会政策为主。如劳资纠纷、失业问题、和解仲裁、劳工保险、劳动立法等。至于现代各国所施行之其他政策，为解决经济性质的社会问题者，皆在附带讲授之列。

7. 东亚经济思想史

本课程目的，在讲述东方经济思想之真髓，阐明道德与经济之不可分性，及心物交互关系，进而讨论东亚各国经济思想之变迁与进化，以及影响于国家政治之情形。

8. 实习

本课程约分校内校外两种，其方针由教授随时规定，指导实习，就其所修之主要学科，予以实事印证，以为实际任事及研究深造之准备。

9. 特别讲义

本课程讲述具有时代性之经济学科问题，及于规定课程外之一切重要问题，以图增进学生之特别知识。其讲座延请专门家分任之。

10. 经济哲学（选）

本课程系从哲学之观点，将含于作为经验科学之经济学中之价值、欲望、货币、劳动等作一哲学之解明，同时研究所谓经济学的"学问"之性质，以及其与诸有关学科之差异的认识论之研究。

11. 中国土地问题（选）

本课程目的，在使学生明了中国土地制度之沿革及土地问题之一般理论，进而就客观之社会实况，以研讨土地制度改革之问题。

12. 现代中国经济问题（选）

本课程之主旨，在使学生理解现代中国之经济实际情况，与其在国际上所处之地位。①

上列经济学课程，正如前面所言，"颇多参酌采用日本东京帝国大学之最新学科"，带有明显的移植日本痕迹。即如"经营经济学"的名称，不仅为抗战前北大经济学系课程表中所无，而且还将之按照年级分为"经营学"、"工商管理"、"广告学"三部。此外，像"金融论"还被分为"货币银行"、"投资信托"两部。这样的课程设置办法，在20世纪30年代的中国经济学界早已被扬弃，当时或许只有日式的学科设置中才会作如此繁琐的名称表述。再有，一方面，在"东亚经济史"、"东亚经济思想史"的课程说明中，断断以东亚为研究的特定地域范围，另一方面，在"殖民政策"中直言以"世界新秩序的理念"进行传授灌输，可以说，将日本试图通过殖民侵略政策、垄断东亚的险恶用心表露无遗。尽管这样，我们必须看到，在伪北大经济系的整体课程设计中，确也包含了一定的专业知识内容，未可完全轻率地否定之。但是，总体而言，在日本殖民教育的高压下，导致的一个直接后果是，当时伪北大的学生相对于西南联大的学生来说，不仅其英文程度普遍较差，专业知识方面也显得逊色许多。

2. 教员与研究

在伪北大成立后，重新颁布了组织大纲，并仿照抗战前北京大学的样子，组成评议会、行政会议、聘任委员会等校内行政组织，招募教职员工。对于当时没有南下的原北大教师，日本殖民者也极尽拉拢之能事。相当多的教授，保持了民族气节，坚持不与日本人合作，进行不屈不挠的斗争，但也有一些人最终受聘于伪

---

① 《（伪）国立北京大学法学院学科课程说明书汇编》，"经济学系课程说明"，1943年8月。上列内容纯属经济类课程，因而编号与原书有所不同。

第四章 滚滚东流：抗战时期及复校后的北京大学经济学科（1937—1949）

北大，担任教员或行政职务。众所周知的，像原北大留平教授周作人就被"拉下水"，出任伪国立北京大学的文学院院长，后来又被推举担任华北政务委员会委员、东亚文化协议会会长等。此外，原北大社会学系教授余天休，在伪北大法学院成立时，也被聘为经济学系教授，并兼经济学系主任。早年在北大任教的经济学教授陈兆焜，大约与此同时，也被聘为伪北大经济学系的教授。

我们根据1941《（伪）国立北京大学法学院一览》所附《本院教员录（民国三十年度）》"学历"一栏进行统计，发现除体育教员不计外，全部38名教员中，共有21人有过在日本学习的经历并取得经济相关专业学位，所占比例超过55%。分别为：1．教授，小山松吉（日）、方宗鳌、刘志敫、胡瀛洲；2．副教授，陈东达；3．讲师，孙懿、万子青、吴丰村、丸良夫（日）、谢独青、徐光达、濑川次郎（日）、菅顺之助（日）、钱端仁、江理中、邢振铎、胡兆焯、杨南克；4．助教，沈令翔、葛次弓、张范。这些人中，甚至有4位就是日本国人。①相反，留学英美等国的毕业生少之又少，毕业于本国经济类院校或专业者也不多。由此可以看出，当时伪北大法学院的亲日色彩无疑是很浓厚的。

伪北大不仅在组织形式上尽力做出模仿原国立北京大学的样子，装点门面，而且在学术组织和学术研究方面，也进行仿效。一个典型的例子就是，1942年春天创刊发行了《（伪）国立北京大学法学院社会科学季刊》。根据前面章节的叙述，我们知道，在1922年最早由北大教授王世杰、周鲠生、皮宗石等人创办了《北京大学社会科学季刊》，后经"京师大学校"时期，编辑发行有所中断。1928年复校之后，又重新续办，至1936年停刊，前后发行共6卷4期。当时是冠以北京大学名义，与同一时期的《北京大学自然科学季刊》共为北大学术上的两面旗帜。然而，1942年伪北大重办《社会科学季刊》，乃是以伪法学院的名义。笔者有幸在中国社科院法学所图书馆得见该刊的合订本一厚册，虽然缺少第一卷第二期，但也算罕见。今将其中经济类论文篇目汇列如下表：

图4-19 余天休

---

① 《（伪）国立北京大学法学院一览》，《本院教员录》，1941年9月，页111—115。

表4-11　1942—1943年伪北大《社会科学季刊》收录经济论文篇目

卷　期	时　间	篇　名	作　者
第一卷第一期	1942年春	世界经济之性格	菅顺之助
		经济学分类之检讨	江　源
第一卷第三期	1942年秋	读亚当斯密原富价值各论书后	陈兆焜
第一卷第四期	1942年冬	狄特马的"经济学·警察学及官房学序说"	小山田小七
		大战下之棉花移动及各国棉业	白石幸二郎
		金银在经济上之价值	李祥煜
第二卷第一期	1943年春	中国史上之纸币与通货膨胀	刘厚泽
		说纸币的膨胀	张尚德
第二卷第二期	1943年夏	中国古代田赋兴革论略	陈兆焜
		纽约与上海之证券市场	饶引之
第二卷第三期	1943年秋	唐代庄园考	王辑五
		华北物资统制对策之检讨	冯亦吾
		我国所得税实施小史	沙　铮
		最近经济之新倾向	高木友三郎
第二卷第四期	1943年冬	经济政策在经济学上的地位	许牧生
		中国上古之商业	何铁山
		华北物资统制对策之检讨（续）	冯亦吾

表中所列文章，共有17篇。单从文章标题看，有的是对于经济理论、学说的一般性探讨，有的是关于经济政策、经济应用的讨论，有的是关于历史或现实经济现象的分析研究，基本上，还带有若干学术的气息。对于这17篇文章的作者，笔者将之与伪北大法学院教职员录进行比对，发现有一半以上（9人）登记在册。因此说，这份《社会科学季刊》"学院包办"的色彩也很明显。

伪北大经济学系的研究活动并不局限于上述一份期刊，此外还有重要的一项，即经济系研究室。先将该研究室的计划大纲录下，其言谓：

　　本研究室为深求人类经济生活嬗变之正确记录起见，特先致力研究社会现象之全貌，按诸经济原理，学说政策，而求其真谛。其因社会进化而生之物质给付关系，及其矛盾所在，加以正当指摘，并以合法之方策，调整生产、消费、分配、交换均衡关系，以增进社会福利，使人类生活向上为宗旨。①

初读起来，该研究室“以增进社会福利，使人类生活向上为宗旨”，这样的说辞不可不谓冠冕堂皇。然而，一旦读到该研究室的“研究工作和进行程序”，就感觉其中大有文章了。首先，该研究室的研究问题对象，分为三大纲目：（1）中国经济史学之研究；（2）事变以来华北经济文案之检讨；（3）金融物价之调查及其统计。其具体工作之分析和分配，大致如次：

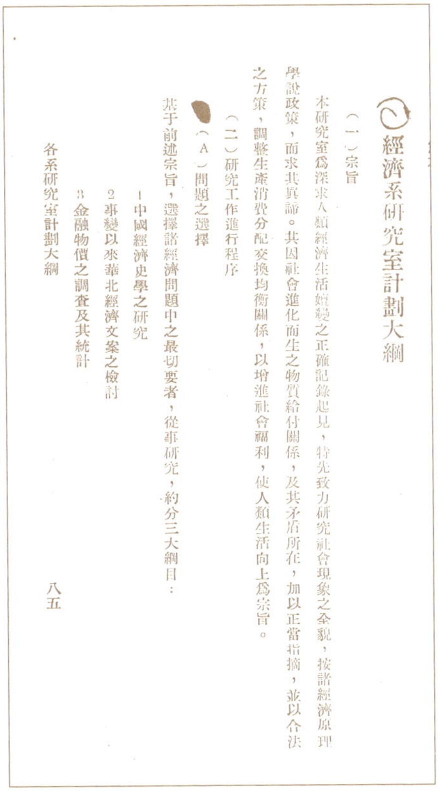
經濟系研究室計劃大綱

（一）宗旨

本研究室爲深求人類經濟生活嬗變之正確記錄起見，特先致力研究社會現象之全貌，按諸經濟原理學說政策，而求其真諦。其因社會進化而生之物質給付關係，及其矛盾所在，加以正當指摘，並以合法之方策，調整生產消費分配交換均衡關係，以增進社會福利，使人類生活向上爲宗旨。

（二）研究工作進行程序

（A）問題之選擇

基于前述宗旨，選擇諸經濟問題中之最切要者，從事研究，約分三大綱目：

1 中國經濟史學之研究

2 事變以來華北經濟文案之檢討

3 金融物價之調查及其統計

各系研究室計劃大綱

八五

图4-20 伪北大经济系研究室计划大纲

（1）中国经济史之研究

就时代不同之分析：A. 上古史部分；B. 中古史部分；C. 近代史部分；D. 华侨经济史部分。

就研究对象不同之分析：A. 农业史部分；B. 工业史部分；C. 商业史部分；D. 财政史部分；E. 交通史部分。

（2）事变以来华北经济文案之检讨

A. 关于资源调查与产业开发者：1. 矿业部分；2. 农林牧畜业部分；3. 渔业、盐业部分；4. 开发机构组织部分；5. 其他。

B. 关于财政政策者：1. 货币银行政策；2. 国际贸易及国际汇兑政策；3. 税租整理政策；4. 物资与物价统制政策；5. 其他。

（3）金融物价之调查与统计

A. 物价统计表之编制：1. 关于批发物价者；2. 关于零售物价者。

B. 华北金融市场现状之调查与前途之展望：1. 金融资本之活动情状；2. 货币流通量与速率之调查；3. 物品之供求关系，即生产消费数量与运输情形之调查；4. 华北金融政策与经济情形，对国际金融市场之相互作用。

① 《经济系研究室计划大纲》，载《（伪）国立北京大学法学院一览》，1941年9月，页85。

从上面研究工作的具体内容来看，三个部分皆有值得注意之处。第一部分所谓"华侨经济史"研究，其中"华侨"的含义与今天存在很大不同。因为1931年日本发动"九·一八"事变之后，迅速占领东三省，并于次年扶植废帝溥仪建立了伪满洲国。在日本帝国主义的荒谬定义中，伪满洲国与中国是两个不同的国家，因而，生活在伪满洲国的"中国人"也被视为"华侨"。所以说，这里面的"华侨经济史"，是在日本帝国主义曲解之下的"华侨经济史"，也是一段屈辱的"华侨经济史"。尤为显著者，在第二和第三两个部分。第二部分所谓"事变以来"，即抗战爆发以来，在日本侵略者的铁蹄下，针对华北经济的研究——包括第三部分中"华北金融市场现状之调查和前途之展望"，日本侵略者的险恶用心不言而喻。

因此，我们一方面在关注伪北大经济系对于经济问题的具体研究时，另一方面，也必须对日本侵华的野心保持足够的警惕，否则就会迷失时代的特殊政治背景。这也说明，作为一门应用性极强的人文社会学科，经济学研究本身带有一定的中立色彩。如果运用得法，目的正当，自然有助于实现经世济民之目的。但有时也会被强权、专制或帝国主义者利用，成为为虎作伥、助纣为虐的辅翼。

不管怎样，伪北大经济学系的历史，只是中国现代经济学科发展史上的一个"骈枝"。它产生于日本大举发动侵华战争的特殊时代背景之下，最终也随着中国抗日战争取得胜利、日本帝国主义的覆灭而走到历史的尽头。1945年8月15日，日本天皇宣布无条件投降。随之，在日本帝国主义卵翼之下的伪教育机构纷纷关闭、解散，伪国立北京大学也面临着被接收的命运。

三、复校后的学科重整

1. "复神京，还燕碣"

1946年5月，梅贻琦在昆明宣布国立西南联合大学正式解散后，北大、清华、南开三校便着手组织复校整体回迁的工作。在北返之前，对于三校未毕业的各院系学生，根据各人填报的志愿，进行了重新分配。在北大档案馆中，保存有一份当年志愿入北京大学的学生名单抄件。据之统计，大一至大四共有125位联大经济系学生选择了北大。另据《国立西南联合大学史料》统计，当时选择进入清华大学经济系的学生共有103人，商学5人；选择进入南开大学者共有3人（商学1人，经济2人）。合之可见，联大法商学院的学生有50%以上选择了国立北京大学经济系。

第四章 滚滚东流：抗战时期及复校后的北京大学经济学科（1937—1949）

复校之后，北京大学经济系的学生，除从西南复员回来这一部分外，还有两个新增部分：其一，随着中国人民的抗日战争取得胜利，台湾重回祖国的怀抱，国民政府教育部考虑到日据时期殖民教育严重，1946年10月特从台湾省中选拔学历相当者若干名，分发至国立高校，接受高等教育。当时，分发至北京大学经济系的学生共有6名，均被补入大学一年级。[①]其二，就是在接收伪北大过程中，同时接收过来的在籍学生。这一部分学生因为来源较为特殊，谨此略作交代。

在联大未正式解散前，1946年1月份，北大经济系主任赵迺抟即受命提前北上。赵之提前北上，一方面，是因为

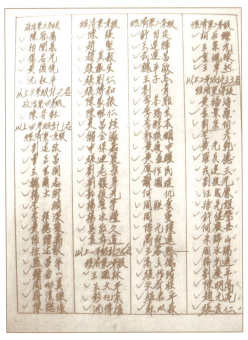

图4-21　1946年西南联大志愿入北大经济系学生名单（局部）

接受教育部特设北平临时大学补习班的聘请，出任教员，并担任该补习班的教务长一职；另一方面，赵也是法学院院长周炳琳的全权代表，负责偕同北大教务长郑天挺接收伪国立北京大学的法学院等事宜。然在伪北大的接收问题上，除一般的建筑、图书、设备等校产物资接收外，较有争议的是对伪北大人员的处理。这其中，又主要包含两个方面，一个是对于伪北大教职员工的处理，一个是对于未毕业学生的处理。1945年11月27日，北大的代理校长傅斯年在记者访谈中表示——北大将来复校时，决不延聘任何伪北大之教职员。理由在于：伪校之教职员均系伪组织之公职人员，应属附逆之列，所以将来不可担任教职。"至于伪北大之学生，应以其学业为重，现已开始补习。俟补习期满，教育部发给证书后，可以转入北京大学各系科相当年级，学校将予以收容。"[②]1946年3月13日，国民政府正式公布《惩治汉奸条例》。该条例一共有7条，前两条明确规定："1. 通谋敌国，而有本法所列行为之一者，判死刑或无期徒刑；2. 曾在伪组织机关团体服务，为有利于敌伪或不利

---

① 六人名字分别为：吴寅生、郭祥灿、张天成、陈威博、廖天朗、苏瑞鹏。
② 《傅斯年谈话北大不聘伪教职人员》，《大公报》，1945年11月28日。

于本国或人民之行为于一定年限内，不得为公职候选人或任用为公务员，处一年以上、七年以下有期徒刑。"①该条例根本精神与傅斯年的说法大致相同。5月21日，北大到平教授举行第二次谈话会，由代理校长傅斯年主持，赵迺抟代表周炳琳参会。会议讨论决定："凡在伪大学曾担任院长、秘书、教务长、训导长等项行政职务者，本校各院均不得考虑聘用。"②

根据国民政府对收复区的政策法令，以及北大的决议精神，伪北大的教职员均在开除之列，包括著名的文学家周作人（曾任伪北大文学院长，兼有他项与日人合作之事）、古文字学家容庚（曾在伪北大任教），以及法学家刘志敭（曾在伪北大法学院任教，兼有他事）等人，概莫能外。伪北大的学生被编入临时大学补习班，加强三民主义、英文、专业课等方面的教育和补习。③当时因为人数众多，只能分班授课。伪北大的法学院学生，则被编入第三补习班，以北大政治系张佛泉教授为班主任。经过课程补习，临时大学补习班结束，重行分发。据当时媒体报道，很多临大补习班的同学倾向选择进入北京大学学习，志愿分发入北京大学的临大学生共有845人。④据笔者统计，其中有70人最终进入北大经济学系：一年级1人，二年级22人，三年级25人，四年级22人。这些学生被分配入北京大学之后，与西南大后方回迁的学生共同学习。但是，由于日据时期奴化教育严重，导致这些学生不仅专业课水平在整体上不及西南回来的学生，他们的英文程度更显得"过于低劣"。为此，北大教务长郑华炽特提出补救之法，后经1946年10月16日大一课程委员会第一次会议议决：凡临时大学补习班学生（包括二、三、四年级学生），在上课时须经英文分班测验。其成绩在七十分以下者，均须补习英文一年。⑤

在教员方面，经济系主任赵迺抟于1946年1月先行赶赴北平，属于北大经济系最早返回者。因为周炳琳作为北大法学院院长，在西南还有很多善后事宜需要处

---

① 此外5条，属于相关财产及其他涉案人员、执行程序等方面的规定。具体为："3. 明知为汉奸而藏匿不报或包庇纵容者，处一年以上七年以下有期徒刑；4. 犯前条之罪者没收其全部财产，但应酌留家属必需之生活费；5. 查封动产，但应留家属必需之生活费；6. 查封动产，得委托该管地方行政机关执行之；7. 明知为汉奸将受没收或查封之财产而隐匿、收买、寄藏或冒名顶替者，处5年以下有期徒刑、拘役，或并科罚金。"（吴经熊编，郭卫增订：《中华民国六法理由判解汇编——刑法》，第五册，1947年，页775）
② 《北大到平教授第二次谈话会》（五月二十一日在宴会厅），《北京大学史料》第四卷，页1061。
③ 对于日据时期国立各大学已经毕业学生，则实行"甄审"。只有甄审合格，国民政府教育部方能承认其学历资格。但是，此举引起很大争议，而且掺杂了政党斗争因素在内。最终问题愈演愈烈，至国民政府失去大陆之前也未完全解决。在此不赘。
④ 《临大文理法学院学生多愿入北大》，《益世报》（北平），1946年6月7日。当时南方的北大学生尚未全部北返，因此这些临大学生真正进入北大学习的时间，应在1947年上半年。
⑤ 《教务长郑华炽就五事致校长胡适函》，《北京大学史料》第四卷，页456。

理——包括后来为李公朴、闻一多追悼会担任主祭,所以复校前期的几次北大到平教授会都是由赵迺抟代表周炳琳参加。并且,自1946年8月16日至9月19日,即复校后北京大学第一至第十一次校行政会议,也都是由赵迺抟代表周炳琳参加的。继赵迺抟之后,同年4月,暂行代理联大经济系主任的徐毓柟也赶回北平。我们在北大档案馆中发现一份有趣的材料,其中记载了北大经济学系教员的回迁到校时间。其中,将大多数教授的回迁到校时间都记成"35.8",即1946年8月。这样的记载,显然是不完全准确的。但是,据此分析,应该是:大约在1946年8月,北大经济系教员基本全部回迁到校。这样一个时间,与当时北平《益世报》的新闻报道也大致吻合。①不管怎样,谨据原始档案将全部经济系教员返校报到时间列表如下:

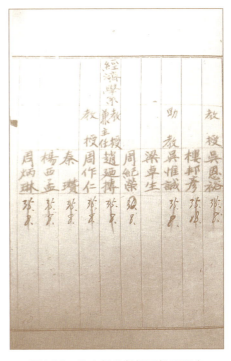

图4-22 北大部分教授到校登记表

表4-12 北大抗战复校后经济系教员返校时间登记表

职 称	姓 名	返校时间	职 称	姓 名	返校时间
教 授	赵迺抟	1946年8月	讲 师	熊正文	1946年8月
教 授	周作仁	1946年8月	讲 员	叶方恬	1946年8月
教 授	秦 瓒	1946年8月	助 教	闵庆全	1946年8月
教 授	杨西孟	1946年8月	助 教	郭成珠	——
教 授	周炳琳	1946年8月	助 教	蒋光远	1947年8月
教 授	陈振汉	1946年8月	助 教	谭元堃	1947年8月
教 授	樊 弘	1946年8月	助 教	张友仁	1947年8月
教 授	蒋硕杰	1946年8月	教 授	朱炳南	——
教 授	宋作楠	1946年8月	助 教	孙禩铮	

---

① 据1946年7月23日北平的《益世报》报道:"北大清华教授月底可全部到平。"

通往经世济民之路

图4-23 胡适校长

图4-24 蒋硕杰

根据上表，我们大致还可以了解一下北大复校初期经济学系的师资力量。表中共有教授10名，助教6人，讲师1人，讲员1人。其中，教授朱炳南、助教郭成珠和孙禩铮，在"返校时间"一栏空白，似乎当时并没有到校。这样的师资规模，在今天看来可能显得人力单薄，但在当时却是北方最强的。[1]

复校之后的北京大学并不满足于现状。新任校长胡适更是踌躇满志，希望能够把抗战八年中所牺牲浪费的宝贵时光抢回来，在国共内战一触即发之际，争取时间，把北大建设好。1947年下半年，胡适提出了一个著名的"争取学术独立的十年计划"，并提出了六点具体的学术发展建议。在该项计划中，胡适很深切地感觉到，中国的高等教育应该有一个自觉的十年计划。该项计划的目的，不为别的，而是要在十年之中建立起中国学术独立的基础。[2] "在十年之内，集中国家的最大力量，培植五个到十个成绩最好的大学，使他们尽力发展他们的研究工作，使他们成为第一流的学术中心，使他们成为国家学术独立的根据地。"[3]其发展中国学术的良苦用心和良好建议，尽管时隔六十多年，今日读来，仍值得敬佩和记取。

在北大复校之后，其实，不仅胡适一个人有上面那样的想法。相反，恰恰可以说，胡适的想法，基本就是当时北大各院系师生的一种共同想法。即如北大法学院，尽管在当时北方高等教育界"阵容最强"，但是，身为法学院院长的周炳琳，并没有固步自封，而是极力谋求法学院各院系的长远发展。然则欲求各院系的长远发展，首先必须要加强和调整师资。

---

[1] 在1946年12月《智慧半月刊》第十三期的一篇介绍文章中，直接就有这样的表述——复员后的北京大学法学院，"教授阵容在北方也是阵容最强的"。（萍：《大学新闻——北京大学》，《智慧半月刊》第十三期，1946年12月）
[2] 胡适：《争取学术独立的十年计划》，《智慧半月刊》，1947年第35期。
[3] 胡适：《争取学术独立的十年计划》，《中央日报》，1947年9月28日。

第四章　滚滚东流：抗战时期及复校后的北京大学经济学科（1937—1949）

周炳琳关于加强师资的想法萌生很早，1946年7月，在胡适返平途中、抵达上海之际，即接到周炳琳的来信。周炳琳在信中首先提及——"就北大内部言，人数大嫌不足，亟待补充，尤须网罗新人"。随后，针对法学院院务调整，周炳琳提出了一些具体想法。其中关于经济系，周炳琳认为"赵廉澄主持经济系，亦非理想人选"，有意换将。但是，北大经济系在赵迺抟的主持下，与法学院其他二系（政治、法律）相比，"内容尚不算空虚"[①]。因此，暂时无须更张。总之，周炳琳为加强法学院的师资，表现得不遗余力。只要能够起到加强法学院师资作用的正当办法，他一定坚持去做，乃至出现争议，也在所不惜。今从复校后北京大学校行政会议记录中，将1946年8月至1948年9月增聘教员的基本情况统计如下表：

表4-13　北大复员后增聘教员名单及时间表

姓　名	聘任时间	校行政会议次数	聘任职称
蒋硕杰	1946年8月26日	第4次	教　授
熊正文	1946年8月26日	第4次	讲　师
陈志让	1947年1月27日	第30次	讲　员
叶方恬	1947年8月11日	第47次	讲　员
蒋光远	1947年8月11日	第47次	助　教
谭元堃	1947年9月1日	第48次	助　教
张友仁	1947年9月1日	第48次	助　教
童冠贤	1947年12月8日	第56次	教　授
姚曾荫	1948年6月21日	第63次	副教授
严仁赓	1948年9月1日	第68次	教　授

上表所列，北大经济系在这一年多时间里一共增聘10位教员。这其中，有新从英国归来的蒋硕杰教授，有从浙江大学聘请来的严仁赓教授[②]，也有二十年前即

---

① 《周炳琳致胡适》（1946年7月9日），《胡适来往书信选》中册，页112、114。
② 严仁赓（1910—2007），天津人，为严修之长孙。1933年毕业于南开大学经济系，后被推荐到北平社会调查所工作，在朱炳南先生的指导下从事中国财政的调查研究工作。1941年赴美，先后进入加州大学、哈佛大学、哥伦比亚大学研究院经济系，从事研究工作。1946年回国，任浙江大学法学院教授。1948年9月，接到北京大学经济系聘书而未就。1950年北上，正式出任北京大学经济系教授。后又参与院系调整和中央财经学院的筹建工作，并担任新北大的副教务长，兼校长助理，主持教务工作和全校的研究生工作。1962年，调入经济系"世界经济"专业，讲授"美国经济"。"文革"后，重新走上教学研究岗位。主要著作有《云南省财政概况》、《中国之营业税》、《中华人民共和国经济史》（英文），并与罗志如等合著《当代资产阶级经济学说》。

在北大经济系任教的童冠贤教授①,还有刚从经济系毕业的张友仁先生。不仅如此,为求教学体系之完整,并兼顾经济学实践的经验传授,1947年10月,北大经济系还特别聘请了三位校外兼职教师,其名衔、所担课程、课时及原单位情况具体如下②:

表4-14 法学院聘请兼职教师名单

姓　名	担任课程	讲课时数	原任职机关
籍孝存	银行会计	2	金城银行
姚嘉椿	成本会计	2	冀北电力
戴世光	统计学	3	清华大学

我们将表4-13、表4-14与表4-12对比参观,可以断言:经过这样一番教员增聘,北大经济系的实力自然是更加强大了。借用当时关于北大的一篇介绍文章所言:北大法学院"经周炳琳院长十八年来的英明措施,以兼容并包的精神和莫大的毅力,甘冒天下大不韪,聘请各派的学者,创立现代化的社会科学教育与研究机关。……(经济系教授们)的学说虽有不同,但能并行而不悖,他们的政见虽异,但能并存而不相害,绝不以其学术作政治资本"③。

2. 教学与学术研究

复校后,1946年年底,法学院院长周炳琳在接受记者采访时表示,在课程设置上,拟增设一些新的课程,"马克思学说也要开几门",因为"这正是北大兼容并蓄的精神"。④但是,这在复校初期是很难实现的。我们在《北京大学史料》第四卷中发现一份1946年下半年北大经济系的课程表,迻录如下:

---

① 童冠贤(1894—1981),原名童启颜,河北省阳原县人。早年毕业于天津南开大学,后公费赴日本早稻田大学留学,以后又到美国哥伦比亚大学、英国剑桥大学及德国国立大学研究所研究政治与经济学。1925年回国,担任北京大学教授。后追随顾孟余赴广州参加国民北伐革命,遂受命任中国国民党政治委员会华北分会委员。1947年,再次受聘于北京大学经济系,并当选立法委员。1948年,当选南京国民政府立法院院长。1950年迁居香港,任教于香港崇基学院,1965年退休后定居加拿大,1981年8月逝世。
② 据1947年10月统计表显示,当时一共聘请四位兼职教员,另外一位为地方检察厅的检察官纪元,授课于北大法律系。其中,戴世光是因北大经济系教授杨西孟赴美进修,师资不足,因而聘任的兼职教授,讲授统计学课程。
③ 张榆生:《介绍国立北京大学——献给准备投考的千万青年同学》,《读书通讯》,1948年158期。作者张榆生,即现今北京大学经济学院资深教授张友仁先生。
④ 萍:《大学新闻——北京大学》,《智慧半月刊》第十三期,1946年12月。

表4-15　1946年度下半年北大经济学系课程表

年　级	科　目	学期	必修或选修	时数	教　员
二年级	会计学		必	3	宋作楠
	货币银行学		必	3	周作仁
	会计学实习		必	4	宋作楠
	大二英文		必	3	
二三年级	初级统计学		必	3	杨西孟
	统计学实习		必	4	杨西孟
三年级	欧洲经济		必	3	
	财政学		必	3	秦　瓒
	经济理论		必	3	周炳琳
三四年级	英文经济著作选读		必	2	
	国际贸易	下	必	3	
	国际汇兑	下	必	3	
	高级会计		选	3	宋作楠
	高级统计		选	3	杨西孟
	银行制度	下	选	3	
	经济学史		选	3	赵逎抟
	货币问题	上	选	3	周作仁
四年级	租税论	上	必	3	秦　瓒
	中国财政史		选	2	
	预算论	下	选	3	
研究生	高级经济学		选	2	蒋硕杰

从表中可以看出，当时北大经济系所开课程，基本沿袭了西南联大时期的模式，兼顾经济理论和实践应用，但主要是经济类科目；与抗战前相比，并没有列入政治和法律等专业的基础课程。除大二英文课外，在全部所开20门经济专业课程中，大多属于必修科目。在明确标识任课教师的课程名单中，宋作楠和杨西孟两位教授担任课程最多，均达到3门；其次为周作仁和秦瓒两位教授，各有2门；再次者为赵逎抟、蒋硕杰和周炳琳三位，各1门。即此可见，复校之初，北大经济系教授

阵容虽然堪称强大，但开课压力也着实不小。因此，北大经济系大规模增聘教员，也实为因时制宜之举。随着经济系师资力量不断得到扩充——1947年达到19人，1948年有18人，上面这种教员略显不足的情况得到完全改善。

在教员师资得到改善之后，教学效果如何，自然是我们关注的另一个问题。而作为教学成果的最好检验指标，莫过于：一、学生的平时考试成绩；二、学生毕业时的学位论文。我们在《北大学生周刊》中发现了一份1948年北大经济系毕业论文目录，较为全面地揭示了当时毕业论文的选题情况。今将该目录汇列如下：

表4-16　1948年北大经济系毕业生毕业论文目录

姓　名	论文题目	指导教授	姓　名	论文题目	指导教授
李醇本	生产过剩与经济恐慌	樊　弘	陈　绂	利息理论文选（翻译）	蒋硕杰
廖作民	从社会主义计划经济看苏联的农业发展	陈振汉	李相文	我国国家银行之研究	周作仁
周联奎	战后中国对外商业关系与贸易实况	樊　弘	李育和	我国中央银行之研究	周作仁
舒自定	开滦煤矿的外人投资	陈振汉	马正安	遗产税	蒋硕杰
彭兆京	经济理论英文著作翻译两篇	周炳琳	王树增	中国通货管理问题	周作仁
王卓然	中国货币的现在与将来	周炳琳	张锡山	论日本的复兴——战后日本的工业和贸易	樊　弘
万志远	国际资本移动的价格和乖离	赵迺抟	夏昌桂	国际贸易政策的研究	樊　弘
武运昌	凯恩斯与传统理论等翻译三篇	蒋硕杰	宋　奎	币制改革的研究	周作仁
苏以森	货币论（翻译）	周作仁	周　夔	商业循环与信用政策	周炳琳
黄益耀	从战后中港贸易论到今后国际贸易应循的途径	樊　弘	朱荷庄	中国的所得税	蒋硕杰
谢国琅	劳动价值论	赵迺抟	王笃齐	论中国农业金融发展的趋向	赵迺抟
高文德	张之洞与晚清的中国经济建设	陈振汉	储全滋	就业问题的总括分析	蒋硕杰
王宗元	凯恩斯充分就业论介评	赵迺抟	俞南琛	几个资本主义者与社会主义者所争辩的中心问题	赵迺抟
童佩球	国际贸易一般理论的数学公式	樊　弘	汪　锐	货币的利息理论	周作仁
黄履中	马克思的经济恐慌理论	樊　弘	程　玄	贸易统治与中国国际贸易	樊　弘
纪宗义	中国通货膨胀的影响	周炳琳	张星海	中国工业化所应采取的经济形态	陈振汉
刘乃昂	新公法的特殊会计问题	宋作楠	倪克屏	中国当前的土地改革问题	陈振汉

第四章　滚滚东流：抗战时期及复校后的北京大学经济学科（1937—1949）

我们对上表稍作统计分析。表中所列当年毕业同学学位论文选题共34篇（种），指导教授一共有7位，平均每人指导论文将近5篇。具体篇目分工，按照篇目数量多少，依次分工如下：樊弘8篇，周作仁6篇，赵迺抟5篇，陈振汉5篇，周炳琳4篇，蒋硕杰5篇，宋作楠1篇。每位教授所指导毕业论文，基本是以该位教授的专业特长为范围，但并不局限于此。整体上，毕业选题分为经济论文翻译和论文写作两种。而从具体题目来看，呈现出多元化的态势：既有战后国际经济问题的分析讨论（如日本的经济复兴问题），也有国内经济热点问题研究（如货币金融、就业问题等）；既有对于经济史命题的重新探讨（如张之洞与晚清的中国经济建设），也有对于当下重大经济问题的分析研究（如土地改革问题、通货膨胀问题等）；既有对于经济学说史上重要理论问题的分析论证（如凯恩斯充分就业论、马克思经济恐慌理论），也有对于现实经济问题的具体分析（如新公司法的特殊会计问题、中国农业金融的发展方向等）。凡此种种，一方面，体现了当时毕业生对社会经济现实和理论关注的热点；另一方面，实也意味着指导教授们对于经济学研究的思考取向。合而观之，这些内容丰富而生动地体现了当时北大经济人一种"经世济民"的思想情怀和学术抱负。

复校以后，北大经济系教师们的学术研究活动逐渐得到恢复，并且得到相当高的学术认可。即如从英国伦敦甫经归来的蒋硕杰教授[①]，于1947年5月，接获伦敦经济政治学院函告，选拔其为1944—1945年度研究工作成绩最优良学生，授以"赫其森银牌奖"（Hutchinson Silver Medal）。按照规定，该项奖章只颁与每年经济研究成绩最佳者。同年11月1日，在北平举行正式奖牌授予仪式。两周后（11月14日），北大校长胡适特举行午宴，祝贺蒋硕杰获得此项荣誉。同时与宴的有周炳琳等，咸对蒋教授表示祝贺。[②]

[①] 蒋硕杰（1918—1993），湖北应城人，辛亥革命元老蒋作宾之四子，生于上海。早年毕业于日本庆应大学预科，后赴英伦深造，就读于英国伦敦大学政治经济学院，师从著名经济学家、奥地利学派代表人物哈耶克，获经济学博士学位。1945年回国，受聘为国立北京大学经济学系教授。其后，历任台湾大学教授、国际货币基金研究员、美国罗彻斯特大学与康奈尔大学教授等职。1980年以后在台湾创立中华经济研究院，任院长、董事长等职。他是首位获诺贝尔经济学奖提名的华人经济学家，也是1949年后台湾经济振兴期间著名的"六院士"之一，为台湾走出经济困境和经济起飞作出了巨大贡献。
[②] 《蒋硕杰获英奖章　胡适昨邀宴庆贺》，《申报》，1947年11月15日。

图4-25　1947年北京大学经济系毕业纪念师生合影
前二排坐者：右起第1人蒋硕杰，第2人杨西孟，第3人秦瓒，第4人周炳琳，
第5人赵迺抟，第6人陈振汉，第7人周作仁，第8人樊弘；
二排站立者，左起第1人张友仁

图4-26　1947年蒋硕杰所获Hutchinson Silver Medal照片

前已述及，北大在抗战前办有一专门性学术刊物《社会科学季刊》，经济系教员的研究心得多发表其上，后因抗战爆发，被迫中断。复员以后，教员们"甚愿《社会科学季刊》能早日复刊"，但一时之间恢复不易，因此，当时一般教员的研究心得多发表于《经济评论》、《中央研究院社会科学季刊》、《工商月报》、《世界知识》、《世纪评论》、《观察》、《新路周刊》、《中建》等期刊上面。

①在这些刊物之中，借用蒋硕杰教授的说法，《新路周刊》"一时成了北平教授们讨论经济问题的论坛"②，因而显得特别重要。

《新路周刊》于1948年5月正式创刊发行，至同年年底被迫停刊。该刊物的创办人为原国民政府国防资源委员会副秘书长钱昌照。钱与黄郛、陶孟和系属连襟，借靠黄郛与蒋介石密切的关系，从牛津毕业回来后，很快便身任要职。钱还曾是1937年教育部常务次长周炳琳的前任。然而，钱昌照在国民政府中确是一个不可多得的人才。蒋介石侍从室的秘书唐纵曾评价道："钱之为人，颇有青年勇为与负责之精神，对于政治经济，亦颇有见地。官场中有此一人，亦为不可多见之机会。"③

图4-27　钱昌照

抗战胜利之后，国共内战随即展开，钱昌照看到国民政府腐败透顶，乃欲联络北方学界著名人物，对中国未来的前途命运、经济和社会发展进行独立的探讨和思考。钱昌照首先鸠资筹组了一个"非政党的组织"——中国社会经济研究会④，"会员有50多人，绝大部分是文化人，只有个别的人是资本家"⑤，并提出三十二条主张，"作为讨论中国各种问题的出发点"⑥。该研究会的主要任务，就是出版《新路周刊》。该周刊从内容上大致分为社会、政治、经济、文艺四个栏目。据当时吴景超向胡适所言，《新路》的分工大致如下：吴觉农任主编，吴景超任社会，刘大中任经济，钱端升任政治，萧乾任文艺。⑦而据钱昌照回忆录所记，《新路周刊》由"周炳琳负总责"⑧。当以钱昌照的回忆为准，吴觉农很可能是挂名主编，实际总负责该周刊的应为周炳琳。

---

① 国立北京大学讲师讲员助教联合会编：《北大院系介绍——经济学系》，1948年，页47。与此同时，北大经济系师生为"分析本校教职员生活程度及真实所得之变动"，曾着手编制"北京大学教职员生活费指数"，筹备工作也基本完成，但苦于没有可靠的价格数据，并没有正式开始。
② 《蒋硕杰先生访问纪录》，五、任教国内大学时期，中研院近代史研究所，1992年，页47。
③ 唐纵：《在蒋介石身边八年——侍从室高级幕僚唐纵日记》，1942年1月14日，群众出版社，1992年，页250。
④ 据钱昌照回忆，当时还从宋子文处获得一部分资金，但宋当时并不明作何用途。（钱昌照：《钱昌照回忆录》，中国文史出版社，1998年，页101）
⑤ 同上书，页101。
⑥ 《新路周刊发刊词》，《新路周刊》创刊号，1948年5月15日。
⑦ 曹伯言整理：《胡适日记全编》（七），1948年1月24日，安徽教育出版社，2001年，页704。
⑧ 钱昌照：《钱昌照回忆录》，页101。

通往经世济民之路

在《新路周刊》的"发刊词"中,中国社会经济研究会公开表明了他们办刊物的一些想法,其中言道:

> 我们每一个人都是国家的一个公民,对于每一个问题,自然有我们的看法。把这种看法公开的说出来,是做公民的义务,也是做公民的权利。……我们愿意在本刊中,提高讨论的水准,以理论应付理论,以事实反驳事实,以科学的方法,攻击盲从偏见。……在万方多难的今日,我们深感天下兴亡,匹夫有责,所以发行本刊,想以大家的智慧,来探索中国的前途。探索的方法、角度容有不同,并且可以不同到一个程度,……但我们的动机是相同的,就是对于国家社会的种种事实与问题,想了解得更清楚,我们的态度也是一样的,就是刊物尽管由团体办理,每一句的责任还是由每一个人自己负担。①

在《新路周刊》的创刊号封底处,中国社会经济研究会更将"三十二条初步主张"进行了详细揭示。其中,在政治上,主张民主化、制度化,以法治代替人治,保障人民民主权利,反对专制独裁;在外交上,主张和平外交、协调外交,反对武装暴力,反对国家之间种族歧视;在社会和其他方面,主张扩大教育机会,建立劳工福利、社会保障制度,推广医药卫生,节制生育,减轻人口压力;等等,各有若干条具体主张。除上述外,中国社会经济研究会在经济方面的主张,相信会引起今天经济学家更多的共鸣。谨照录如下:

(十六)我们主张国家应筹划妥善方法,负责发展国家资源,实现全民就业,促成公平分配,提高生活水准。

(十七)国家应运用各种合理的政策,积极促进我国经济的现代化与工业化。

(十八)全国土地,以全部收归国有为最终目标。第一步应即规定私人农地的最高限度,超过此限度者,应立即收归国有。对于原来地主,给以长期债券,以为补偿。收归国有的农地,或租与自耕农,或集体经营,视情形而定。市地应立即收归国有,并酌予补偿。

(十九)农业之生产经营及农民生活,应运用国家力量辅助其前进。

(二十)凡独占性及关键性之工矿及交通事业,原则上应由国家经营。

---

① 《新路周刊发刊词》,《新路周刊》创刊号,1948年5月15日。

(二十一) 金融事业，应由国家经营。第一步应将国家银行之私人股本立即收回，并简化及统一其机构。

(二十二) 国营事业，应以资源之充分与合理运用及谋全民之最大福利，为其经营方针。

(二十三) 国家赋税政策，应以平均私人财富，创造国家资本，促进资源开发，维持经济繁荣，及达成社会安全为目标。

(二十四) 国家对外贸易政策，应配合国内经济及其生活方面之需要。

(二十五) 欢迎不带政治作用而能配合我国经济政策的国外投资，在互惠的条件下，参加我国经济建设。

图4-28 《新路周刊》创刊号

其中所主张的实行土地国有政策，以工业化现代化为目标，金融国营，税负均平，开发资源，吸收外国投资等，大致勾勒出了社会经济研究会会员们的经济主张。同时，中国社会经济研究会的会员大多属于经济学界的精英分子，该周刊的撰稿人实际上也主要是这批人，因此，可以说，上述经济方面的主张实际上浓缩了当时中国主流经济学界的一般看法。

下面，再从该周刊作者及篇章内容等情况略作分析。当时北大经济系教授周炳琳作为该刊物的实际总负责，由于主持工作关系，他在这个刊物上发表的文章，少部分采用的是实名，大多数署的是笔名。据张友仁先生统计，在《新路周刊》存续期间，周炳琳发表的各类文章（包括时政短评、会议发言等）总数超过50篇。[①] 其他北大经济系教授，如蒋硕杰、陈振汉、徐毓枬、戴世光等，在该刊物上具名发表的经济专业文章总数也达数十篇。此外，在该刊物上发表经济类文章较多者，还有刘大

---

① 参见张友仁编：《周炳琳文集》，浙江人民出版社，2009年，页129—258。

中[①]、赵人儁、吴景超、粟寄沧、胡寄窗等著名经济学者。上述这些经济学者在《新路周刊》上发表的文章，视野广阔，讨论深入，论述精到，基本涉及了当时国计民生方面所有的重大社会经济命题，乃至对国共内战结束后中国经济和社会的出路问题也作了相当积极而富有先见的讨论。其中多篇文章透露出这批学者的智慧光芒，虽历经几十年的风尘洗劫，仍熠熠生辉。谨将该刊所载经济类论文（专论和专题讨论）篇目按照主题分类汇总如下：

表4-17　《新路周刊》所载经济论文篇目分类汇总

类　别	题　目	作者（与论者）	卷　期
经济泛论	如何研究中国经济问题	谷春帆	1卷2期
	经济制度之选择	蒋硕杰	1卷3期
	强国与富国	徐毓枬	1卷7期
	由人性上证明计划社会的必要	吴恩裕	1卷9期
	政治民主与经济民主	刘大中；与论：萧乾、翁独健、吴景超、徐毓枬	1卷13期
	经济行政应即公开	刘大中、吴景超、翁独健、周炳琳、楼邦彦、赵人儁	1卷15期
	私有财产与公有财产	吴景超	
	民生主义的实践	严仁赓	
	论经济自由	吴景超；与论：徐毓枬、刘大中、赵守愚	1卷21期
	资本形成的途径	吴景超	2卷2期
美国经济及中美关系	关于美国经济制度	慕真、卓仁	1卷1期
	忠告美国政府	刘大中、赵人儁、吴景超、徐毓枬、陈达、戴世光、潘光旦、邵循正	1卷8期
	繁荣的悲哀	丁忱	
	美国经济的近景	邢慕寰	1卷9期
	施与受施——论美援协定	周炳琳	1卷10期

---

① 刘大中（1914—1975），著名计量经济学家。早年毕业于交通大学唐山工学院，1940年获美国康奈尔大学经济学博士，后任教于清华大学。1948年赴美，任职国际货币基金组织。1954年，与蒋硕杰一起提出外汇贸易改革建议，推动单一汇率。自1958年，任教于康奈尔大学，直至逝世。1960年，当选中研院院士。1964年返回台湾，在台湾的土地改革和税制改革中，发挥巨大作用。他是《新帕尔格雷夫经济学大辞典》收录传记的唯一一位华裔学者，也是台湾经济振兴过程中著名的"六院士"之一。

续表

类　别	题　目	作者（与论者）	卷　期
货币金融	准备金多了有什么用？	刘大中	1卷1期
	公款，国家银行，与物价涨风	滕茂桐	1卷9期
	我国银行业的罪恶	喻淦邨	
	物价上涨何时了？	戴世光	1卷14期
货币金融	改革币制法案的检讨	刘大中	1卷16期
	评币制改革	朱今吾	1卷18期
	物价与薪工	余才友	
	稳定新币值的有效措施	刘大中、陈振汉、吴景超、蒋硕杰、胡寄窗、关大中	1卷19期
	中国、交通、农民三行的商股是否应行改归国有	刘大中、滕茂桐	
	经济改革与物价指数证券	胡寄窗	
	币制改革案的本质	粟寄沧	1卷20期
	冲淡通货膨胀的途径	滕茂桐	
	新币制的善后	蒋硕杰；与论：刘大中、赵守愚	1卷23期
	从法币的崩溃看金圆券的前途	粟寄沧	2卷1期
	金圆的新改革和旧教训	赵守愚	2卷3期 新金圆券特辑
	币值与币信	戴世光	
	温故而知新	徐毓枏	
苏联经济	苏联的农民	Anna L. Strong	2卷4期 苏联经济特辑
	苏联的工业建设与计划制度	陈振汉	
	苏联的生活程度	吴景超	
土地问题	论耕者有其田及有田之后	吴景超；与论：徐毓枏、戴世光、陈振汉、戴德章	1卷2期
	评农地改革法草案	郑伯彬	1卷22期
社会主义经济	社会主义下的生产政策	刘大中	1卷4期
	社会主义下的生产效率	马逢华	1卷11期
	社会主义的经济是否需要计划	负生、春生	1卷16期

续表

类　别	题　目	作者（与论者）	卷　期
人口政策	论我国今后的人口政策	戴世光；与论：陈达、赵守愚、吴泽霖、刘大中、吴景超	1卷5期
	从国际局面看人口问题	何国樑	1卷23期
城乡关系	城乡关系：敌乎？友乎？	袁方	1卷6期
工业化	中国工业化的资本问题	吴景超；与论：丁忱、谷春帆、汪馥荪、刘大中、蒋硕杰	1卷7期
财政税收	旧话重提财产税	赵守愚	1卷10期
	谈公费	陈浩生	1卷11期
	临时财产税行得通吗？	陈际云	1卷15期
	财政经济补充办法之再补充	胡寄窗	2卷2期

上表所列，共有48篇文章（包括专题讨论），基本涵盖了《新路周刊》经济类论文的全部。笔者依据文章主题，将之大致分成：（1）经济泛论；（2）美国经济及中美关系；（3）货币金融；（4）苏联经济；（5）土地问题；（6）社会主义经济；（7）人口政策；（8）城乡关系；（9）工业化；（10）财政税收，一共10个类别。对于这10个类别，大致有以下几点值得注意：

其一，第一类名为"经济泛论"，是指这10篇文章的论述主要是针对较为宏观的经济制度问题而言，绝非泛泛而谈、空谈虚妄之作，文中论述的落脚点还是具体而现实的社会经济问题。其二，关于第三类"货币金融"方面的讨论文章特别多，共有17篇，乃至在第二卷三期还设有"新金圆券特辑"。这些文章，一方面反映了当时经济学者对于货币金融问题的极大关注，另一方面，主要是针对国民党政府在大陆溃败之前所进行的货币金融改革政策而发。面对当时惨淡的社会经济，尤其飞涨的物价和四大家族对于金融的垄断经营，很多学者充满了批评和愤怒，大有不得不发之势。其三，对于（4）苏联经济和（6）社会主义经济问题的讨论，刊中论者大多能结合中国与苏联的社会实际，以及理论的源流发展，进行冷静的分析和论证。总体而言，当时大多数学者，既感受到社会主义经济的浪潮滚滚而来，势不可当，同时也对社会主义条件下对于社会资源、经济要素的合理分配，以及经济自由、市场功能发挥等问题，保持着相当的警惕。其四，关于（7）人口政策的讨论（其实也部分包含在其他类别的文章中），戴世光等一批学者对于中国未来的人口政策作了深入的分析和讨论，基本上倡导实行一种"在不妨碍生产的条件下，进行节育"的政策,并认为这是解决中国贫困问题和人口压力的重要手段和必然趋势。以此反观20世纪50年代马寅初先生提出的"新人口论",可以发现:在1949年前,对于中国人口问题的解决,已经是当时经济学界普遍关心的焦点问题了。并且,他们所主张施行节制生育、计划生产的政策导向,前后是一脉相承、一以贯之的。其五,该刊对于美国经济制度、美中经济关系的分析,以及关于中国土地问题、城乡关系、工业化等方面问题的讨论,也有很多值得今天借鉴之处,在此不赘。总之,《新路周刊》对于中国社会经济问题的讨论,无疑地站在了那个时代的学术制高点上。

在中国社会经济研究会之外,当时还有一个重要的学术同仁组织——独立时论社。1947年春,北方教育界的一些有识之士"觉得应该利用余暇,写写文章,对重要的时事问题,以独立的与公正的立场,发表一点意见",并且认为这是"应尽的一种社会职责",于是组织一"独立时论社"。但是,欲单独作为一个刊物出版,当时教授们并没有财力,于是仿照欧美专栏作家的做法,作者先将文稿寄发国内外各地报馆同时发表。大约一年之后,1948年3月,"独立时论社"的同仁们又将此前分别发表的文章汇成专集,以《独立时论集》名义出版。该书收录经济类学术论文共28篇,谨将篇目汇列如下:

表4-18 1948年《独立时论集》所收经济类文章篇目汇总

	篇 名	作 者	单 位
1	十年来我国的物价与通货	杨西孟	北京大学
2	经济的改造	吴景超	清华大学
3	财政家的学养与风度	赵迺抟	北京大学
4	心理・涨价・与通货膨胀	陈岱孙	清华大学
5	对于联合国亚洲经济委员会的期望	戴世光	清华大学
6	中国经济政策的矛盾性	傅筑夫	南开大学
7	提高农业的效率	吴景超	清华大学
8	经济落后国家的开发	郑林庄	燕京大学
9	从进步中求经济安定	陈振汉	北京大学
10	当前的物价、通货与财政	粟寄沧	铁道学院
11	通货与物价	周作仁	北京大学
12	当前经济当如何改革	杨西孟	北京大学

续表

	篇　名	作　者	单　位
13	从速开征临时遗产税之三大理由	赵迺抟	北京大学
14	论教师待遇之亟应改善	徐毓枬	北京大学
15	开发远东的经济问题	郑林庄	燕京大学
16	生产效率与生活程度	吴景超	清华大学
17	马歇尔援欧计划之分析	傅筑夫	南开大学
18	经济与政治	巫宝三	中央研究院
19	废除现行外汇"钉价"办法	陈岱孙	清华大学
20	突破经济难关	彭光钦	重庆工业实验所
21	困难重重下的我国国际贸易	袁贤能	南开大学
22	论改定外汇管理办法	陈岱孙	清华大学
23	评《节约消费纲要》	赵迺抟	北京大学
24	平衡国际收支与外汇政策	徐毓枬	北京大学
25	薪资问题的严重性	彭光钦	重庆工业实验所
26	输入限额分配之刍议	蒋硕杰	北京大学
27	论对日和约中经济条款	粟寄沧	铁道学院
28	读监察院《外汇使用报告书》有感	赵迺抟	北京大学

我们将《独立时论集》与前述《新路周刊》相比，可见二者的共同点是，皆对于当下经济热点问题保持极大关注，以及基本都倾向进行独立的学术分析和讨论，而且其整体学术水准是不容置疑的。另据上表统计，其中北大经济系同仁发表的文章有11篇。其次较多者，为清华大学，共7篇。其他学校更少一些。由此可见，在"独立时论社"这一较为松散的学术团体中，北京大学经济系的教授们属于发文的主力。

在上述两个学术组织和发文载体之外，1946—1949年间，北大经济系教师们的学术研究方面，还有不少引人注目的成果。试举两例：

其一，1948年初夏，经济系主任赵迺抟教授的《欧美经济学史》杀青付梓。他在该书序言中，对成书经过交代如次：

本书初稿，成于滇南之鹅塘，承历届毕业同学蒋庆琅、毕琬芬、罗真嵩、

第四章 滚滚东流：抗战时期及复校后的北京大学经济学科（1937—1949）

邵景渭、孙禩铮、颜雅智、黄金莲、萧福珍、陈其英、董慎仪诸君为我誊录。付梓后，又承门人北大讲师熊正文君、讲员叶方恬君、助教张友仁君为我悉心校对，多方考证。他们为我耗费了无数的精力与时间，衷心殊感。在本书写成之后，蒙三十年前之窗友和二十年来之同事周炳琳、周作仁两先生，于严寒的冬夜和酷暑的夏日，为我评阅，并提出宝贵的意见，加以删改。他们的友谊，使我感激万分。又本书初无问世之意，重以周炳琳先生之敦促鼓励，又承老友吴俊升先生之竭力帮忙，始得刊行。他们的热情爱护，尤使我铭感万分。①

图4-29 《欧美经济学史》

在撰写完序言后，该书稿交由上海正中书局出版。但是，1949年上海旋即解放，该书又被正中书局带到台湾出版。根据北京大学图书馆藏书目录，该书自出版后，在台湾地区作为大学用书，至1986年已经由正中书局至少印行了9版，足见其学术水平受到广泛认可。

其二，为迎接1948年12月17日北京大学建校五十周年校庆纪念，北大各院系特别给教师们布置了"学术任务"：以撰写和发表学术论文的形式，向北大五十周年献礼。当时法学院院长周炳琳特意找到蒋硕杰，希望他能写一篇文章，并且"最好能够在国内外同时发表"②；对于其他一些经济系教员，周炳琳也提出了几乎同样的要求。我们在《国立北京大学五十周年纪念论文集目录》（1948）中发现当时提交论文的经济系教员一共有7位。谨将其目录罗列如下：

作 者	论文标题
杨西孟	论通货流通速率
周作仁	英国外汇政策之演变
樊 弘	社会所得变迁函数的分析
陈振汉	官督商办制度与轮船招商局的经营

---

① 赵迺抟：《欧美经济学史》，序言，正中书局，1948年，页3。
② 《蒋硕杰先生访问纪录》，页51。

蒋硕杰　Rehabilitation of Time Dimension of Investment in Macrodynamic Analysis
赵迺抟　最足以代表五十年来底美国经济思潮的经济学派——制度经济学派
熊正文　宋代农贷[①]

上述七篇文章，皆是学有专长的学者所撰写，并且颇能展现其优长之处。即如杨西孟教授（当时在美国）早年留学美国密歇根大学，又曾在芝加哥大学研究院专攻计量经济学，著述甚多；周作仁教授则常年在北大讲授货币银行学课程，其文思细腻，分析深入，在师生中著有口碑；樊弘教授曾于牛津大学进修，并亲聆西方经济学大师凯恩斯授课，兼对马克思政治经济学说夙有研究；陈振汉教授毕业于南开大学经济研究所，为经济学家方显廷先生高足，后又赴美深造，获哈佛大学经济学博士，专治经济史、经济学说史；赵迺抟教授毕业于哥伦比亚大学，其博士论文甫一发表，即被奉为研究制度经济学派的经典之作；熊正文先后毕业于北京大学和燕京大学，学位论文即专门研究中国历代利息问题，蔚为巨著。此外，比较特别的是，蒋硕杰教授的英文经济论文，主要是利用奥地利学派的资本理论来分析开发中国家的问题[②]，这样的研究方法在当时是很前沿的。

3. 历史的抉择

抗战胜利之后，内战旋即爆发，国共两党为一决雌雄，不惜短兵相接，大打出手。自1946年至1949年，社会动荡，人心惶惑，物价飞涨，生活日渐难堪。在国共双方军事胶着混战、未分胜负的时候，身处"象牙塔"中的北大师生们，也无法获得片刻宁静。偌大的校园，早已成了两派势力竞相角逐的场地。即便胡适校长有宏伟的"十年学术独立计划"，即便法学院院长周炳琳、经济学系主任赵迺抟有大力发展北大经济学科的决心和努力，面对国是日非的惨淡时局，徒唤奈何。而包括周炳琳、赵迺抟等人在内的北大教员们，所要面临的，是来自政治、经济、社会等方面的诸多压力。

首先，是来自物价上涨方面的生活压力。抗战期间乃至抗战之后，国民政府财政经济状况日形窳败，衰相百出。为解决诸般问题，国民政府也曾做过一些努力，包括调整财政政策、进行金融货币改革、发行金圆券等，但是，每项措施的

---

① 《国立北京大学五十周年纪念论文集目录》，载《北京大学五十周年纪念特刊》，1948年。
② 《蒋硕杰先生访问纪录》，页52。

第四章 滚滚东流：抗战时期及复校后的北京大学经济学科（1937—1949）

最终结果，都只是使少数官僚资本家——尤其四大家族受益匪浅，而对于中国大多数老百姓来说，却无异于多一层经济盘剥和财富掠夺，雪上加霜而已。周炳琳在一次接受采访时批评道："内战继续，财政当局只是账房。内战不停，谁作账房也不行。……内战无把握停止，和谈之门一时难启，财政金融也没办法。"①

面对物价飞涨，金融秩序紊乱，当时一些教授学者们除了在刊物媒体上发表一些专业性的批评，或者提出一些良好的建议外，其所处的现实生活并没有多少起色。1947年8月17日，记者分别采访了北大法学院院长周炳琳和经济系主任赵迺抟，二人均表示目前生活经济压力过重。周炳琳受访时谈道："现在之薪给，仅能维持四口之家半月之需，教授的孩子已经念不起书。"赵迺抟在访谈中更是促请教育部长朱家骅注意物价上涨与薪水的速度差异。②为求教授生活与待遇问题之解决，同年9月，周炳琳、赵迺抟、马大猷三位教授特别组织了一个委员会，专门商讨应对办法，决心拟具正式意见书，并向最高当局反映。③最终，还是无济于事。

在严峻的经济形势下，大多数教授的生活无法为继，甚至比抗战时期还要艰难，不得不忍痛以罢教为手段，向当局抗争。1948年11月1日，北大经济学系陈振汉、樊弘、蒋硕杰、周作仁四位教授，偕同北大其他院系教员共83人，实行罢教三日。其罢教宣言中说：

> 改革币制以后，物价和我们薪给被冻结了。物价虽然被冻结，我们决不能照限价购得我们的食用所需。因此，我们每月收入，不过维持几天的生活。当然，我们宁可饿死而不离开工作岗位。但是，我们和我们的眷属在为饥寒所迫的时候，难于安心工作。政府对于我们的生活如此忽视，我们不能不决定自即日（十月二十五日）起忍痛停教三日，进行借贷，来维持家人目前的生活。

与此同时，这83位教授又联名致函校长胡适，表明"罢教三日"之举"事非得已，尚祈见谅"，"为维持目前生活起见，我们要求学校在一周内借支薪金二月，以免冻馁"。④这些行止谦谦、文质彬彬的大学教授们，若非真的"事非得已"，想必不会出此下策的。

---

① 《周炳琳讲南行所见》，《大公报》（天津），1947年4月27日。
② 《北大教授呼声：教授的孩子读不起书　薪给仅维持半月家用》，《申报》，1947年8月17日。
③ 《北大教授会生活与待遇两项决议仍在商讨中》，《申报》，1947年9月25日。
④ 《北大教授停教宣言暨致胡适校长函》，北大档案馆藏影印件，1948年10月25日。

图4-30 北大教授停教宣言

但是，在国共内战结束之前，压在这些教授们身上的经济重担，丝毫没有减少。不仅如此，政治上的压力也不小。即便是学术研究，也难以幸免。前面谈到的中国社会经济研究会，其性质类似英国的费边社，即一种自由知识分子之间的松散联盟，对社会改造持一种中立的改良主张。其所主办的《新路周刊》，原本也是采取一种中间的政治立场，希望在国共之间寻找一条"第三条道路"。它自1948年5月创刊起，即"一面骂蒋介石和国民党，一面对共产主义抱怀疑的态度"；但也因此"受到左右两方面的攻击。香港方面的保守和进步舆论都对它不满"。"蒋介石则横施压力，先是严重警告，（同年）12月30日国民党政府社会部又勒令其停刊。"共产党一方则认为，《新路周刊》对一些问题的讨论，"冲淡了共产党的宣传"，不合时宜，所以也必须"组织力量去批判"。①由此可见，在"非杨即墨"的年代，当时一些知识分子逼处两雄之间，即使是正常的学术研究，也是很难找到所谓"中间道路"的，只能在夹缝中求得暂时的生存。

面对国民政府的贪污腐败，倒行逆施，越来越多的学者表示出失望。1947年4月，作为"北方三教授"②之一的周炳琳在采访中告诉大家，"对现政府（即国民党政府）不必寄予太大期望"③。若干年后，在周炳琳的自述中，他更明白地表示，"早就看到反动的蒋政权注定要失败的，早已同它断绝关系，新局面的到来早在意料之中"④。在失望之余，学者们或者选择消极地沉默对待，或者选择撰写论文、发表演讲，痛砭时弊，或者亲身参与到覆亡国民党政府的行动当中。由于北大

---

① 钱昌照：《钱昌照回忆录》，页101—102。
② 为光：《国立北京大学》，《中国青年》，1947年第五期附刊。该文所指"北方三教授"，除北大法学院院长周炳琳外，还有许德珩、钱端升。"北方三教授"之得名，源自三人在抗战胜利之后首倡国共和谈。
③ 《周炳琳讲南行所见》，《大公报》（天津），1947年4月27日。
④ 《在中国人民政治协商会议第二届全国委员会第一次全体会议上的发言》（1954年12月），《新华月报》，1955年1月号。

第四章 滚滚东流：抗战时期及复校后的北京大学经济学科（1937—1949）

长久以来具有民主科学的传统，并且在历次社会运动中皆有突出的表现，因此，当时选择沉默的北大教师属于少数，更多的教师或积极主动地参与，或被裹挟进入社会运动的洪流当中。下面，谨列举若干条史事材料，以见当时活动之一斑。

1947年6月2日，在沙滩北京大学红楼之北楼礼堂，举行"华北学联为内战死难军民暨反对内战牺牲烈士追悼大会"。……公祭完毕，请胡适校长讲话。……说我们华北学生运动最成功，尤其是我们北京大学，因为没有发生大的事件。往下有周炳琳、吴之椿、钱端升、杨西孟诸先生演讲。①

1947年5月5日，经济系举办经济晚会。杨西孟、赵迺抟、秦瓒、陈振汉、周炳琳教授讲演，结论是："政治是具有决定性的力量的，所以，如内战不停，人民一定会继续受苦，经济也一定没有办法。"②

图4-31　1947年6月2日周炳琳作反内战演讲（张友仁先生摄）

1947年"11月初，发生了浙江大学学生自治会主席于子三被国民党反动派严刑拷打、惨死狱中的事件。北平各校师生于11月6日罢课一天，在沙滩民主广场举行了追悼于子三大会，大会五千多人在悲痛中宣读了抗议书，北大周炳琳、樊弘教授在会上讲话，支持同学们的抗议活动，谴责国民党政府的暴行。会上还演出了揭露国民党反动派的活报剧"。③

1948年4月7日至8日，在北京大学同学示威抗议国民党拘捕12位进步学生的事件（"十二人事件"）中，教师们也在孑民纪念堂开了会，表示要保护和支持12位同学。记得袁翰青教授、樊弘教授、许德珩教授还发表了演说，同学

---

① 白婉如：《五十年前的一篇日记》，载《北京大学校友通讯（北京大学建校一百周年纪念特刊）》，1998年5月，页72—73。
② 萧松、马句、宋柏：《沸腾的沙滩——解放战争时期北京大学地下党领导文理法学院学生民主运动的回忆》，《文史资料选编》第二十辑（北平地下党斗争史料专辑）下，北京出版社，1979年，页28。
③ 许英：《金色的年华　火热的青春——记北大生活片段》，载《北京大学校友通讯（北京大学建校一百周年纪念特刊）》，页95。

们报以热烈的掌声,高呼"师生团结万岁!"。[1]

1948年12月4日,北大自治会理事会在北大北楼大礼堂举办周末演讲第一讲,请法学院长周炳琳演讲,题目为《构成混乱局势的几个因素》。在演讲中,周炳琳指出:迷信武力是不能进步的,一个政权的成败得失要看他是不是爱护人民。[2]

图4-32　樊弘(左)与许德珩(1948)

在抗战后、解放前的爱国民主运动中,有一位北大经济学系的教授迅速崛起,并发挥突出影响,这就是樊弘教授。樊弘(1900—1988),四川江津人。1925年毕业于北京大学政治系。1924—1926年,任北平《国民公报》编辑。1927年,担任北平社会调查所编辑,兼秘书职。1928—1931年,在上海中央研究院社会科学研究所任助理研究员。1934—1937年,在湖南省立法商学院任教授。1937—1939年,赴英国剑桥大学进修。1939—1945年间,先后任湖南大学经济学系教授、中央大学经济系教授、中央研究院社会科学研究所研究员、上海复旦大学经济学系主任。1946年起,受聘为北京大学经济学系教授。樊弘教授素来对马克思主义经济学情有独钟,而且对凯恩斯经典理论有深入研究,属于当时北大左翼教授的代表人物之一。1947—1949年,樊弘教授一方面撰写了大量的经济学专业论文,发表在《经济评论》、《世纪评论》、《观察》、《知识与生活》、《中国建设》、《工业月刊》、《经济周报》等报刊杂志上;另一方面,他还写作了很多篇时政性论文,对于国民党政府统治下的经济、政治、社会乃至思想方面的诸多问题,进行了无情揭露和严厉批评,颇受时人注目。在"以笔为刀"的写作活动之外,他还亲身参与很多师生民主集会,冒着生命危险,发表演讲,呼唤新政权、新社会的早日到来。时隔多年,当年听过樊弘等"民主教授"演讲的学生深情回忆到:"在国民党特务横行、反动当局迫害青

---

[1] 艾丁:《在北大学习的日子》,载《北京大学校友通讯(北京大学建校一百周年纪念特刊)》,页100—101。

[2] 《周炳琳昨日讲演　说明构成混乱局势的几个因素》,《益世报》(北平),1948年12月5日。

第四章　滚滚东流：抗战时期及复校后的北京大学经济学科（1937—1949）

年学生的日子里，众多教授联合签名支持学生运动，许德珩、樊弘等老师挺身而出，发表演说。教授们的正义呼声鼓舞了为光明而斗争的青年，而学生运动的每一次进展和胜利又促进了教师们走向光明的步伐。"①正因为樊弘教授在1949年前许多爱国民主运动中具有突出表现，以及他在经济学方面的深厚造诣，樊弘教授成为建政后（1950）第一任北大经济系主任。

但是，当时北大经济系的教授并不都像樊弘那样积极地投身于新政权的建立过程，他们的境遇也存在差异。即如法学院院长周炳琳作为"北大台柱"之一②，由于身处管理者的位置，在几次清查宿舍活动中，引起一些学生的"反感"。最终，他所兼任的北大法律系主任，也在学生的联名反对中被迫辞去。乃至1948年10月，在北大的"民主墙"上还出现了指名谩骂周炳琳的标语。③用周炳琳自己的话说："当人民解放战争接近在全国范围取得胜利的时候，众人欢腾，我却变得十分矜持。"这位当年五四运动的学生健将，在1949年政权更迭之际，却无法再与学生运动融为一体了。大约在1948年年初，北大的地下党员对各系的教员们做了一个摸底调查。其中，对于每位教授的语言描述，带有明显的政治倾向。今将其中几位经济系教员的部分内容摘录如下，留此存照。

> 周炳琳——浙江人，五十余岁，国民党员，参政员，失意政客。现任法学院长兼法律系主任，经济系教授，授经济史。……是一个为了达到目的不择手段的人，时而为了迎合学生们的心理发一顿牢骚，时而为了将来好做官，变成了一个极反动的人，一般学生称他为投机的反动者。主张国民党须改革，但反对共产主义。对学运采压制手段，如假期内封闭北楼，搜查寝室等。
>
> 赵迺抟——经济系主任，授经济思想史，他的笔记是多年也没有改变的。思想顽固反动，他说现在的学运变了本质，是不纯洁的，因此，他反对学生运动。
>
> 陈振汉——经济系教授，自由主义者，英美派。
>
> 蒋硕杰——经济系教授，英美派。授现代货币学说。系蒋作宾之子，从小在外国念书，不了解国内民间疾苦，极端反对共产党，在课堂上骂青年学生做了共产党的尾巴。

---

① 梁柯平：《游子的忆思》，载《北京大学校友通讯（北京大学建校一百周年纪念特刊）》，1998年5月，页36。
② 萍舟：《复员后的国立北京大学》，《智慧半月刊》，1947年3月。被作者誉为"北大台柱"的还有：训导长陈雪屏，教务长郑天挺、郑华炽、杨振声。
③ 吴相湘：《三生有幸》，中华书局，2007年，页112。吴相湘的原文为："民国三十七年十月，……北大"民主墙"上各色标语杂陈，指名骂毛准（子水）、周炳琳诸师长，比较上年所见又是一番景象。"

樊　弘——四川江津人，留英，经济系教授，授马克思经济学说、国际贸易。曾称以后的工作拟发展马克思主义经济学。在学生中最受爱戴，敢说敢骂，有人向他提到闻一多之死的原因，他说"我已准备着死"。极力支持学运。在一次控诉大会上说，中国之所以有救，是因为中国有学生运动。过去学运是训练官僚，现在学运是训练中国救星。努力揭穿蒋介石的黑暗统治，激烈攻击儒家思想。

周作仁——经济系教授，任货币银行，治学虚心，生活清苦，同情学生运动。

杨西孟——四川江津人，经济系教授，任统计学、数理经济等。为人态度稳重，分析事理很科学，主张收财产税，征用孔、宋财产以减轻人民负担，指出中美商约是出卖国家权益的条约。

上面的几段文字，与前述《联大八年》对于几位教授的描绘，语言风格明显不同。对于这样一份几十年前的历史材料，我们暂且不论其中的是非真假，但毫无疑问，它在某种程度上决定了这些教授在1949年后的政治命运。

随着战争局势变化，共产党军队逐渐占了上风，国民党军队不断败北。1948年11月下旬，坊间关于北大迁校的传闻不断，校方不得不公开进行辟谣。11月25日，北平《益世报》特别报道了一则关于北大教授会的消息。据此报道：前一日（24日），北大召开教授会，参加者包括胡适、周炳琳、汤用彤、郑天挺、贺麟等，一共有125人，会议讨论并通过了"绝不迁校"的方案。①

但是，到了12月，学校上课已受影响。不可避免地，人心又开始浮动，"走与不走"成为人们见面互相探问的经常话题。樊弘教授坚决反对北大南迁。有一次，他在工字楼的演讲会中大声说道：我们绝不南迁，共产党来了怕什么，反正有饭吃，有事干，"高个子可以打钟，矮个子可以扫地"，说得大家哄堂大笑，热烈鼓掌。②另据蒋硕杰先生回忆，当时"许多北大同事到后来差不多都决心不撤退，觉得跑来跑去跑得一身空，现在不是改朝换代，也不是怕日本人，所以不预备走"。③尽管这样，有些北大教授已经被国民政府列在"抢救"名单中，准备派机来接，似又不得不走。

---

① 《北大昨开教授会》，《益世报》（北平），1948年11月25日。
② 钱听涛：《天亮前后——兼记北京大学50周年校庆》，载《北京大学校友通讯（北京大学建校一百周年纪念特刊）》，页79。
③ 《蒋硕杰先生访问纪录》，页51。

第四章 滚滚东流：抗战时期及复校后的北京大学经济学科（1937—1949）

1948年12月17日，是国立北京大学建校五十周年的校庆之日。12月14日，郑天挺和周炳琳皆劝胡适离开北平①，但胡当天并未走成，于是连夜撰写了一篇庆贺北大五十周年校庆的文字。次日下午三点多钟，胡适乘坐班机，从南苑机场起飞，直飞南京，从此一去不返。

12月17日，北京大学举行了建校五十周年校庆。"在炮声中开始校庆节目，因胡适离平，主持乏人，展览讲演皆不能按预定节目进行。"②北平《益世报》的报道则云："因为胡校长南飞关系，各首长似乎感到群龙无首，未免有些惶惶然。"③但是，校庆当天，文、理、法、工、农、医六个院系还是分别举行了自

图4-33 国立北京大学五十周年校庆纪念摄影
二排站立者：左起第7人樊弘，第11人周炳琳，第19人赵迺抟

---

① 《胡适日记全编》（七），1948年12月14日，页726—727。
② 《北大今五十校庆 胡适离平前赶写一纪念感言 用沉重心情祝福它长寿康强》，《申报》，1948年12月17日。
③ 《北大今日校庆 炮声中展览萧索 胡适临走前还有段感言》，《益世报》（北平），1948年12月17日。

己的专题讲演。法学院院长周炳琳的演讲题目是《构成国内混乱局势的几个因素》——"这是一个多年来没有人正面触及的一个敏感性的问题。"他在演讲中说,"谁要想解决中国问题,就应当是不迷信武力,并要有容纳异己的雅量,在和平中求进步",呼吁国共双方回到宪政民主的和平之路上来。对于中国前途,他的估计并不乐观——"中国可能还有五十年、一百年、二百年,或更多年的混乱,或许有更多戏剧节目出现","由于旧的势力太强,对新的也不可能太乐观,进步并不能越级,武力亦不能统一"。①

四天后(12月21日),上午十点,周炳琳又应北平青年会社会部社会服务处和《正论》杂志社之邀,在北平青年会进行演讲,主题为《从内政谈到外交和经济》。他在讲演开篇即说道:"在现在的环境下,聪明人是不说话,免谈国事的,然而一个好公民,尤其是一个从事教育工作的人,似乎对国家的责任来得更重要;同时为了免除麻烦而推却,似乎也说不过去。"他坚持认为"内战害了整个国家的人民,内战的继续下不能作出自主的外交,内战未结束前不能树立完整的经济建设的系统。""如今的开国民大会,办理选举,都是以战争为前提采取的行动,都是有火药气味的,这是斗争之道,而不是和平相处的措施。"在讲演末尾,周炳琳大声说:"我们认为,现在的一党专政在整个的历史当中只是一个片段,当前的问题,已不是一党的问题,而是整个国家民族的命脉问题。搞政治的应当把眼光放大,有良心的应当反省,天下无不和的战争,共产党和国民党虽有主张上的不同,我们应该设法在不同中,求其同。"②

图4-34　北京大学欢迎解放军入城

---

① 徐盈:《解放前夕的北平文化界》,《文史资料选编》第二十九辑,北京出版社,1986年,页142—143。
② 周炳琳:《从内政谈到外交和经济》,《正论》,1948年1期。

第四章　滚滚东流：抗战时期及复校后的北京大学经济学科（1937—1949）

　　1949年1月31日，解放军进城。2月3日，举行隆重的进城仪式。"从上午10时开始，一直到午后4时才走完。……夹道而立的数万群众对这些劳苦功高的战士们莫不报以热烈的欢呼和掌声，但是解放军战士们的脸上多半严肃得没有丝毫的表情，使欢迎者的兴致为之减低不少。今天是故意'耀兵'于民的，所以不但衣着整齐，配备美观，而且气势也很盛大。"① 2月28日，北平市军事管制委员会文化接管委员会对北大实行接管，并派员驻校。4月16日，中国共产党北平市委员会通过"关于北平市目前中心工作的决定"，提出"对于一切公立的学校，特别是中小学校，应派能够执行我们教育方针的人去工作，藉以加强对学生的思想政治教育"。② 5月5日，北平市军事管制委员会决定，成立北京大学校务委员会，由汤用彤任主席，并命令"自校务委员会成立之日起，旧有行政组织即行停止活动"。

　　1949年3月17日，马寅初辗转来到北平。第二天，便轻车简从地来到北京大学，找到昔年在北大任教时的两位弟子——周炳琳和赵迺抟。在北京大学北楼前，由张友仁先生给三位拍了一张珍贵的合影。在这之前，周炳琳刚刚辞去北大法学院院长职务。同年7月，赵迺抟也辞去经济学系主任一职。两年后，马寅初被任命为北大校长。曾经风华正茂的两个五四健将，历尽劫波，一个鬖生华发，一个长髯飘洒，谦恭地立在自己的老师身旁，不知他们心中那份"经世济民"的情怀是否有所改变？在未来的日子里，身世沉浮，是非荣辱，等待他们的，将是一个更加惊心动魄的时代。

图4-35　周炳琳、马寅初、赵迺抟三人合影（张友仁先生摄）

---

① 罗荣渠：《北大岁月》，商务印书馆，2006年，页464。
② 《北平市目前工作》，"关于北平市目前中心工作的决定"，1949年版。

附 录

北京大学经济学院（系）历届同学名录（1913—1949）
（以毕业时间为准）

1913年

商科银行学门

汪 珽	王敬礼	茹养源	吴 简	沈 明	韩嘉树	董瑞熙
张景耀	张为章	武延贤	俞侃如	邢荣华	毛得信	侯兆星
孙培滋	高茂棻	李道同	赵焕章	王锡章	邵锦林	赵荣干
何佩琛	杨振华	吴彦清	宗俊琦	刘福珩	张鹤鸣	张锦堂
郑祖康						

1917年

法本科经济学门

刘光颐	稽储英	李 芳	何文铎	刘秉麟	安贞祥	邵哲民
朱 方	薛笃烈	林本中	李渔沣	李荫民	张受均	马家襄
杨 㰍	李克歧	郝名儒	刘庆苌	关 棠	李本清	富维骥
王竞存	蒋振龙	李振寰	王衍庆			

1918年

法本科经济学门

萧纯锦	吴宗焘	陈其鹿	陈 灿	叶 渊	黄明谟	宋 哲
孙熙文	陈善庆	张其煦	杨叙然	傅振烈	王少右	李宏增

附 录　北京大学经济学院（系）历届同学名录（1913-1949）

王汝昌　　陈卓然　　吴炯章　　李恭用

1919年

法本科经济学门

孙士恺	孙智舆	周作仁	王显谟	曾广怀	杜庭纩	冷廷昌
李寿祺	刘子亚	安奠磐	程德骥	杨育森	余宗达	刘春宫
喻程九	张峰肃	王　桐	池兆佳			

法本科商业学门

喻　鉴	谭寿祺	王孝通	王　修	徐赞化	李光忠	王焕培
徐受深	王毓桂	高恩涛	杨　琦	苏锡昌	陆徵麒	刘绍宠
郑祖羲	何佩芳	杜　岑	江永一	王长曜	王希祐	贾士彦
段锡朋	贾德章	胡庆传	陈　龄	周邦新	朱　明	刘钟崐
黄章甫	沈绍昌	时相曾	席德耀	孙克家	莫国士	曾　恕
张毓俊	蓝廷俊	贾邦彦	李润身	张　翮	褚承业	张法祖
蒋蓉阙	刘启庠	黄　中	张廷衡	张赞勋	牛金栗	胡文豹
李宗骏	张在田	夏宗淮	李鼎铭	龚积慈	吴荫光	张凤歧
祝凤歧	吴观馘	袁志恒	沈秉铨	张建寅	郭士秀	

1920年

经济学系

吴　澄	徐延庆	周炳琳	马汉之	崔鸿元	金长祉	赵鸿业
徐　倞	李泽彰	张鹏飞	庄汝霖	揭葆贞	王毓琦	沈禀懿
曹安良	陆善焜	李四杰	胡维鹏	金跃冶	陶应霖	杨济元
林佑昌						

1921年

经济学系

陈与漪	高乃济	刘文潜	赵宝奭	曹颂彬	张鹏陞	李德临
李振忠	李建中	李羲忠	胡世琮	孙发萃	陈杲	秦思涛
袁说	联善	张宗悦	喻玉田	纪钜绍	刘君翼	陈隽骧
胡焕章	张惟杏	张文华				

华侨旁听生

钟公弼

1922年

经济学系

胡善恒	刘浚川	王渐盘	赵迺抟	夏道漳	陈彰瑛	张旻
傅振玉	区嘉铸	鄢祥褆	王政	孙耀宗	邱家骕	郭振唐
陈述昂	吴宗屏	卢延甲	李文淮	江增瑞	纪华	张韩
潘耀德						

华侨旁听生

王世钦　　谢树荣

1923年

经济学系

徐兆荪	沈藻墀	廉荫璞	顾廷琮	梁民武	陈时琳	张世茂
唐绶	王宗侯	陈儆	陈元复	邹延芳	裴乃徵	闵之寅
陈绶章	韩砚田	赵铭西	齐树芸	张强	赵学汉	李仑华
万寿堃	刘绍炎	胡国鼎	许懋椿	魏纶	陶熙孙	杜邦纪
慕庸	田元魁	顾世雄	彭宗廷	王炳玺	史铿年	屈慈仁
倪汝明	陈永夔	翟瑞元	刘善授	邢世芳	季徵良	赵鸿勋
石景贤	陈应渠	高占春	张超	刘宝远	曹宗周	麦华

| 史 明 | 孙明鉴 | 赵春霖 | 陈国沣 | 王宗德 | 余宗钰 | 吴殿枢 |

华侨旁听生

| 凌一匡 | 张华焕 | 杨广存 |

1924年

经济学系

王世钟	王汝楠	王清政	左其龙	李启源	吴士瑜	何炳序
沈顼龄	周钧举	林湘北	金秉钧	金崇俊	孟 津	姚道洪
禹成美	陈钟毓	陈麟堂	孙成彦	孙为震	孙树棠	郭毓霖
袁钟琪	夏廷正	凌 普	陆家驯	梁煦章	张振钧	张学翰
睦 侃	庄颂声	刘崇年	阎奎麟	钟廷枢	钟公弼	冯振业
顾绍炎	罗象焘	魏钟玺	郭怀璞	傅如铁	董鹿年	罗宗孟

普通旁听生

| 李兆宪 | 周锡琪 | 姚钟寿 | 薛培山 | 谭 榕 |

华侨旁听生

| 孟定亚 | 袁荫庭 | 黄伯轩 | 刘汝昌 | 潘德宏 | 卢振英 | 赖维种 |
| 韩甲光 |

1925年

经济学系

陈宝麟	蒋睦修	王士铎	胡 泽	邵纯熙	于冈桐	黄玉润
孔庆宗	周 泽	谭联鑣	马春猷	安永瑞	张文琪	王鸿钧
丁鸿顺	邓飞黄	沈惟栋	朱务善	赵 烈	蒋元新	李敬儒
成应举	廖维藩	张泰会	罗从豫	陈文清	张 琏	何增谱

许炳汉	吴毓江	黄文灿	许绪鉴	鲍静庵	张其昌	王双凤
申伯纯	杨兴汉	郑　年	苏驭群	徐孺藩	王联恒	曹国卿
王　昉	方声乃	陈启泰	任渠成	刘冠明	黄庆忠	张振声
郭衍盈	赵文华	谢寿鹏	金国珍	席启骐	尚建槐	张宝珂
何仲纯	刘宪朋	林海澄	萧永凯	刘　琨	王开宽	贾祝年
王竞实	王贻望	周　纯	杨方震	张兆申	吴至恭	朱明良
沈良佐	萧贞昌	李树霨	黎汝璇	朱树基	陈友琴	韩　醇
陈汝棠	王永新	王德宣	高贤杰	吴时中	张矩准	吴文津
王培筠	全　铎	张克琨	姚大朋	叶洪煦	徐文鋆	张之森
梁景琪	班继良	苏　芬	周承麟	汪叔年	俞汝良	张国正
李国瑄	李庆成	王　宜	冯永宽	李　泳	徐先登	王　綍
卞廷泉	阎　塘	王世钦	冯其炳	车诚善	王耀宗	李滋大
吴克礼	张倬陵	梁纶才	周敏仲	许　纶	侯鸿业	高懋勋
郭定荣	左祖珂	李常醵				

普通旁听生

李嘉典	楚湘汇	钱昌谷	薛培山	赖维种

华侨旁听生

张振欧

1926年

经济学系

曲殿之	王清斌	李寿雍	宁自礼	王克宥	徐连印	陈忠范
宋邦俊	林翰杰	徐振麟	方铭竹	崔毓珍	童　璋	周履直
张兰汀	魏运纯	麦　骞	王鸿训	谢承煊	喻德辉	潘世杰
张佳玖	邱致泽	宋全恭	李如汉	刘文机	姜靖昌	闵文蔚
戴景云	徐汝南	赵启焜	李善余	吕世鼎	邝鸿达	徐炳勋
左宗彝	王涤文	王　燮	但永治	陶端模	徐敏寿	王盛绪

附录 北京大学经济学院（系）历届同学名录（1913—1949）

李超雄	蔡正梗	林道纯	张之程	张廷芳	张桐实	葛 琛
林常盛	张振翶	毕尚莹	张遵孟	曾济时	毛嘉麟	李兆福
黄泰理	王世荣	陆绍陑	杨顺芳	陈宝琨	邓钧辅	王溯乔
林飞熊	杜廷缵	李经印	杨修彦	何树藩	刘礼琼	金运峤
胡士兴	胡宗治	曹敬义	陆培良	郎枢尉	胡遵法	

1927年

经济学系

沈 文	韩国治	张皓明	高学海	乔荣堂	董 辙	周达时
潘墨卿	葛之茎	陈 濬	徐义衡	徐崇爵	李效扬	黄铁铮
刘崇正	袁荫庭	桂心达	谢赓明	翟作堂	万荣斌	高景彤
张维周	留锡铭	彭百朋	王成三	刘汝昌	张绍琦	王永建
连荫元	陈天民	舒道明	卢振英	孔令琪		

1928年

经济学系

王昌汉	余肇纯	门启昌	张树龄	黄仲琪	贾志云	李贞泰
张寰海	申春元	伍坚志	梁廷位	何 炎	李 英	

1929年

经济学系

陆鼎升	马澍之	熊训礼	郭耀清	姚永璜	顾曾宏	孙鸣九
王 庚	蒋国炎	王树声	郭荫寰	陈伟霖	黄大庸	李之恩
伍荣远	江振明	牛佩珊				

1930年

经济系

易铁尹	沙启濂	郑合成	马宝珍	宋文瑞	雷辑辉	钱家骥
赵文选	黄镜铭	秦　鐍	郑　侃	陈家芷	张廷选	冯良辅

1931年

经济系

何家骥	刘玉田	王立箴	林伯雅	徐才炽	李福双	梁建章
崔金诏	王德芳	张天民	蓝端禄	杜广洙	尹彤墀	鲁昌文
宫天民	王诗敏	蒋良栋	杨庭桂	王肇嘉		

1932年

经济系

李应兆	蒲雅南	杨宜春	艾和薰	滕鸿凯	王衍礼	刘炳信
尹树藩	贺昌英	郭琳天	高志涛	张百川	谭象乾	李鸿逵
齐国琳	陈　铨	王振纲	吴　珣	郭　琦	赵家骅	李广彩
千家驹	衷承德	杨尔璜	王国璋	胡勤上	延家骏	钱枚生
萧方瑞	庞永福	张　雯	张奠亚	彭　康	黄希濂	王守礼
宗敬珩	张宗群	张清丽	王正俊	李景源	李宏让	李季燕
申立超	陈泽恩	宋文魁	蔡琨辉	赵中杰	徐世澄	杨天理
杨文炤	包缄三	朱微白	王军让	张东初	刘家铭	刘文衡

附录　北京大学经济学院（系）历届同学名录（1913-1949）

赵作霖　　吕经纬

1933年

经济系

陈镇原	由毓森	唐玉成	赵育麟	张砚田	刘炳若	刘清驷
陈其柯	孟尊德	王嘉漠	李嘉典	徐志敬	郝　纶	贾维桀
赵六生	卢承烈	李善丰	阎子桂	刘景翔		

1934年

经济系

邵德厚	赖兴治	桑毓森	张志运	赵恩纶	籍孝存	李秀华
刘　钺	任培元	朱　侨	李孔昭	齐联科	乔鸿瑞	韩　毅
刘　杲	齐广华	吴宗永	李登霄	田　滨	邵之榆	马庆瑞
牛福田	陈　列	单鸿图				

1935年

经济学系

孔庆铭	王世鉴	王殿魁	方济需	朱孟祥	匡　球	吴士贤
吴柏龄	李润生	李芳谱	吕点春	马识若	范荫桐	郎戡一
徐鹤龄	陈大谊	陈宪璇	傅庆隆	陶继侃	常荣德	娄寿昌
温世勋	郭　垣	张国权	舒万钟	褚尊荣	杨　增	葛延敬
赵希哲	赵希贤	赵鉴湖	滕永林	刘宏若	刘云章	顾麟生

旁听生

袁　薇　　逯维栋　　古川勇一　　芝池靖夫

1936年

经济学系

王克生	王统伟	田文彬	甘汉生	吴沛仓	吴有谦	沈大政
周克诚	孙 跻	高自新	张锡瑞	赵海桂	刘松云	郑畏民
严家理	欧阳卓					

1937年

经济学系

王 适	王正武	王纶宇	李守权	林家琏	姚曾荫	俞志元
马士毅	侯家骥	郝瑞明	张镜航	张鉴墀	黄启威	梅朝珍
雷宏济	熊遐龄	刘松云	坛士俊	萧垚松	谢世清	

附：抗战爆发前在校学生

经济学系一年级

王 远	王家鹏	牛其珍	李昭俊	李佩珍	李菊同	李名涛
李恭贻	李锦华	吴显忠	沈增禔	宋景仁	杜延瑞	汪世清
余松青	邢尧庆	芮松年	林达用	孟宪功	邱 曜	尚自勉
阿斯儒勒图		姚海庭	侯国瑞	倪学慧	郝品芬	涂贻谋
张 辉	张澍生	张明试	张保福	张缙云	陈 策	陈纯英
陈锡龄	陈鹤声	陆 年	郭 壎	郭树人	梁维纲	陶 珠
章守禹	章振镕	彭德明	汤德明	杨 康	董秉琮	雷志甡
贾肇和	达应彻	鄢 询	赵亚民	赵茂堂	赵一鹤	熊光民
刘家俊	刘镜涵	邓力群	萧锡珍	阎润芳	苏学良	严鹤华
顾瑞芳						

经济学系二年级

丁克吉	丁世铮	田其稔	田宝岱	白展厚	朱桂农	李 谌

附 录 北京大学经济学院（系）历届同学名录（1913-1949）

李崇墅	吴景岩	吴宝仁	宋同福	宋骏声	何锡麟	汪国华
余道南	辛 膺	徐腾蛟	孙秀汶	孙传文	高公达	马丹祖
张中立	黄淑生	傅魁良	杨劲弓	赵 复	赵纯仁	赵忠懿
刘 斌	刘 蓺	刘定邦	刘世纶	刘成骏	钟秉哲	罗长维

经济学系三年级

力望霖	王德昭	王介藩	王作霖	王维政	石天麟	左宗白
沈友淦	何兆男	汪孝龙	金 宏	徐明道	索瑞章	师文志
张云善	张锦荣	陈化新	陈忠经	傅登廉	杨树德	谢云晖

长沙临时大学时期（1937年下半年）

经济学系一年级

陈历光　　刘家俊

经济学系二年级

张缙云	张明试	张澍生	陈纯英	陈锡龄	陈 策	邱 曜
熊光民	杨昶泰	张保福	张自源	姚海亭	周敬修	雷志耻
李昭俊	李恭贻	李名涛	梁维纲	刘定邦	沈增禔	苏学良
宋景仁	达应彻	汤德明	杜廷瑞			

经济学系三年级

张中立	赵 琼	赵忠懿	金 宏	朱桂农	钟秉哲	傅魁良
何锡麟	辛 膺	徐腾蛟	黄淑生	李崇墅	刘成骏	刘 蓺
刘 斌	罗长维	马丹祖	白展厚	宋同福	田其稔	汪国华
吴景岩	吴宝仁	杨劲弓	余道南			

经济学系四年级

| 陈忠经 | 傅登廉 | 何兆男 | 徐明道 | 力望霖 | 沈友淦 | 索瑞章 |

石天麟　　左宗白　　王介藩　　汪孝龙　　杨树德

1938年

何兆男　　汪孝龙　　索瑞章　　力望霖　　徐明道　　金　宏　　杨树德

1939年

余道南　　傅魁良　　宋同福　　马丹祖　　刘　蓺　　杨劲弓　　赵　夐
田其稔　　刘　斌　　沈友淦　　汪国华　　赵忠懿　　傅登廉　　白展厚
李崇墅　　辛　膺　　高公达　　王维政　　徐腾蛟　　田宝岱　　朱桂农
钟秉哲　　刘成骏　　吴宝仁　　左宗白　　吴景岩

1940年

李名涛　　张澍生　　梁维纲　　雷志耻　　张自源　　熊光民　　李昭俊
章振镕　　刘定邦　　张明试　　张缙云　　宋骏声　　汤德明　　周敬修

1941年

丁世铮　　陈鹤声　　郭树人　　周连升　　陈锡龄　　李佩珍　　涂贻谋
张中立

1942年

李锡杰　　郭　壎　　苏学良　　陈忠经　　佘世箴　　沈增禔　　宋景仁

1943年

陶　珠　　赵亚民　　张保福　　赵茂堂

附 录　北京大学经济学院（系）历届同学名录（1913-1949）

1944年

段成梁

1945年

彭　鉴

1946年

西南联大志愿入北京大学经济学系名录

一年级

于枚生	王鸿范	左英方	李发骍	吴自鑫	施克宥	胡　昆
曹泽远	张光祐	张　坚	杨学礼	董续舒	熊其林	萧慈声
冀凤仪	熊昌年	孙正达				

二年级

王世桐	申葆嘉	李根深	李　桐	吴敬久	郭振光	周幼真
袁希道	徐述猷	曹正昌	张则仁	张诹生	张溥和	张乃襄
陈家振	程维仲	黄德聚	杨永沣	杨警宇	赵其敏	赵　坚
蒋汉杰	刘镇身	刘志华	刘述林	储金滋	钟西一	魏尔志
张亚屿	孟廷为	郑立南	许绍洲	杨士珩	叶向中	王国宾

三年级

王宗元	王卓然	王大年	王连辉	朱荷庄	李恭贻	李醇本
李瑞生	武运昌	周联奎	周　夔	柯在轹	高文德	张君平
陆元璞	童配球	彭兆京	黄履中	黄益耀	舒自定	万致远
廖作民	谢国琅	魏平欧	苏以森	夏昌桂		

四年级

文赞扬	王绪铭	戎建三	朱锦山	汪　锐	汪学乾	汪成廉
李　彦	李钟英	李汝霖	吕志樵	何广安	林支中	周永瑞
高继祖	唐祺尧	马逢华	徐敦睦	张福藻	张祖德	张友仁
陈明高	陈纯英	陶栋瑞	彭燕成	黄福海	黄光乾	杨邦祺
杨学润	叶景荪	邹亚中	赵子干	赵元亮	蒋光远	刘清平
刘后光	谭寿田	谭朝炎	罗友德	达应彻	倪代新	刘宗向
徐先谊	罗炀和	黄德昌	倪克屏	乐学礼		

经济学部研究生

易梦虹　　戴钟珩

1946年

蒋光远	刘庆平	刘俊光	谭寿田	谭朝炎	罗友德	丁贞荣
王　彧	王士品	王名学	王启芬	王世榕	朱思聪	杜肇庆
李云飞	何秀贞	许淑娴	渠绍森	张玉珑	张金堂	陈秀琴
姬　宁	赵增和	裴秀环	韩淑娴	达应彻	王作霖	陆泽民
徐先谊	左如霖	严鹗华	张星海			

教育部分发台湾学生名单（1946年10月入学）

经济系一年级

吴寅生　　郭祥灿　　张天成　　陈威博　　廖天朗　　苏瑞鹏

1947年

文赞扬	陈明高	周永瑞	黄福海	王　檩	王绪铭	陈纯英

高继祖	黄光乾	韩淑娴	王序青	戎建三	陶栋瑞	唐祺尧
杨邦祺	朱锦山	李彦	马逢华	杨学润	王远乾	李钟英
徐敦睦	叶景孙	汪成廉	李汝霖	邹亚中	张福藻	吕志樵
赵子幹	张祖德	何广安	赵元亮	张友仁	林支中	彭燕成
习业新						

北平临时大学补习班期满分发北大经济系学生

四年级

丁贞荣	王彧	王世品	王世榕	王名学	王启芬	朱思聪
李云飞	李静熙	何秀贞	杜肇庆	孙振侨	张玉珑	张金堂
陈秀琴	许淑娴	程玄	渠绍森	姬宁	赵增和	裴秀环
韩淑娴						

三年级

王宇殷	王群瀓	王录庆	王树增	包显珠	申玉竹	李育和
李相文	宋奎	何茂林	纪宗义	马正安	马青年	高德宜
袁振寰	张锡山	陈绂	许曾重	曹艳如	华菊生	董益谦
赵廷儒	赵福祥	刘乃昂	刘达昌			

二年级

丁广澜	白锡辉	李硕君	李荫庭	吕永钟	周鼎铭	段润泉
徐振祖	郝俊勋	张三忱	张文皓	张性成	许志颜	崔敬濂
傅良勋	隋莱繁	杨有光	路亚敏	赵家珣	刘焘	赵锡九
冀炤如						

一年级

王清潮

1948年

储全滋	李醇本	周联奎	廖作民	苏以森	黄益耀	谢国琅
高文德	黄履中	张星海	夏昌桂	舒自定	刘乃昂	陈绂
王世品	宋奎	马正安	李育和	汪锐	王卓然	朱荷庄
王宗元	武运昌	童佩球	万志远	彭兆京	倪克屏	纪宗义
周夔	李相文	赵元亮	俞南琛	姬宁	陈秀琴	王名学
张玉龙	林支中					

1949年

钟西一	蒋邵	赵坚	张则仁	陈家振	申葆嘉	袁希道
郝俊勋	路亚敏	孟廷为	张作璋	华菊生	刘远昌	马青年
何茂林	王笃齐	程玄	李静熙	范治华	黄德昌	李恭贻
徐述猷	刘宗向					

附录 北京大学经济学院（系）历届同学名录（1913—1949）

1910—1949年历任经济学系（经济门、商学门）监督、主任名录

权　量（1875—？），字谨堂，湖北武昌人。清末毕业于日本东京高等商业学校。回国后，曾任湖北劝业公所总务科科长。后在清政府农工商部、邮传部任职。宣统元年（1910）闰二月起，担任京师大学堂商科大学监督，1912年4月卸任。此后，曾出任北京政府农商部秘书、交通部参事、交通部次长、总长等职。

金绍城（1878—1928），又名金城，字巩北、拱北、北楼，号藕湖，浙江湖州南浔人。曾赴英国铿司大学留学。1904年，出任上海中西会审公堂中方会审官，后因故免职。1909年，出任苏淞太道会审公廨襄谳员、大理院刑科推事。1911年，参加美洲万国监狱改良会。辛亥革命后回国，担任国民政府内务部佥事、众议院议员、国务院秘书、蒙藏院参事等职。1912年8月，接任商科大学学长，兼教务长。

余棨昌（1882—1949），字戟门，浙江绍兴人。1902年，公派赴日留学日。1911年，东京帝国大学法科毕业。归国后，曾任晚清户部主事。民国成立，历任大理院民二庭庭长、大理院院长，兼司法惩戒委员会委员长，转任修订法律馆总裁等职。1913年2月至1914年1月，出任北京大学法商科学长，后长期担任朝阳大学教授。1925年，主持起草《第二次民律草案》之总则编。著有《民法亲属编》、《民法要论》、《票据法》及朝阳大学讲义多种。

林行规（1882—1944），字斐成，浙江鄞县人。1896年，就读于上海南洋公学。毕业后，入读京师译学馆。1904年，赴英国就读于伦敦大学政治经济学院，获法学学士学位，复入读林肯大学法学院。1911年，被授予大英帝国大律师执照，就职于林肯思皇家律师事务所。1912年回国，曾担任南京临时政府总统府法律顾问。1914年1月至11月，担任国立北京大学法科学长。1944年6月，因病逝世。

王建祖（1878—1935），字长信，广东番禺人。1902年北洋大学堂毕业，赴美留学。1906年获美国加利福尼亚大学经济学硕士学位。归国后，历任度支部秘书、江苏财政监理官、国立北京法政专门学校及燕京大学经济学教授、上海租界临时法院推事、国民政府司法院秘书等职。1914年1月，受聘于北京大学法科，主讲经济学、财政学。同年11月，出任法科大学学长，兼管商科大学，直至五四运动以后。

译著有《基特经济学》、《经济学史》等。

马寅初（1882—1982），浙江嵊县人。1901年考入天津北洋大学矿冶专业。1906年赴美国留学，先后获得耶鲁大学经济学硕士学位和哥伦比亚大学经济学博士学位。1914年回国，先在北洋政府财政部任职。1916年，受聘为国立北京大学教授，兼法科经济学门主任。1919年9月，经济学门改为经济学系，马寅初成为第一任经济系主任。其经济系主任一职，直至1921年8月始卸任。此后，又曾担任上海商科大学、南京国立中央大学、上海国立交通大学等校教授，重庆大学商学院院长，浙江大学校长等职。解放后，出任北京大学校长。因发表"新人口论"，遭到错误批判，被迫辞去北大校长职务。1979年9月，获得完全平反，并被任命为北京大学名誉校长。在货币银行和人口理论方面有突出贡献，被尊为"民国四大经济学家之首"。主要著作有《通货新论》、《中国银行论》、《中国经济改造》、《新人口论》等。

顾孟余（1888—1972），原名兆熊，出生于河北宛平，原籍浙江上虞。早年毕业于京师译学馆，后留学德国，毕业于柏林大学。1917年，受聘为北京大学教授，兼文科德文门主任。1921年9月至1926年3月，担任北大经济学系主任。后南下广州，出任广东大学校长、中山大学副委员长等职。1932年，任国民政府铁道部长。1936—1937年，任交通部长。1941年7月，出任中央大学校长。1949年后，辗转香港、美国，1969年定居台湾，1972年病逝于台北。

余文灿（1892—?），字育三，广东台山人。先后毕业于北京清华学校，美国芝加哥大学，获哲学博士学位。归国后，受聘于北京大学，任注册部主任，兼经济系教授。1926年4月至1927年年4月出任北京大学经济系主任。在"京师大学校"期间，曾代理北大校长，主持校务，并在李大钊被捕后，积极参与营救。后任北京交通大学事务长、浙江公立法政专门学校校长，浙江禁烟局局长。1928年，任国民政府教育部总务厅厅长。1930年，任北平税务学校校长。

朱锡龄（1883—?），字畔石，江苏江宁人，美国爱丁堡大学经济学硕士，曾充前清欧洲游学生总监督处翻译官，后受聘于北京大学，任经济学教授，主讲经济学等课。1927年5月至1929年3月任北大经济系主任。

附 录　北京大学经济学院（系）历届同学名录（1913—1949）

林修竹（1884—1948），字茂泉，山东掖县人。1902年，公派赴日留学，入日本高等工业学校学习。1911年学成归国，先后任山东高等学堂教务负责人、省教育司科长等职，倡办通俗教育。1920年任职于山东省实业厅，1921年当选为省议员。1927年秋，被举荐为北京政府教育次长，协同总长将北京九校合并为国立京师大学，并应聘兼任法科学长，后离职赴津。1948年10月19日病逝。著作有《茂泉实业文集》、《澄怀阁诗集》等。

徐宝璜（1894—1930），字伯轩，江西九江人。1912年毕业于北京大学，后留学美国，于密歇根大学攻读经济学、新闻学。1916年回国，先任北京《晨报》编辑，继任北京大学教授兼校长室秘书。1918年，与蔡元培发起成立北京大学新闻学研究会，被推为副会长、新闻学导师，兼《新闻周刊》编辑主任。20世纪20年代，曾在北大经济系主讲经济史课程。1929年3月15日，经教授会选举徐宝璜为经济系主任。1930年6月，因病逝世。遗著《新闻学》，为中国现代新闻学理论方面的开山之作。

何基鸿（1888—？），字海秋，河北藁城人，民国著名法学家，抗日名将何基沣长兄。日本东京帝国大学法学士，历任大理院书记官、大理院推事、司法部参事、国民政府考试院编撰等职，并先后任教于国立北京大学法学院、国立清华大学政治学系。1922年4月，当选国立北京大学法律系主任。1923年9月赴英、德等国留学。归国后，再任国立北京大学法律系主任、教务长，兼第三院（社会科学院）主任、政治系主任。1930年，因徐宝璜逝世，曾短期代理北大经济系主任一职。

秦瓒（1898—1988），字缜略，河南固始人，著名经济学家，北京大学经济学系教授。1930年10月至1931年9月，担任北大经济系主任。1937年抗战爆发，受命赴昆明参与筹备国立西南联合大学，并担任经济学系教授，主讲高级财政学、中国财政问题等课程。抗战后，受聘为云南大学经济系教授，兼经济系主任。1949年后，曾担任西南军政委员会文教委员、云南省政府委员、教育厅副厅长、政协委员等职。

赵迺抟（1897—1986），字述庭，号廉澄，浙江杭州人。1922年毕业于北京大学法科经济门，获文学学士学位。1923年赴美国哥伦比亚大学政治科学院攻读经济理论，1924年获哥伦比亚大学文学硕士学位，1929年获经济学博士学位。1931年年初回国，先是任教于南京中央政治学校。同年9月，应聘为北京大学经济系教授，兼经济系主任。此后长期担任北大经济系主任，直至1949年7月辞任。主要论著有《欧美经济学史》、《披沙录》、《理查德·琼斯，一位早期英国的制度经济学家》等。

主要征引文献

一、校史资料

1. 北京大学、中国第一历史档案馆编：《京师大学堂档案选编》，北京大学出版社，2001年。
2. 北京大学校史研究室：《北京大学史料》第一卷（1898—1911），北京大学出版社，1993年。
3. 王学珍、郭建荣主编：《北京大学史料》第二卷（1912—1937），北京大学出版社，1997年。
4. 王学珍、郭建荣主编：《北京大学史料》第三卷（1937—1946），北京大学出版社，2000年。
5. 王学珍、郭建荣主编：《北京大学史料》第四卷（1946—1948），北京大学出版社，2000年。
6. 王学珍等编：《北京大学纪事（1898—1997）》，北京大学出版社，2008年。
7. 北京大学档案馆、校史馆编著：《北京大学图史》，北京大学出版社，2010年。
8. 《国立北京大学廿周年纪念册》，1918年。
9. 《国立北京大学现行规程》，1920年11月。
10. 《北京大学日刊》，1917—1932年。
11. 《北大经济学会半月刊》，1922年。
12. 北京大学学生会：《发展北大计划大纲》，1929年。
13. 《国立北京大学卅一周年纪念刊》，1929年。
14. 《国立北平大学工作报告（十七年十一月起至十八年七月）》，1929年7月。
15. 《北京大学五十周年纪念特刊》，1948年。
16. 《国立北京大学民国廿三年毕业同学录》，1934年。
17. 陈初辑：《京师译学馆校友录》，1931年。
18. 北京大学、清华大学、南开大学、云南师范大学编：《国立西南联合大学史料》，云南教育出版社，1998年。
19. 清华大学校史研究室编：《清华大学史料选编》（三），清华大学出版社，1994年。
20. 西南联大除夕副刊主编：《联大八年》，新星出版社，2010年。
21. 国立北京大学讲师讲员助教联合会编：《北大院系介绍》，1948年。
22. 《（伪）国立北京大学法学院学科课程说明书汇编》，1943年8月。
23. 《（伪）国立北京大学法学院一览》，民国三十年。
24. 《（伪）国立北京大学法学院一览》，1941年9月。
25. 北京大学校友会编：《北京大学校友通讯（北京大学建校一百周年纪念特刊）》，1998年5月。
26. 北京大学校史档案，1898—1949。

27．北洋大学—天津大学校史编辑室编：《北洋大学—天津大学校史资料选编》，天津大学出版社，1991年。
28．交通大学校史撰写组编：《交通大学校史资料选编》，西安交通大学出版社，1986年。

二、著述

29．司马迁：《史记》，中华书局，1998年。
30．贾祯等纂：《筹办夷务始末（咸丰朝）》，近代中国史料丛刊本。
31．中国科学院近代史研究所史料编辑室、中央档案馆明清档案部编辑组编：《洋务运动》，上海人民出版社，1973年。
32．丁韪良：《富国策》，光绪六年同文馆刊本。
33．苏舆：《翼教丛编》，上海书店出版社，2002年
34．康有为：《康南海先生自编年谱》，台北宏业书局有限公司，1987年，页54。
35．卢绍稷：《大学投考指南》，上海勤奋书局，1932年。
36．北平解放报：《北平市目前工作》，1949年。
37．丁韪良：《花甲忆记——一位美国传教士眼中的晚清帝国》，沈弘等译，广西师范大学出版社，2004年。
38．吴汝纶：《吴汝纶全集》，安徽古籍出版社，2002年。
39．孙应祥、皮后锋编：《严复集补编》，福建人民出版社，2004年。
40．高平叔编：《蔡元培全集》，中华书局，1984年。
41．陈独秀：《陈独秀文章选编》，生活·读书·新知三联书店，1984年。
42．马寅初：《马寅初演讲集》第4集，商务印书馆，1928年。
43．欧阳哲生编：《傅斯年全集》，湖南教育出版社，2003年。
44．蒋梦麟：《西潮·新潮》，岳麓书社，2000年。
45．司徒雷登：《在华五十年——司徒雷登回忆录》，程宗家译，北京出版社，1982年。
46．陈其津：《我的父亲陈序经》，广东人民出版社，1999年。
47．冯友兰：《三松堂自序》，人民出版社，2008年。
48．张友仁编：《周炳琳全集》，浙江人民出版社，2009年。
49．钱昌照：《钱昌照回忆录》，中国文史出版社，1998年。
50．吴相湘：《三生有幸》，中华书局，2007年。
51．罗荣渠：《北大岁月》，商务印书馆，2006年。
52．杜春和等编：《胡适论学往来书信选》，河北人民出版社，1998年。
53．曹伯言整理：《胡适日记全编》，安徽教育出版社，2001年。
54．颜振吾编：《胡适研究丛录》，生活·读书·新知三联书店，1989年。

55. 胡颂平：《胡适之先生晚年谈话录》，新星出版社，2006年。
56. 中国社会科学院近代史研究所中华民国史组编：《胡适来往书信选》，中华书局，1979年。
57. 唐纵：《在蒋介石身边八年——侍从室高级幕僚唐纵日记》，群众出版社，1992年。
58. 陈慈玉、莫寄屏：《蒋硕杰先生访问纪录》，中研院近代史研究所，1992年。
59. 政协北京市委员会文史资料委员会：《文史资料选编》第三辑，北京出版社，1979年。
60. 政协北京市委员会文史资料委员会：《文史资料选编》第二十九辑，北京出版社，1986年。
61. 吴经熊编、郭卫增订：《中华民国六法理由判解汇编—刑法》，1947年。
62. 梁启超：《论中国学术思想变迁之大势》，上海古籍出版社，2001年。
63. 王尔敏：《中国近代思想史论》，社会科学文献出版社，2003年。
64. 郝延平、魏秀梅主编：《近世中国之传统与蜕变——刘广京教授七十五岁祝寿论文集》，中研院近代史研究所，1998年。
65. 金观涛、刘青峰：《观念史研究——中国现代重要政治术语的形成》，法律出版社，2009年。
66. 沈福伟：《中西文化交流史》，上海人民出版社，2006年。
67. 赵迺抟：《欧美经济学说史》，正中书局，1948年。
68. 张旭昆：《西方经济思想史18讲》，世纪出版集团、上海人民出版社，2007年。
69. 斯坦利·L·布鲁（Stanley L. Brue）、兰迪·R·格兰特（Randy R. Grant）：《经济思想史》，北京大学出版社，2008年。
70. 胡寄窗：《中国近代经济思想史大纲》，中国社会科学出版社，1984年。
71. 刘大钧：《中国经济问题》，商务印书馆，1929年。
72. 李全之编：《北大老照片》，中国对外经济贸易出版社，1998年。
73. 杨慕学、郭建荣编：《北大的学子们》，中国工人出版社，2006年。
74. 钟叔河、朱纯编：《过去的大学》，长江文艺出版社，2005年。
75. 杨东平编：《大学精神》，辽海出版社，2000年。

三、论文与新闻报道

76. 叶坦：《"中国经济学"寻根》，《中国社会科学》，1998年4期。
77. 赵惠蓉：《北京近代教育源探——论析京师同文馆》，《北京社会科学》，1990年1期。
78. 傅任敢译：《同文馆考》，《中华教育界》，1935年2期。
79. 傅德元：《〈富国策〉的翻译与西方经济学在华的早期传播》，《社会科学战线》，2010年2期。
80. 麦金农、周启荣、黎志刚：《刘广京学术观点举要》，《近代史研究》，2000年6期。
81. 《教育杂志》第九卷第七号，大事记，1917年。
82. 《北京大学改制与蔡元培》，《申报》，1917年8月28日。

83．《北京大学最近之学制》，《申报》，1919年10月11日。
84．李大钊：《我的马克思主义观》，《新青年》第六卷第六号，1919年11月1日。
85．周炳琳：《社会主义在中国应该怎样运动？》，《国民》第二卷第二号，1920年6月。
86．《开课后之北大状况》，《申报》，1922年10月18日。
87．《北大经济学会委员会纪事》，《京报》，1922年12月8日。
88．《致北京大学同人书》，《东方杂志》，1924年第21卷第7号。
89．《北大复校运动》，《京报》，1929年7月11日。
90．《蒋梦麟明日返平》，《申报》，1931年4月22日。
91．周炳琳：《我对于中国共产党的批评》，《独立评论》第62号，1933年8月6日。
92．《国民政府命令（中华民国二十三年五月三十日）》，《河北教育公报》，1934年6月30日。
93．《北大举行五四十七周年纪念会》，《申报》，1936年5月13日。
94．《北京大学鸟瞰》，《现代青年》，1937年6期。
95．《新任教部常次周炳琳昨已到部视事》，《中央日报》，1937年5月25日。
96．江肇基：《人物志——周炳琳》，《实报半月刊》，1937年第15期。
97．《傅斯年谈话北大不聘伪教职人员》，《大公报》，1945年11月28日。
98．杨西孟：《九年来昆明大学教授的薪津及薪津实值》，《观察》第一卷第三期，1946年9月14日。
99．萍：《大学新闻——北京大学》，《智慧半月刊》第十三期，1946年12月。
100．萍舟：《复员后的国立北京大学》，《智慧半月刊》，1947年3月。
101．《周炳琳讲南行所见》，《大公报》（天津），1947年4月27日。
102．胡适：《争取学术独立的十年计划》，《智慧半月刊》，1947年第35期。
103．胡适：《争取学术独立的十年计划》，《中央日报》，1947年9月28日。
104．张友仁：《谈北京大学》，《读书通讯》，1947年第124期。
105．《蒋硕杰获英奖章　胡适昨邀宴庆贺》，《申报》，1947年11月15日。
106．《新路周刊》，1948年5月15日至12月30日。
107．张榆生：《介绍国立北京大学——献给准备投考的千万青年同学》，《读书通讯》，1948年158期。
108．《周炳琳昨日讲演　说明构成混乱局势的几个因素》，《益世报》（北平），1948年12月5日。
109．周炳琳：《从内政谈到外交和经济》，《正论》，1948年1期。
110．周炳琳：《在中国人民政治协商会议第二届全国委员会第一次全体会议上的发言》（1954年12月），《新华月报》，1955年1月号。
111．李钟湘：《西南联大始末记》，《传记文学》，第39卷2期，1981年8月。

后　记

这本书是我的博士后出站报告。写作本书之目的，正如我在"导论"中所说，主要在于：总结和回顾百年中国经济学科的发展之路，撷取一些历史的印记，献给未来的中国经济学家们。这样的动机或者野心，在最初确立选题时，绝对是没有的。当时所具有的，只能说是一种略带懵懂的学术冲动——为什么现今国人心目中的"学术大师"多半出自历史、文学或哲学专业，而出自经济学领域者少之又少？对于这种现象形成的原因，我早欲探个究竟；但也心知，欲究明此一问题，必须先了解百年以来中国的经济学科发展史。这样一个想法，最终促成了本书的诞生。

与最初的研究计划相比，从时间段限上看，这本书只能算是完成了一半——1949年后60余年的历史并没有写进去。之所以这样处理，绝不是因为这60余年的历史不重要，或者没有内容可写；恰恰相反，是因为这60余年——包括容易引起争议的前30年——中国经济学科的演进历史不仅多姿多彩，而且对于当今中国经济学科和经济学术发展的影响更为直接，也更为显著，不得不谨慎处理。依我个人之见，其中有很多经济学科史、学术史的内容十分重要，值得我们记忆和思考；但现有的学术条件，尚不能使我对此一重大学术问题进行自由和充分的讨论，只能暂时割爱，而不去做那些乏味的空论。当然，这也要感谢合作导师和院领导的理解与支持，使我能以这本书稿作为博士后研究工作的答卷，并给以"优秀"的评价。

在相关资料搜集整理，以及撰写本书过程中，我觉得：一方面，北京大学（包括京师大学堂）的经济学科在中国起源最早，而且历史从未间断过，因而在中国近现代史上具有典型的研究意义。或者，略微夸大地说，北大经济学科的发展史就是中国近现代经济学科发展史的一个缩影。另一方面，百余年来，中国经济学科发展史的内容相当丰富，绝不是空洞的、虚无的，尽管我们今天熟知的近现代经济学人为数不多，但他们昔日的丰功伟绩，对于国家民族的满腔热爱和无怨无悔的奉献精神，绝对值得我们记忆、传承和发扬光大。不仅如此，暴露在某些近现代经济学人身上的缺点或局限，也足供今天的中国经济学人借鉴和反思。职是之故，本书写作目的，简单来说，就是两点：第一，记录历史；第二，留给未来。希望通过记录这段经济学科发展史，不仅让今天的中国经济学人了解曾经走过的路，更希望能够从中吸取经验和教训，做好当下和明天的事。

通往经世济民之路

2008年我从北大法学院博士毕业,便到经济学院做博士后研究。却没料到,原本两年的研究计划,最终耗去我三年时光。个中原因,三言两语难说清楚;其中甘苦,也只有自己才知,外人是无法体会的。但不管怎样,我始终感激北大经济学院所给予的各种关照和支持。

首先,感谢当时的院领导和学术委员会给予我做博士后的机会,使我可以进行本项研究。不仅如此,院领导还使我享受当年唯一的公费待遇,对我表示出极大信任,让我尽可能少地参与其他杂事,以便有充分时间进行课题研究。

其次,感谢经济学院特别为我配备的两位合作导师:张友仁教授和王曙光教授。张友仁先生不仅是著名的经济学家、北大经济学院德高望重的资深教授,更是昆明"一二·一"运动的闯将、令人肃然起敬的英雄。张先生桃李满天下,而且很多人早已成为学界领军人物。现任世界银行首席经济学家的林毅夫教授,即是张先生当年的硕士研究生。有幸结识张先生,缘自我2005年撰写的一篇关于周炳琳教授的传记文章。张先生看到该文后,大加赞许,并辗转联系到我,将我叫到家里,和我交流看法。当初绝没有想到——也不敢想,这段文字因缘最终促成了后面这段师生情谊。回首来路,似乎冥冥中自有安排,使我这个无知小子厕身张先生弟子之列,何等荣幸之至!这几年中,最令人难忘的,就是每次到张府拜谒,都可以享受一种优待:坐在宽大的沙发上,聆听张先生柔声细语、如数家珍地讲述老北大的故事。早年间,张先生曾参与和经历了北大历史上很多著名事件;而且,他一直从事北大校史研究,多年来笔耕不辍,新作频出。毫不夸张地说,张先生不仅是北大历史的重要见证者,更是一部关于北大校史的活字典。在此,我谨向张先生致以崇高的敬意和由衷的感谢!

王曙光教授是我在博士后期间的另外一位合作导师,也是一位难得的良师益友。在他的身上,永远散发着积极进取、乐观向上的精神。据我了解,这些年,他在农村金融、金融伦理学等领域做出了突出贡献,不仅出版了十余本学术专著,极大拓宽了相关领域的研究空间,更为难得的是,他是一个既重理论、又重实践的学者。在如今这个"网罗天下"的时代,学者对于网络愈加钟情和依赖,"读万卷书,行万里路"早已成为悠远的神话;可是,王老师每年都会亲自带队,到全国各地进行社会实践调查,不仅到一些地方城市去,还到最基层的百姓家里去。记得2009年春,我随王老师到河北顺平调查农民资金互助合作社,住在老乡家里,面对面地与村民交流。调查之余,走在田间地头,感受初春的泥土气息,品尝新摘下来的草莓,这段经历真是令人难忘!王老师所选择的,并不是金融学中最出风头、最

后 记

能获利的领域，而是最为关系民生的领域，这与我所研究的民国经济学人的优秀品格有很大相同之处：以经世济民为己任，兼重理论和实践，情系民生，不计名利，"虽千万人，吾往矣"。谨此，我要向王老师表达敬意和感激之情。尤其感谢他在本书最后攻坚阶段，替我抵挡来自某些方面的巨大压力，又不断地给我以鼓励和支持，最终使本书得以顺利完成。因此，本书能有今日之面貌，实含有王老师的努力和功劳。

在做博士后期间，我很高兴看到北大经济学院不断壮大，蓬勃发展。同时，深切感到两届院领导对本项课题的重视和关心，兼之许多教授曾以不同方式对我的研究工作表示了支持、鼓励和肯定，给我留下深刻的印象。在此，我要特别感谢北大副校长刘伟教授、校长助理黄桂田教授、北大经济学院院长孙祁祥教授、北大经济学院党委书记章政教授、副院长崔建华教授、院长助理张辉教授、院办公室主任刘洁老师，以及睢国余教授、刘文忻教授、王跃生教授、何小锋教授。尤其感谢刘伟校长和张友仁教授拨冗赐序，使拙作顿然增辉。

此外，我还要对院里负责博士后工作的李梅老师表示由衷的感谢！从当初联系博士后进站，到办理出站；从组织课题项目申报，到食宿方面的排忧解难，大大小小的事情，不知耗费了她多少宝贵的时间。特别在办理出站手续时，北大已是暑假，每一次电话求助或者咨询，总会得到李老师热情的回应。她甚至不顾酷暑，几次专程来到学校，为我办理相关手续。在此，对她一丝不苟的奉献精神和热情认真的工作态度，表示崇高的敬意！

在做博士后期间，我还通过王曙光老师有幸结识了很多朋友。诸如：尚元经兄、惠双民兄、戴德余兄、张亚光兄，以及王东宾、慈锋、颜敏、尹志峰、高连水、谢思佳、谢力平等诸位兄弟。希望即将出版的这本书，不负诸位朋友的厚爱，也希望它能成为这段友谊的永久纪念。

最后需要交代的，当初选择做博士后，心里明知这是一种过渡，将来注定还要回到原来的法学专业。我只是中国经济学史上的一名"过客"，匆匆地来，匆匆地去，唯一可能或值得留下的，就是这本书了。随着出站日期逐渐临近，不曾想，个人的工作去向问题，竟牵动了众多师长、朋友的心。远自大学本科时的授业恩师，近到北大历史系和法学院的几位恩师，乃至一些素未谋面的学界前辈、名校校长，都曾以不同方式表示关心。甚至，几位恩师为了我的工作安排，费心费力，日夜焦思，真令我既感动又惭愧——感动的是，他们的良苦用心和百般努力，超乎我的想象；惭愧的是，一个无名小子竟蒙如此厚爱，真不知何以为报！最终，由于各种各样的原因，一些看来美好却与现实格格不入的想法或计划，竟如尘烟般散去。在北大学习和生活十年后，我有幸来到法学所工作。如今想来，感谢上苍的福佑，几经曲折，最终开始新的人生旅程。感谢这三年逝去的时光，使我收获不少学术成绩，也新增了友谊和阅历；更承载了众多师友和家人的厚望与期许，使我不敢自暴自弃，觉得必须要做好自己的事，怀着感恩之心，用更多新的成绩报答那些曾经给予我帮助和关爱的人。

是为记。

辛卯岁末于沙滩北街15号